Maria Regina Kaiser

Hildegard von Bingen

MARIA REGINA KAISER

Hildegard
VON BINGEN

DIE MÄCHTIGSTE NONNE
DES MITTELALTERS

Romanbiografie

HERDER

FREIBURG · BASEL · WIEN

MIX
Papier aus verantwortungsvollen Quellen
FSC® C005833

www.herder.de

Die Veröffentlichung dieses Werkes erfolgt auf Vermittlung von BookaBook, der literarischen Agentur Elmar Klupsch, Stuttgart.

Programmleitung: Fitore Brahimi
Lektorat: Ariane Hug

Covermotiv: Catrin Welz-Stein
Layout und Umschlaggestaltung: Sabine Kunzmann
Vor- und Nachsatz: © geraria – shutterstock

Satz: Arnold & Domnick, Leipzig
Herstellung: TĚŠÍNSKÁ TISKÁRNA, A. S.

Das vorliegende Buch wurde sorgfältig erarbeitet. Weder Autorin noch Verlag können jedoch für eventuelle Nachteile oder Schäden, die aus den im Buch genannten Hinweisen oder darin enthaltenen Rezepten resultieren, Haftung übernehmen.

Printed in the Czech Republic

ISBN 978-3-451-38239-0

»Mächtig und stark ist das Unsichtbare«
Hildegard, Briefe XIV:PL171A

INHALT

VORSPIEL

—

AUF DEM RUPERTSBERG IM JAHRE DES HERRN 1178

Ein kalter Windstoß blies über die felsige Anhöhe, auf der das Kloster mit seinen Türmen und Mauern in den blauen Oktoberhimmel ragte. Blätter stoben über die aufgerissene Erde des Friedhofs.

Es war einer dieser Tage, an denen Hildegard sich wieder wie ein junges Mädchen fühlte. Mit ihrer Priorin Ida gemeinsam hatte sie die Erde über den Gräbern aufgeharkt, eine ungewohnt mühsame Arbeit, bei der sie ins Schwitzen geraten war. Ida hatte den Großteil der Arbeit vollbracht, aber Hildegard war ebenfalls beteiligt gewesen. Trotz ihres Alters und der Lähmungen ihres Körpers hatte sie sich viel zugemutet.

»Der Winter wird mild«, murmelte sie. »Alle Sorgen werden ein Ende haben.« Sie hielt die Harke in der ausgestreckten Hand.

»Du bist im Irrtum, Mater«, sagte die Priorin mit erhobener Stimme und nahm die Hand vom Arm ihrer Meisterin. Für einen Augenblick wankte die alte Frau und suchte Halt an der Mauer der Kirche. Die beiden Nonnen standen auf dem Begräbnisort der Laien. Heute war die Erde darauf einheitlich umgegraben und gerecht, nur vereinzelte Unkräuter wucherten in den Ecken. Keines der einzelnen Gräber war mehr zu erkennen. Doch anders als die erzürnte Priorin schien die Äbtissin Hildegard hochzufrieden mit dem Zustand der Stätte.

»Du hast Gehorsam gelobt wie wir alle. Auch wenn unsere Kirchenoberen sich irren, müssen wir ihre Vorschriften einhalten. Die Obrigkeit vertritt Gott«. Hildegard, inzwischen über achtzig Jahre alt, eine kleine zierliche Frau, stützte sich auf die Harke und sah Ida, ihre übereifrige Stellvertreterin, lächelnd an. »Beruhige dich, Kind, bevor du weitersprichst.«

»Ich bin ganz ruhig. Ich sorge mich nur um den Bestand der beiden Klöster und die Zukunft meiner Mitschwestern.«

»Dunkle Wolken überschatten dich.«

»Es sind berechtigte Sorgen um die Zukunft, Mater.«

»Liebes Kind, wenn das Lebendige Licht zu uns spricht, müssen wir der Stimme Gottes folgen. Wem sonst wären wir untertänig?«

Ida trat einen Schritt zurück. Mit ihren siebzig Jahren fühlte sie sich nicht mehr als »Kind«. Trotz all ihrer Gebete war ihr niemals eine Vision zuteil geworden wie ihrer geistlichen Mater. Inzwischen war sie froh darüber. Zwischen ihr und dem Beichtvater gab es nicht viel, was sie rechtfertigen musste. Visionen hätten eine Frau der Tat, wie Ida es war, überfordert. Ida war seit ihrer Jugend an Hildegards Seite gewesen. Alle ihre Krankheiten, ihre Verzweiflung und die Entstehung ihrer Visionsbücher hatte Ida miterlebt. Manch eine Nonne hatte die Gemeinschaft wieder verlassen, einige waren gestorben. Andere hatten an den Visionen der Magistra gezweifelt. Auch Ida hatte manchmal insgeheim mit ihrer selbstbewussten Vorsteherin gehadert.

Jetzt aber stand die Existenz des Klosters auf dem Spiel. Ida liebte die Meisterin wie eine Mutter, und doch war sie in dieser Sache, die sich immer weiter zum Unangenehmen entwickelte, nicht mit ihr einig. Hildegard hatte einen exkommunizierten Ritter im Kloster aufgenommen. Das Lebendige Licht hatte ihr in dieser Sache folgendes verkündet: *»Und ich hörte eine Stimme sagen: Wer hat den Himmel erschaffen? Gott. Wer schließt den Gläubigen den Himmel auf? Gott. Und darum, o ihr Gläubigen, darf Ihm keiner Widerstand leisten oder Ihm entgegentreten.«*

Mildtätig war der junge Ritter gewesen, Korn hatte er kostenlos während der Hungersnot an die Menschen in Bingen verteilt. Auch Kloster Rupertsberg hatte er mehrfach beschenkt. Ein kurzes heftiges Fieber hatte ihn schließlich dahingerafft. Ein langer Beerdigungszug war dem Sarg gefolgt. Der Verstorbene hatte vor seinem Tod bereut, gebeichtet, die Ölung empfangen und die Kommunion durch seinen Capellanus, und so gestattete Hildegard das Begräbnis auf dem Klosterfriedhof.

Gott selbst bestätigte Hildegard in einer Vision, dass der Verstorbene nun erlöst war. Doch seine Bestattung verstieß gegen das Gebot des Domkapitels in Mainz und des Erzbischofs Christian: Die Äbtissin möge den Leichnam aus der geweihten Erde entfernen lassen, sonst drohe ihr das Interdikt, hieß es. Niemals würde sie die Leiche aus ihrer letzten Ruhestätte entfernen. Lasse sie es dennoch zu, würde *die Finsternis einer großen Gefahr über das Kloster ziehen*. Der Kölner Erzbischof Philipp von Heinsberg sprach sich bei dieser Gelegenheit für Hildegards Kloster aus. Wenigstens die Gottesdienstfeier ohne Musik und Gesang möge man doch den Rupertsberger Nonnen gestatten, bis der Mainzer Erzbischof Christian, der für diese Angelegenheit zuständig war, entschieden habe, bat er. Doch die Mainzer Domherren hatten nur finster geschwiegen. Und nun war aus Rom ein zweites Interdikt gekommen. Hildegard war vor den Mainzer Autoritäten niedergekniet, flehend und schluchzend, und Ida, die sie begleitete, war ebenfalls in Tränen ausgebrochen. Wieder einmal war die Äbtissin überzeugt davon, im Recht zu sein. Insgeheim fand Ida, man solle die Leiche ausgraben und vom Friedhof fortbringen, so wie die Mainzer es verlangten. Gott konnte nicht wollen, dass so viele Nonnen monatelang vom Empfang der Sakramente ausgeschlossen blieben und somit ihr Seelenheil gefährdeten. Einmal im Monat pflegten die Nonnen zu beichten und den Herrenleib zu empfangen. Das war ihnen nun verwehrt, womöglich bis zur Stunde ihres Todes. Was, wenn eine von ihnen in diesem Zustand starb?

Ida hielt es außerdem für möglich, dass die Magistra die Vision diesmal nicht richtig gedeutet hatte. Womöglich hatte das Lebendige Licht etwas anderes verkündet. Einige Male hatte Ida schon erlebt, wie hartnäckig die Äbtissin auf etwas bestand, das allen anderen unsinnig erschien. Sie erinnerte sich an den ausgetrockneten Brunnen auf dem Rupertsberg, vor dem die Mönche von Disibodenberg seinerzeit zu Recht gewarnt hatten. Die Entbehrungen der ersten Zeit nach Hildegards Neugründung waren enorm und der darauffolgende Aufstand der Nonnen war Ida nur in zu guter Erinnerung. Tränen waren geflossen, böse Worte gefallen.

»Mater, die Ordnungen dieser Welt sind von Gott gesetzt. Wir als schwache Menschen müssen sie anerkennen. Verstoßen wir gegen sie, hat der böse Feind von uns Besitz ergriffen.«

»Liebes Kind, gib mir wieder deine Hand.« Widerstrebend ergriff Ida die Hand der Äbtissin, die sich warm und mütterlich anfühlte. »Das Schwarze in dir löst sich auf«, sagte Hildegard. »Geh in die Kirche und tu Buße. Bete zur Gottesmutter, dass sie dir hilft, sanft und mild zu werden.«

»Ich muss das Kloster retten«, rief Ida. »Du hast es an den Abgrund geführt, Mater.« Und alles wegen dieses adeligen Ritters, der sich mit einem anderen jungen Mann eingelassen hatte. Ob der Verstorbene seine Untat aber wirklich und wahrhaftig bereut hatte, hielten die Mainzer Domgeistlichen nicht für gesichert. Denn nicht öffentlich vor ihnen hatte er bereut, sondern erst in der Stunde seines Todes. Die letzte Entscheidung über die Aufnahme der Seele des Verstorbenen in die himmlische Wohnung liege nicht bei kirchlichen Stellen, sondern allein bei Gott, war Hildegards Auffassung in dieser Sache.

»Der Bann wird bald aufgehoben. Das Lebendige Licht hat es mir gezeigt. Wir werden wieder singen, den Gottesdienst in der Kirche feiern und die Kommunion empfangen.«

»Vielleicht irrst du dich, Mater. Vielleicht wird das Kloster zur Strafe aufgelöst.«

»Du wirst bald wieder singen und beten wie gewohnt.« Hildegard strich Ida über den Kopf wie einem Kind.

Hildegard mit Abtsstab und Kreuz im Schein des Lebendigen Lichts (Holzstich)

»Ich möchte unser Kloster nicht verlieren«, stammelte Ida. »Ich habe Angst, dass wir in andere Klöster gehen müssen. Dann ist hier alles vorbei.«

»Unser Konvent wird die Jahrhunderte überdauern«, sagte Hildegard und richtete sich auf. »Brände, Kriege und Wasserfluten werden es nicht zerstören. Auch in tausend Jahren werdet ihr die Stundengebete verrichten und meiner gedenken.«

»Hat das Lebendige Licht dir das gezeigt, Mater?«

Hildegard seufzte kurz. »Ich habe euch und eure Nachfolgerinnen in Eibingen über dem Rhein gesehen, in einer neuen Kirche.«

»Und Kloster Rupertsberg?«

»Schwere Wagen auf eisernen Schienen donnern durch unsere Gärten, mein Kind«, sagte die Äbtissin leise.

»Hier, wo wir stehen? Der Felsen ist fest in der Erde verankert.«

»Trau keinem Felsen, mein Kind. Verlass dich auf den Höchsten.«

»Und unsere Kirche?«, fragte Ida.

»Sorg dich nicht um Bauten aus Stein und um unsichere Felsen«, erwiderte Hildegard unwirsch. »Die Kirche ist in jedem von uns. Dort ist sie besser aufgehoben als an jedem möglichen Ort.«

»Aber was willst du jetzt tun, nachdem Erzbischof Christian entschieden hat?«

»Kind, der Brief an ihn wird heute mit dem Boten nach Rom reisen.« Sie habe Erzbischof Christian nochmals den wahren Sachverhalt geschildert. Zweifellos werde der Heilige Geist ihm Erbarmen mit dem Rupertsberger Kloster eingeben.

Ida folgte Hildegard langsam zur Kirche, dort kniete Hildegard nieder und stimmte flüsternd den achtzehnten Psalm an, laut durfte sie ja nicht mehr singen:

»Ich liebe dich, Herr, denn durch dich bin ich stark.
Du mein Fels, meine Burg, mein Retter …
Wenn ich zu dir um Hilfe rufe, rettest du mich vor den Feinden.
Ich preise dich, Herr.«

Die Priorin tat es ihr nach und murmelte mit, ihr Mut begann zu schwinden. Nicht mehr die Kommunion empfangen und nicht mehr singen dürfen… Das Interdikt war die härteste Strafe, die ein Kloster treffen konnte. Härter war nur noch die Auflösung, und selbst die war nicht ausgeschlossen. Sie verstummte, während Hildegard neben ihr ruhig weiterbetete. Bitterkeit stieg in Ida auf, als sie an den Mönch dachte, den sie mehr geliebt hatte, als einer Nonne erlaubt war, für den sie die Gemeinschaft der Schwestern für immer verlassen wollte. Es war anders gekommen. Der Geliebte hatte entschieden, Mönch zu bleiben, und der Liebe zu ihr entsagt Das Kloster war kein Ort der Ruhe und des Friedens. Auch im Kloster mussten Entscheidungen getroffen werden, wurde geliebt und gehasst und gestorben. »Wie im Himmel, so auf Erden«, murmelte Ida. Trotz ihres Alters musste sie jetzt doch noch einmal mit ihrer Äbtissin kämpfen.

Hildegard erhob sich plötzlich, ohne nach dem Arm ihrer Priorin zu greifen. Das Gebet hatte sie gestärkt.

»Besser ist es für mich, in die Hände der Menschen zu fallen, als das Gesetz meines Gottes zu verlassen.«

Gefolgt von Ida verließ Hildegard die Kirche bedächtig. Zwei junge Männer, die über lange Zeit hindurch miteinander gesündigt hatten. Nun lag der eine von ihnen auf dem Friedhof von Kloster Rupertsberg in geweihter Erde, beschützt von Hildegard gegen die Prälaten in Mainz und ihren Zorn.

Für so einen setzt sie alles aufs Spiel, schoss es Ida durch den Kopf.

ERSTES BUCH

—

DIE JAHRE MIT JUTTA

1

DAS FEST – HERBST 1102

Der Festsaal auf Burg Böckelheim war mit Blumengirlanden geschmückt. Auf dem langen Eichentisch in der Mitte des Raums standen die Leckerbissen für das abendliche Festmahl bereit: frisches Brot, Töpfe mit heißer Suppe, Spieße mit gebratenen Fleischstücken. Am Morgen war das elfte Kind der Edelfreien Hildebert von Bermersheim und Mechthild getauft worden, die kleine Adela.

Die meisten Gäste waren schon am Tag zuvor oder im Lauf des Morgens eingetroffen, nur Graf Eberhard, der Bruder Mechthilds, hatte sich verspätet.

»Vielleicht kommt der Graf erst morgen früh. Der Weg vom Elsass ist weit und es hat Gewitter gegeben. Lasst uns niedersitzen und dem Mahl zusprechen«, rief der Burgherr über die Tafel.

Der Capellanus erhob sich und sprach den Segen über die Speisen.

Hildebert warf einen zufriedenen Blick auf seine älteren Kinder, zehn an der Zahl, die Gott ihm erhalten hatte bis zum heutigen

Tag. Krankheiten und kleinere Unfälle hatten sie allesamt unbeschadet überstanden. Sein Blick blieb an der Zehntgeborenen, Hildegard, hängen. Sie saß auf dem Schoß ihrer Amme Samarel, ein hübsches Kind mit feinen Gesichtszügen, einer niedrigen Stirn und lebhaften blauen Augen. Sie als einzige war schwächlich und litt an einer sich verschlimmernden Krankheit, die sie oft ins Bett zwang. Außerdem musste man sich Sorgen machen wegen der seltsamen Dinge, die sie erzählte. Als die Jagdhündin trächtig war, hatte sie die Zahl der Welpen vorhergesagt, die sie doch unmöglich sehen konnte. Sogar die Farbe der Ungeborenen hatte sie gewusst. War die Kleine am Ende von dürren Luftgeistern besessen? Hatte der Teufel nach ihr gegriffen? In manchen Nächten weinte Mechthild bitterlich, wenn sie glaubte, Hildebert läge in tiefem Schlaf. Hildebert aber schlief selbst unruhig und hörte Mechthilds Weinen sehr wohl. Wie hätte er sie trösten können? Leise seufzte er auf. Keins seiner Kinder stand seinem Herzen so nah wie die seltsame Hildegard, die er und Mechthild gleich nach der Geburt Gott versprochen hatten.

Sie war erst vier, und doch klang ihre Stimme wie die eines älteren Mädchens. Die Tischgesellschaft schaute auf.

»Ein Wildschwein hat das Pferd von Onkel Eberhard angegriffen. Der Onkel ist vom Pferd gefallen und blutet am Kopf. Das Pferd ist in den Wald gerannt und der Diener sitzt am Boden neben dem Onkel und weint.«

Die Gäste am Tisch saßen wie erstarrt. Lachen und Reden verstummten schlagartig. Samarel hielt Hildegard den Mund zu.

»Sie erzählt nur wieder eine Märe«, rief Mechthild und versuchte ein Lachen. »Wie immer, wenn sie müde ist. Bring das Kind ins Bett, Samarel.«

Hildegard hatte sich aus Samarels Umklammerung befreit.

»Ihr müsst dem Onkel helfen. Er liegt am Bach bei der dreifachen Effe.«

Keiner dachte jetzt mehr an Essen. Die Frauen flüsterten miteinander. Hildebert war aufgestanden und rief den Knappen etwas zu.

Drutwin, sein Ältester, zog sich die Stiefel über die Füße und rannte hinter ihm her. Die Jagdhunde, die unter dem Tisch auf ihren Anteil am Festessen gewartet hatten, sprangen hinterher.

»Ihr wollt doch nicht in den Wald?« Auch Mechthild hatte sich erhoben.

»Hildegard hat meistens recht«, rief der Vater und war schon auf dem Weg zum Marstall.

Allen Gästen blieb dieser Abend auf Burg Böckelheim in Erinnerung. Es war der Tag, an dem Graf Eberhard auf dem Weg zum Tauffest seiner Nichte Adela verstorben war, ein wehrhafter Mann in den besten Jahren, der nun nicht mehr am Kreuzzug teilnehmen konnte, wie er geplant hatte.

DIE ÜBERFAHRT

Am Himmel klumpten sich Wolken zusammen wie nasse Heuballen. Windböen peitschten über das Wasser. Der Fährkahn kämpfte sich quer zur Strömung zum anderen Ufer. Oberhalb der Felsen und Wasserwirbel des Binger Lochs war der Rhein tückisch. Angestrengt blickten die Fergen zum schräg gegenüberliegenden Halteplatz. Mit den langen Staken hinderten sie den Prahm, zu weit abzudriften.

Das blasse Mädchen mit dem dünnen Blondhaar saß auf dem Schoß ihrer Amme. Den Kopf an die Brust der beleibten Slawin gelegt, hielt es deren Hände.

»Alles wird gut«, murmelte Samarel. »Bald sind wir da.«

Der Boden unter ihnen schwankte. Um sie glitzerte und flirrte das Wasser. Der junge Jagdhund knabberte an Hildegards Schuhen. Manchmal sprang er an ihr hoch und verteilte seinen triefenden Speichel auf ihr. Der Prahm war groß genug, um auch die Esel aufzunehmen, die mit zusammengebundenen Füßen, geduldig an einem Strohhaufen knabbernd, ausharrten, außerdem den Karren für die Reise, die Mutter, Drutwin und den Edelknaben Volmar.

Beide Jungen waren blondhaarig, Volmar etwas dunkler als der hellblonde Bermersheimer, und sahen aus wie Geschwister. Volmar aber hatte braune Augen und dunkle Augenbrauen, was ihm in Hildegards Augen eine besondere Schönheit verlieh. Als Sohn einer befreundeten Familie von Edlen leistete er seinen Dienst vor der Schwertleite auf den Burgen Bermersheim und Böckelheim, angeleitet von Hildebert, der ihn auch auf seinen Reisen durch das Reich mitnahm. Als Vogt verwaltete Hildegards Vater die Burg Böckelheim. Nur selten konnte er sich um das heimische Gut in Bermersheim kümmern. Oft hielt er sich auch mit Frau und Kindern bei der Familie des Grafen von Sponheim an der Nahe auf. Die Zeiten waren unruhig, das Leben der Menschen unsicher. Blutige Fehden und Kriegszüge rafften manchen Ritter dahin. Kinder wurden zu Waisen, Frauen zu Witwen.

Immer wieder sah Hildegard zu dem Knaben hin. Vor einiger Zeit hatte sie ihm mitgeteilt, was sie ganz genau wusste: Sie und er würden für immer zusammenbleiben. Gott habe sie miteinander vereint. Volmar hatte verlegen aufgelacht. Es war unmöglich. Er war zum Ritter bestimmt und sie zur Klosterfrau. Nicht einmal mehr sehen konnten sie sich dann. Seit diesem Gespräch lächelte er ihr nicht mehr zu. Hildegard war keineswegs traurig. Edelknabe, Ritter, was auch immer, er gehörte an ihre Seite. Mit Samarel hatte sie darüber gesprochen. Auch die Amme widersprach, so einfach sei es nicht im Leben. Das, was Hildegard sich wünsche und vorstelle, könne sie nicht erzwingen.

Aber Gott habe es schon so bestimmt, versicherte die Kleine, worauf Samarel tief geseufzt und geschwiegen hatte. Hildegard war ein krankes Kind, alle wussten es inzwischen. Die Eltern, die Verwandten, das Gesinde, die Bauern in den Dörfern. Ein Kind, das immer wieder Tage und Wochen im Bett verbrachte, unfähig sich zu bewegen, Arme und Beine erstarrt. Schmerzhafte Krämpfe durchzuckten die gelähmten Gliedmaßen des Kindes, das still in sich hineinweinte und bemüht war, die Eltern nicht noch mehr zu bekümmern. Mit Gebeten und Kräutertränken versuchten die Amme und die Eltern, ihr zu helfen. Irgendwann war es dann so weit. Von einem Tag auf den anderen lachte sie wieder, erzählte sonderbare Geschichten, kletterte aus ihren Decken hervor und tappte vorsichtig durch die Räume der Burg. Es schien, als vermöchte die Kleine Verwandte in ihren weit entfernten Burgen zu beobachten. Am Ende hatte da noch der Teufel die Hände im Spiel.

Treppen steigen und sich im Freien bewegen konnte Hildegard erst Tage später und nur mit Mühe. Abends kauerte sie am liebsten unter dem schweren Eichentisch im Kemenatenzimmer auf dem Teppich und lauschte der Unterhaltung der Erwachsenen. Mit ihren Holzfiguren spielte sie »Kloster« und plapperte mit Personen, die niemand außer ihr sehen konnte.

Sorgenvoll betrachtete Mechthild von Bermersheim das kleine Mädchen auf dem Schoß der Amme. Sie stand aufrecht und unerschütterlich, eine kräftige Frau, noch jugendlich, der man die vielen Geburten nicht ansah. Sie trug ein helles wollenes Gewand mit blauseidenem Besatz am Saum und an den Ärmeln. Immer wollte sie die Gaben für das Kloster im besten Zustand überreichen. Selbst die Schafe wurden gebürstet, ehe der Hirte sie hinübertrieb.

»Sie wird dich heilen«, sagte Mechthild, in Gedanken schon bei der Heilerin in der Grotte bei Eibingen. »Du bist der Zehnt deiner Eltern an Gott. Unversehrt und gesund müssen wir dich übergeben.«

»Muss ich im Kloster herumlaufen?«, fragte die Kleine. Auf den Füßen zu gehen, gestützt von ihrer Amme, war mühsam. Hinterher tat ihr jeder Muskel weh und sie schlief dann stundenlang auch am Tag.

»Ach, mein Kind«, sagte die Mutter mit gepresster Stimme.

»Alles wird gut«, säuselte Samarel.

»Ich will alles tun, was man mir sagt. Nur herumlaufen möchte ich nicht. Es ist so schwer«.

Samarel und die Mutter schwiegen. Drutwin, Hildegards großer Bruder, sagte altklug: »Nur Gott kann sie heilen.«

Die Fergen schlugen die Staken in die Fluten, und Hildegard brach der Schweiß aus. Grelle Farben stiegen in ihr auf, das grünste Grün, durchbrochen von tiefem Schwarz und heißem Rot. Das Grün breitete sich aus, konnte Schwarz und Rot aber nicht auslöschen. Dafür brauchte es Zeit, und die gab es nicht. Rot und Schwarz schwollen wieder an und Hildegard packte die Angst.

Eine Reihe von Enten flatterte über dem Wasser und ließ sich darauf nieder. Mit einem Sprung setzte der junge Hund über den Bordrand und paddelte hinter ihnen her.

Alle schrien auf. Nicht wegen des Hundes in der schnellen Strömung, sondern der Jungen wegen. Drutwin und Volmar hatten sich hinter ihm her in die Flut gestürzt. Das Wasser war noch winterkalt. Zu kalt für einen erwachsenen Mann, musste es tödlich sein für die zwei mageren Knaben. Immerhin konnten sie schwimmen, was sie gewöhnlich im Fischteich vor der Burg zu tun pflegten.

Der eine Ferge hielt die Stake zu den beiden hinüber, die mit der Strömung kämpften, der andere brachte den Kahn mühsam auf Kurs. Ein einzelner Arm reckte sich für einen Augenblick gen Himmel. Dann verschwanden beide Körper in den Wellen. Hildegard reckte sich vor. Drutwin und Volmar waren nicht mehr zu sehen. Die Mutter schrie ihre Namen, sie schrie zu Gott und Samarel betete laut.

»Sie sind jetzt tief unten im Fluss, auf dem tiefsten Grund, wo Sand und Steine sind«, rief Hildegard.

»Schweig still, törichtes Kind«, keuchte Samarel.

Der Hund kam zurück ins Boot und schüttelte sich das Wasser aus dem Fell. Der Fährkahn drehte sich in der Strömung, während die Fergen ratlos im Wasser stakten. Nach einer Weile warf der Jüngere die Kappe Volmars, die er aus dem Wasser gefischt hatte, vor Mechthilds Füße.

»Drutwin!«, schrie Mechthild auf. »Gott, gib mir mein Kind zurück!«

Das Pferd, ein Brauner mit weißer Stirnblesse, war das größte aus dem Marstall der Burg Sponheim. Mit Bangen beobachtete Hildegard ihre Cousine, die sich in den Männersattel schwang. Stiefel trug sie und blaue Beinkleider und darüber einen kurzen Jagdkittel. Juttas langes helles Haar flatterte im Wind, als sie über die Wiese ritt. Der Wind wehte Fetzen frommer Gesänge hoch zur Burg. Durch das Tal zog eine Schar betender Pilger, die auf dem Weg zum Heiligen Land waren.

Seit Papst Urban II. zum Ersten Kreuzzug aufgerufen hatte, waren die Heere der Kreuzfahrer aufgebrochen und hatten im Jahre des Herrn 1097 die seldschukische Hauptarmee vernichtend geschlagen. Im Jahr darauf war nach langer Belagerung die Stadt Antiochia gefallen. 1099, ein Jahr nach der Geburt der kleinen Hildegard, hatten die Kreuzfahrer Jerusalem erobert und ein Blutbad unter der jüdischen und muslimischen Bevölkerung der heiligen Stadt angerichtet.

Eine große Unruhe erfasste breite Schichten der Bevölkerung in Frankreich und den deutschen Landen. Überstürzt verkauften die Menschen ihren Besitz und brachen einzeln oder mit der ganzen Familie auf, erst noch ausgelacht von den Nachbarn wegen ihrer törichten Verkäufe, doch bald darauf von ihnen begleitet, weil sie es ebenfalls nicht mehr in der Heimat aushielten. Viele in Europa zog es plötzlich nach »Outremer«, den heiligen Stätten und dem heiligen Grab. Manch einer gab den heimatlichen Besitz auf für die ungewisse Zukunft in dem unbekannten Land. Die Tilgung aller Sünden hatte der Papst bei seinem Aufruf im Jahr 1095 den Kreuzfahrern verhießen. Somit erwarteten die Kreuzfahrer, sofort ins Paradies einzuziehen, sollten sie während des Feldzuges sterben. Jerusalem zu erreichen, war das Ziel eines jeden, der das Kreuz nahm und sich auf den Weg machte, darunter Männer und Frauen, sogar Kinder, Arme und Reiche. Einmal dort stehen, wo Jesus gewandelt war. Einmal den Boden küssen, den die Füße des Heilands berührt hatten.

Es waren schwierige Jahre, nicht nur für die Adelsfamilien zwischen

Rhein und Nahe, auch für die Unfreien auf dem Land, die sich auf den Feldern quälten, und die Menschen in den Bischofsstädten Mainz und Trier. Die Edelfreien von Bermersheim und die Familie der Grafen von Sponheim waren schon seit Jahrzehnten freundschaftlich verbunden, auch untereinander versippt. Hildebert, Hildegards Vater, stand in Diensten der Grafen von Sponheim. Graf Stefan war im Jahr 1095 bei einem Jagdunfall ums Leben gekommen. Oft hielt Hildebert sich mit den jüngsten Kindern bei der Witwe Sophia von Sponheim und ihrem Sohn Meinhard auf, um ihnen beizustehen und ihre Rechte wahrzunehmen. Hierhin hatte Mechthild in ihrer Not nun die beiden auf den Tod erkrankten Knaben bringen lassen, da es keinen besseren Medicus im Umkreis gab als den auf Burg Sponheim. Es stand schlimm um den ältesten Sohn Drutwin und den Edelknaben. Zwar hatten die Fergen sie schließlich aus dem Rhein gezogen, doch sie hatten kaum atmen können, so viel Wasser hatten sie geschluckt. Nur würgen und husten konnten sie und hatten die Augen kaum einmal geöffnet in den letzten vergangenen bangen Tagen.

»Dein Bruder und der Edelknabe sind dem Tod geweiht«, flüsterte Samarel Hildegard zu, während der Medicus die Knaben untersuchte. »Der Priester ist mit dem Sterbesakrament auf dem Weg zur Burg.« Hildegard teilte die Angst der Amme und ihrer Eltern nicht. Die beiden würden nicht sterben, sie sah sie vor sich, im Gespräch mit ihr, der erwachsenen Hildegard. Mitteilen durfte sie das niemandem, sonst würde man sie wieder ausschimpfen.

Jutta hielt den Gaul vor Hildegard an.

»Jetzt du«, sagte sie.

»Er ist zu groß für mich.«

Das Pferd senkte den Kopf und beschnupperte das Mädchen.

»Samarel, heb sie hoch!«, befahl Jutta.

Und so kam es, dass an diesem Tag Hildegard, vor Jutta auf dem großen Braunen sitzend, über die Wiese vor der Burg ritt. Vögel zwitscherten in den Bäumen. Der Himmel war voller schneeweißer

Wolken, rundum stiegen frühlingshafte Nebelschwaden auf. Es war nicht mehr kalt.

»Freust du dich?«, fragte Jutta.

»Ich bete für Drutwin und Volmar, wie Samarel verlangt hat«, gab Hildegard zurück. »Samarel meint, sie werden sterben.«

Das Pferd ging jetzt langsamer.

»Beten genügt nicht«, sagte Jutta.

»Warum nicht?«

»Beten ist zu wenig. Du musst Gott etwas schenken. Dann wird er dir helfen.«

»Aber er hat doch schon alles.«

»Auch dem Kaiser schenkt man etwas, obwohl er viel mehr als wir besitzt.«

Hildegard überlegte. Der Kaiser war ein Mensch. Geschenke wie eine Herde Gänse oder zwanzig Schweine nützten ihm für die Hofhaltung.

»Wir bieten Gott unser Leben an, im Tausch für das der Jungen«, schlug Jutta vor.

»Müssen wir dann sterben?«

»Damit sie leben. Es ist ein Tausch. Ich werde es für Drutwin tun.« Jutta sagte es so leichthin, als tausche sie ein Spielzeug gegen ein anderes, einen Topf Milch gegen einen Krug Wein.

»Vielleicht will Gott unser Leben gar nicht«, wendete Hildegard ein.

»Natürlich will er es. Willst du nicht dein Leben für das von Volmar geben?«

Hildegard seufzte tief. Beten würde sie für ihren Bruder und den Edelknaben, doch ihr Leben würde sie nicht bieten. Es gehörte ihren Eltern, die wiederum hatten es wie ein Lehen von Gott erhalten.

Die Wolkendecke zog auf, und strahlend helles Licht brach plötzlich auf die Reiterinnen hinunter und umgab sie. Langsam und deutlich sprach die Stimme aus ihm: Kleiner Mensch, du sollst leben. Auch die beiden Knaben werden leben und heranwachsen, kleiner Mensch! Freu dich daran, auf dem Pferd zu sitzen, das mein Geschöpf ist, geschaffen, dich zu tragen. Kleiner Mensch, dereinst wirst du nach Ingelheim und Mainz reiten. Der Fluss wird dich in fremde Städte befördern. Kleiner Mensch, du bist geschaffen, um an meiner Welt teilzuhaben und dich zu erfreuen an dem, was sie bereithält. Geblendet von der Helligkeit, die nicht nur um sie, sondern in ihr war, lehnte Hildegard sich zurück an Juttas Körper, überwältigt von den Worten, die Gott an sie gerichtet hatte. Die Welt war warm und gut und sie mitten im Licht. Jutta schien nichts von all dem zu bemerken, während das Pferd weitertrabte.

IM INNERSTEN MEINER SEELE ERKENNE ICH MICH ALS ASCHE UND MODER, WIE VERGÄNGLICHEN STAUB

»Hast du die Stimme gehört, Samarel?«, fragte Hildegard, als Jutta sie vom Pferderücken herabgehoben hatte. Ihr war etwas schwindlig vom Ritt und von dem hellen Licht. Samarel hielt sie fest an sich gedrückt.

»Welche Stimme?«

»Die Stimme aus dem Licht.«

»Ach Kind«, jammerte Samarel. »Das kommt vom Reiten und der Aufregung. Komm, lass uns hochgehen und für die jungen Herren beten.«

»Sie werden bald gesund sein«, rief Hildegard.

Samarel schimpfte sie aus, ein dummes Kind sei sie und sie solle keine solchen Reden halten. Ihre Eltern hätten Kummer genug.

»Gott hat mir gesagt, sie werden leben«, sagte Hildegard.

Gott spreche nicht mit einer Sechsjährigen, mischte sich Jutta in diesem Moment ein. Schließlich rede er auch nicht mit ihr oder ihrer Mutter Sophia. »Wer bist du denn schon? Ein schwächliches, krankes Mädchen.«

Hildegard begriff, dass es sinnlos war, über das strahlende Licht und die Stimme zu sprechen.

»Vor Gott bist du Asche«, sagte Jutta.

Hildegard erschrak bei der Vorstellung, dass sie vor Gott Asche war.

»Schweinekacke bist du für Gott, Dreck. Zu Dreck spricht er nicht. Begreif das.«

Drutwin und Volmar saßen beide aufgerichtet in ihren Betten. Volmar lächelte Hildegard an, als sie zu ihm trat.

»Warum weinst du?«, fragte er.

»Weil ich Schweinekacke bin«, sagte Hildegard. »Jutta hat es mir erklärt.«

DAS GELÜBDE

Noch immer befand sich Mechthild von Bermersheim auf Burg Sponheim. Es war trotz des traurigen Anlasses ein angenehmer Aufenthalt in den geräumigen Anlagen, und Mechthild schätzte Bequemlichkeit, wofür die orientalischen Teppiche in den Wohnräumen sorgten und die Wasserleitungen, die fließendes Wasser bereithielten. Hildegard gefiel es ebenfalls bei der sechs Jahre älteren Jutta. Es gab einige adelige Mädchen aus der Verwandtschaft, die man Sophia zur Erziehung anvertraut hatte, gleich zwei weitere mit dem Namen Jutta, eine rothaarige und eine klein gewachsene und die stolze Rikkar aus einer verwandten Linie der Sponheimer. Rikkar war einige Jahre älter als Hildegard, körperlich und seelisch gesund mit einer durchdringenden Stimme und kräftigem blondem Haar. So jung sie war, sprach sie doch ständig davon, wie viele Kinder sie eines Tages haben werde und wie sie sie nennen wollte: »Vier Söhne sollen es sein und vier Töchter, ein Erbgraf, ein Bischof und zwei, die ins Heilige Land ziehen. Und meine Töchter werden vier Könige heiraten.«

»Ja, ja«, sagte Jutta dann. »Warte ab, wie es kommt.« Und die Kleine Jutta, die den Tag über Selbstgespräche mit sich führte, murmelte: »Ich mache alles, was Jutta von Sponheim anordnet. Ich will ihr dienen, egal, wo.« Beim Essen oder nach dem Psaltergesang sah sie Jutta plötzlich ängstlich an und ergriff ihre Hand. »Nimmst du mich mit?«, fragte sie immer wieder. »Ich werde auch für dich fegen und deine Kleider waschen«, woraufhin Jutta von Sponheim wortlos die Hand der Kleinen Jutta drückte.

»Vier Königinnen!«, rief Rikkar, und alle lachten.

Burg Sponheim, mit den wehrhaften Türmen und dem hohen Wohnturm, schon von Weitem ein prächtiger Anblick, war ein Ort, zu dem es die Adelsfamilien der Umgebung hinzog, hatte doch Sophia von Sponheim die Kapelle der Burg prächtig ausbauen lassen und verfügte über eine Bibliothek mit kostbarsten Büchern. Sophias beste Freundin war Uda von Göllheim, deren Mann im Heiligen Land im Kampf gegen die Heiden den Tod gefunden hatte. Aus Trauer über diesen Verlust hatte Uda, noch keine vierzig Jahre alt, eine Frau mit lieblichen Gesichtszügen und strahlenden blauen Augen, sich wie eine Nonne das Haar kürzer geschnitten, trug nur noch schwarze Kleider und einen Schleier über dem Haar. Einen großen Teil ihrer Tage verbrachte sie damit, in der Burgkapelle den Psalter zu singen. Mit Sophia zusammen kümmerte sie sich um die adeligen Mädchen. Vom Heiraten riet sie ihnen stets ab. Selbst das glücklichste Eheleben sei schwer. Kinder zu gebären, sei der eigentliche Fluch, den Gott der Herr über Eva verhängt hätte am Tag, an dem sie Adam den Apfel reichte.

Mechthild betrat den Raum mit Hildegard an der Hand. An diesem Tag herrschte Trauer auf der Burg. Der Capellanus und die Witwe Sophia knieten betend auf dem Boden vor dem Bett Juttas. Sophia bebte vor Schluchzen. Gott, der Herr, möge das Leben ihrer Tochter erhalten, flehte sie. Juttas ältere Brüder Meinhard und Hugo knieten hinter der Mutter und murmelten leise. Hugo, schon zum Mönch geweiht, lebte in einem Mainzer Kloster und war nur zu einem kurzen Besuch zu Hause.

Jutta war von einem Tag auf den anderen von einer geheimnisvollen Krankheit niedergeworfen worden. Fieberkrämpfe schüttelten sie. Der herbeigerufene Medicus wusste keinen Rat. Dagegen hatten sich die beiden schon von ihm aufgegebenen Knaben, Drutwin und Volmar, auf wunderbare Weise erholt und saßen draußen auf der Burgmauer. Wie ein Wunder war das, doch die Tochter der Burgherrin lag auf den Tod darnieder.

»Das Lebendige Licht spricht zu mir«, begann Hildegard und Sophia von Sponheim unterbrach ihr Gebet.

»Das Lebendige Licht verkündet, es nimmt Juttas Gelöbnis an. Jutta soll ihr Leben dem Lebendigen Licht weihen«, gab Hildegard weiter, was sie gehört hatte.

Sophia und Mechthild brachen in Tränen aus.

»Sprich nicht solchen Unsinn«, tadelte Mechthild sie mit zitternder Stimme. Nun weinte auch Hildegard. Das Licht war wieder zu ihr gekommen und sie hatte die Stimme darin deutlich vernommen. Doch wie immer konnten die anderen Menschen, die mit ihr im Raum waren, nichts davon sehen und hören. Sie war ein erbärmliches, krankes Kind mit ungeschickten Bewegungen, das nur kurze Wege allein laufen konnte. Sogar zum Knien beim Beten war sie zu schwach. Sie musste sich auch jetzt auf einen Schemel setzen, während alle vor Juttas Bett knieten.

»Kleiner Mensch, hab Mut. Ich mache alles gut. Jutta und du, ihr werdet mir dienen und Volmar wird bei euch sein.« Das Leuchtende Licht sprach unbeirrt weiter zu ihr, der jämmerlichen Hildegard, die nicht einmal richtig beten konnte. Während es mit ihr sprach, tröstete und erwärmte es sie, und sie fühlte sich plötzlich leicht und fröhlich und hätte am liebsten laut gesungen. Das Licht nannte sie nicht »Kind« und nicht »Mädchen«, sondern »Mensch«. Darüber dachte sie nach. War »Mensch« das richtige Wort für sie? War sie vor dem Licht mehr Mensch als Mädchen oder Kind?

Diese Anrede gefiel ihr von Tag zu Tag mehr.

Das Mädchen Hildegard wird von den adeligen Eltern zur religiösen Erziehung übergeben an Jutta, die hier fälschlich als alte Frau dargestellt ist (Stich um 1900)

Heilige Hildegard. (17. September.)

Das Fieber plagte Jutta noch ein paar weitere Tage, wurde aber allmählich schwächer. Das Mädchen ließ sich Brühe einflößen und lächelte ihrer Mutter zu. Mit leiser, doch entschiedener Stimme verkündete sie, sie habe Gott versprochen, ihr Leben seinem Dienst als Jungfrau zu weihen.

»Ich werde den Schleier nehmen«, sagte sie. Alle waren dabei, als sie es sagte. Rikkar, Hildegard, die Kleine und die Rote Jutta.

»Dann kannst du nicht heiraten!«, rief Rikkar. »Es wird dir leid tun. Wir alle werden Kinder bekommen, nur du nicht!«

»Hör zu, Rikkar«, sagte Jutta nur. »Du wirst leiden, wenn du Kinder hast.«

Zwölf Jahre alt sei sie erst und immer noch sehr schwach, widersprach Sophia ihrer Tochter. Jetzt solle sie nichts geloben und nichts entscheiden.

Es sei die Bedingung, gab Jutta zurück, schon wieder kämpferisch. Mit Gott persönlich habe sie es so ausgemacht. Auf eine fromme Wanderschaft wolle sie sich begeben und alle heiligen Stätten aufsuchen.

Den Umstehenden kamen die Tränen vor Freude. So weit hatte Jutta sich erholt, dass sie von Wanderschaft sprach.

»Ach, mein Schwesterlein«, murmelte Meinhard und küsste sie auf die Stirn. Nur ganz gesund solle sie wieder werden. Und mit dem Grafensohn im Elsass, ihrem Verlobten, werde er sprechen, wenn er ihn demnächst in Ingelheim sehen werde.

Drutwin und der Edelknabe Volmar waren nach ihrer wunderbaren Genesung ernst und nachdenklich geworden. Sie beteten viel und sprachen wenig. Nach einigen Tagen erklärte Volmar, er wolle nach Mainz an die Domschule ziehen, um dort Latein schreiben zu lernen und Juristerei. Zum Schrecken seiner Eltern verkündete Drutwin, auch er wolle sein Leben im Gebet verbringen. Er sei schon mit dem Edelfräulein verlobt, wendete Mechthild ein. Aber er freue sich nicht mehr auf den Tag seiner Schwertleite, fügte Drutwin hinzu. Viel lieber wäre ihm ein Leben als Mönch.

»Wir sind erneut getauft worden, als wir im Fluss versunken sind«, sagte Volmar. »Und in der Taufe durch Gott haben wir ein neues Leben erhalten.«

Alle Anwesenden schluckten. Drutwin murmelte, er wolle es sich nochmal überlegen wegen des Edelfräuleins, das auf ihn warte. Meinhard nahm Volmar schließlich mit, als er nach Ingelheim aufbrach, um Erzbischof Ruthard zu treffen. Der Mainzer Erzbischof war der bedeutendste im ganzen Reich, er stand dem König oder Kaiser nahe, nahm doch das Erzbistum einen besonderen Rang ein, seit der Heilige Bonifatius den Frankenkönig Pippin gekrönt hatte. Der Erzbischof von Mainz war zugleich Erzkanzler des Reichs mit dem Recht, die Königswahl einzuberufen. Mainz war die goldene Stadt und die besondere Tochter der römischen Kirche, so stand es auf einer Inschrift am Hochaltar des Mainzer Doms. Das Bistum hatte von allen Bistümern den größten Landbesitz, auch wenn er zum Teil weit entfernt von der Stadt am Rhein lag. Dem Erzbistum Mainz unterstanden auch die Nordmark und Gebiete in Thüringen. Volmar verabschiedete sich nicht von Hildegard. Doch sie winkte am Fenster der Kemenate hinter ihm her, obwohl er nicht zum Turm zurückblickte. Als Letzter im Gefolge des Grafen Meinhard lenkte er sein Maultier durch den Torbogen. Seine braunen Locken zerzauste der Wind.

DIE HEILERIN

Niemand dachte mehr an den vor Wochen geplanten Besuch bei der Heilerin am anderen Rheinufer, so sehr waren alle mit der wundersamen Rettung der beiden Knaben und Juttas Entschluss, ein geistliches Leben zu führen, beschäftigt.

»Sie kommt zu uns«, verkündete Hildegard eines Morgens, als Samarel ihr gerade die Schale mit dem warmen Dinkelbrei brachte.

Die Amme hielt viel von Dinkel. Gekocht sei er das Beste für kleine Kinder. Alle ihre Ziehkinder seien damit gut gediehen, und ihre eigenen Kinder auch.

»Wer kommt zu uns?«, fragte Mechthild.

»Sie hat Löcher in den Schuhen, weil sie so weit gelaufen ist«, sprudelte es aus Hildegard heraus. »Sie rutscht auf dem Weg aus, weil er so steil ist.«

Alle eilten zum Aussichtsfenster des Palas, und da stand sie auch schon keuchend vor dem Tor von Burg Sponheim, eine Frau mit wirrem grauem Haar und blutenden Füßen, auf einen Ast gestützt, ein Bündel über der Schulter.

»Das ist Trinakia«, sagte Mechthild von Bermersheim.

Samarel lief die Treppen hinunter und half der Alten in die Kemenate. Die Mägde kamen aus dem Küchengewölbe gelaufen und verharrten an der Tür vor dem Saal, um die sagenhafte Trinakia aus Eibingen zu beobachten.

Die Witwen Sophia und Uda nahmen sie in Empfang und geleiteten sie zu der Sitztruhe vor dem Kamin, wo eine Dienerin mit Wasserkrug und Schale ihr unverzüglich die Füße wusch und salbte. Schweigend stellten sich die adligen Mädchen im Kreis um die Besucherin, Jutta von Sponheim, ihre Cousine Rikkar, die den ganzen Tag Nahrung zu sich nahm und Honigplätzchen kaute, die verwachsene Kleine Jutta und die grünäugige Rote Jutta. Nur Hildegard kauerte auf ihrer Wolldecke, vertieft in ihr Spiel mit den schwarzen Holzfiguren.

Sicher sei sie wegen der kleinen Hildegard gekommen, ihrer Tochter, begann Mechthild.

»Sei bedankt. Du kannst sie heilen. Reichen Lohn sollst du erhalten.«

Trinakia sah zu der Kleinen hin, die ihr ebenfalls einen kurzen Blick schenkte, ehe sie sich wieder ihrem Spiel zuwandte.

Die Überfahrt über den Strom sei das Schwerste gewesen, ließ Trinakia sich nach einer Weile vernehmen, viel gefährlicher als der Fußweg nach Burg Sponheim. Aus ihrem Bündel kramte sie einen Blütenkranz hervor, beugte sich zu Hildegard hinab und ließ sie daran riechen. Kamillenblüten seien es, erklärte sie und setzte den Kranz auf Hildegards dünnes Blondhaar.

»Herrin, ich bin nicht gekommen, um sie zu heilen«, wendete sie sich dann an Mechthild.

»Nur Gott kann Hildegard heilen«, rief Jutta dazwischen.

Hildegards Krankheit sei ein Geschenk Gottes, sagte Trinakia. »Das größte Geschenk, das er ihr mitgeben konnte.« Nicht um die Heilung ihres Leidens sollten sie alle beten, sondern sich bedanken für das, was Gott dem zehnten Kind der Bermersheimer geschenkt habe.

»Und deswegen hast du den weiten Weg auf dich genommen?« Die Enttäuschung stand Mechthild im Gesicht.

»Deine Tochter ist reicher als wir alle«, entgegnete Trinakia, sich selbst mit einbeziehend in die im Saal versammelten Wohlhabenden, worüber alle lächeln mussten. »Sie hat alles.«

»Ich habe alles«, wiederholte Hildegard und schaute auf mit ernstem Blick. Dann murmelte sie Worte einer fremden Sprache, die niemand verstand.

Samarel führte die Heilerin aus dem Raum. Mechthild brauchte einige Zeit, bis sie sich wieder beruhigt hatte.

»Trinakia war einmal die beste Heilerin weit und breit«, jammerte sie. »Jetzt ist sie alt und wirr im Kopf geworden.«

Trinakia kümmerte sich an diesem Tag noch um zwei kranke Pferde im Marstall und das gebrochene Bein eines Dienstmannes. Doch als sie am nächsten Tag wieder aufbrach, hatte sie nicht einmal erklärt, warum sie Hildegard den Kranz aus Kamillen aufgesetzt hatte.

Den Kranz trug Hildegard von nun an jeden Tag. Auch als er schon längst vertrocknet und welk war, ließ sie nicht von ihm.

NACH JERUSALEM!

Monate waren vergangen. Im Burghof lag der erste Schnee. Nach Trinakias Besuch war Jutta eine Zeitlang verschwunden, ausgerissen, um in Mainz mit dem Erzbischof zu sprechen, wie sich erst Tage hinterher herausstellte. In dieser Zeit tröstete Mechthild die verzweifelte Sophia und betete mit ihr. Doch inzwischen war Jutta wieder zurück. Dem Bischof hatte sie erklärt, dass sie nicht heiraten werde. Und Bischof Ruthard, ein gütiger alter Weiser, hatte sie gesegnet und ihr den Jungfrauenschleier verliehen. Sophia ließ ihre Tochter nicht mehr ohne Aufsicht aus dem Palas gehen. Mechthild hielt sich mit Hildegard und Drutwin weiter auf Burg Sponheim auf. Wie immer, wenn sie mit Jutta zusammen war, ging es Hildegard besser. Unter Samarels wachsamen Augen lief sie mit ungeschickten staksigen Bewegungen im Burghof umher oder lag auf ihrer Decke vor dem Kamin, vertieft in das Spiel mit den schwarzen Holzfiguren und den Bauklötzen. Am liebsten spielte Hildegard »Gottesdienst« und »Klosterleben«.

Entgegen seinem Versprechen hatte Juttas Bruder ihre Verlobung mit dem Grafen im Elsass immer noch nicht abgesagt. Jutta sei in einem Alter, in dem die Wünsche sich schnell änderten, erklärte auch Sophia. Sie sei ein hübsches, lebhaftes Mädchen, dass schon mehrere Verehrer um ihre Hand angehalten hätten. Auch als verheiratete Edelfrau könne sie doch ein gottgefälliges, frommes Leben führen. Für die Armen und Kranken könne sie als Burgfrau sorgen, Klöster und Kirchen in ihrer Grafschaft unterstützen und fördern. Sogar lesen könne sie dann, so wie ihre Mutter es schließlich auch halte. Niemand werde sie hindern, in der Burgkapelle mit ihren Kindern täglich die Psalmen zu singen. Das Jungfrauengelübde, das Jutta vor dem Bischof in Mainz abgelegt hatte, könne auch wieder aufgelöst werden, beteuerte Sophia. Jutta wurde blass. Und Graf Elimar, fügte Sophia hinzu, sei ein feiner, reicher Herr. Mit ihm werde Jutta glücklich werden und ein hohes Alter erreichen. Plötzlich wurde es still. Sophia begriff, dass sie das Falsche gesagt hatte. Meinhard warf ihr einen warnenden Blick zu.

»Ihr habt nichts verstanden!«, schrie Jutta und warf die Tür zu, als sie hinausrannte.

»Sie ist zwölf«, sagte Meinhard. »Zu jung, um zu wissen, wie das Leben einer eingeschlossenen Klosterfrau verläuft.«

Wortlos blickten Mechthild, Sophia und der junge Graf von Sponheim zu Hildegard hinüber, die auf dem Boden sitzend mit ihren Holzfiguren Kloster spielte. Alle waren sie sich einig: Jutta war ganz anders als die Kleine, für die das Kloster der einzige Weg war. Das Klosterleben war für Kinder wie sie ein Schutz. Ehe und Mutterschaft wären zu schwer für sie gewesen. Jutta dagegen sollte die Stammmutter künftiger Geschlechter werden. Starke Söhne, liebreizende Töchter würde sie gebären. Sie taugte nicht für ein Leben als Jungfrau. Zu leidenschaftlich, zu ungebärdig war sie. Gewiss war sie klüger als einer Burgfrau eigentlich zukam, wollte viel wissen, erbat sich Bücher und las in ihnen, konnte auf Lateinisch singen.

Wie gut, dass Jutta wieder gesund war, trotz ihrer Sorgen lächelte Sophia. Kurz trafen sich die Blicke der Mütter. Keine nahm der anderen etwas übel oder neidete ihr das Geringste. Gott gab, wie er wollte. Und nicht immer verstand der Mensch, was gut und was weniger gut war.

»Hildegard ist krank«, sagte Mechthild, »und das zehnte Kind. Schon im Mutterleib war sie Gott geweiht.« Sie seufzte noch einmal auf beim Gedanken an den vergeblichen Besuch der Heilerin.

Die beiden ungleichen Mädchen hingen aneinander wie Geschwister. Wenn auch die ungestüme, kräftige Jutta der größte Gegensatz zur blassen Hildegard von Bermersheim war, so waren sie sich doch geistig ähnlich. Beide konnten lesen und schreiben, ja sogar ein wenig Latein. Beide waren unterrichtet in der Heiligen Schrift und kannten das Buch des Heiligen Augustinus über die Dreieinigkeit Gottes, aus dem abends vom Kapellanus vorgelesen wurde. Gemeinsam sangen sie Psalmen und beteten zur Muttergottes. Ab und zu unterbrach Rikkar ihre frommen Übungen, um ihnen zu erzählen, wie sie ihre zukünftige Burg ausstatten wollte. Für das kommende Jahr war ihre Hochzeit mit einem entfernten Verwandten, dem tapferen Rudolf, geplant. Elimar werde sie nicht heiraten, versicherte Jutta ihren jungen Freundinnen. Niemals, und auch keinen anderen. Was man Gott versprochen habe, müsse man halten.

Unter der Decke von Juttas Bett lag ein zugebundener Sack, gut gefüllt. Hildegard überlegte, ob er Geschenke für sie enthielt. Sie zog die Schnur auf und schaute hinein. Zwei Brote steckten darin, eine Räucherwurst, ein Messer und ein Becher, außerdem Tücher und ein zusammengefalteter Umhang aus rauer Wolle. Reisegepäck, das jemand in ihr Bett gelegt hatte.

Jutta trat herein, und Hildegard begriff schlagartig, dass Jutta sich für eine Reise vorbereitete. Die Mädchen sahen sich lange an.

»Ich werde traurig sein, wenn du fort bist«, sagte Hildegard. Denn eines war klar, Jutta würde ohne sie fortziehen. Das Leben würde arm und glanzlos sein ohne Jutta von Sponheim, so wie vor Kurzem, als sie verschwunden war, um nach Mainz zu kommen. Der Bischof hatte Jutta persönlich durch seine Geistlichen zurück zu Mutter und Bruder bringen lassen. Ohne weiteres verheiraten konnten ihre Verwandten sie nun nicht mehr. Damit hätten sie gegen die Segnung des Mainzer Bischofs verstoßen. Meinhard hatte zwei Tage lang gebrüllt und getobt.

»Ich werde nach Jerusalem gehen«, erwiderte Jutta schließlich. Das Heilige Grab wolle sie aufsuchen und an seinem Rand beten.

»Aber das Grab ist leer«, wendete Hildegard ein.

»Das Grab ist die Stelle, wo es geschah«, erwiderte Jutta. Das Grab sei der Grat, an dem Jesus auferstanden sein. Deswegen müsse sie dort hin.

»Aber mit dem Pferd kommst du nicht dorthin«, murmelte Hildegard und starrte an Jutta vorbei. Ungeheure Wassermassen, grau, riesig, brachen vor ihr auf und nahmen kein Ende. So viel Wasser, dass das Grab dahinter unsichtbar blieb. Sie werde zu Fuß aufbrechen wie eine einfache Pilgerin, wie ein Mädchen vom Land, erklärte Jutta. Nicht als Edelfreie wolle sie unterwegs sein, sondern mit den Armen und Bettlern zusammen.

»Und dein Bruder begleitet dich?«

Nein, so leicht wollte Jutta sich ihre Pilgerfahrt nicht machen. Das sei ja gar nichts, behütet von Meinhard ins Heilige Land zu reisen. Und außerdem, jetzt flüsterte sie, dürfe er nichts von ihrem Plan erfahren. Hildegard dürfe niemandem etwas verraten.

Schon am Abend wollte Jutta die Burg verlassen. Nach dem Abendmahl werde sie sich zurückziehen und nicht mehr hierher zum Schlafen kommen. Jutta zog den Vorhang vor dem Fenster zu. Hildegard müsse sagen, sie liege schlafend im Bett, wenn die Amme oder eine der Mütter noch einmal vorbeischaue.

»Ich soll lügen?«

»Es ist keine Lüge.«

»Es ist eine Täuschung.«

»Es ist eine Lüge für mich und für Jesus.«

»Das Lebendige Licht verlangt, dass wir wahrhaftig sind«, stieß Hildegard hervor.

»Dann sag eben gar nichts. Murmele, tu, als ob du schliefst.«

Hildegard weinte, als sie später im Bett lag. Es war zu schwierig für sie. Sie wollte nicht von Jutta verlassen werden. Außerdem wollte sie nicht lügen oder betrügen, nicht einmal, wenn Jutta es ihr befahl. Mit keinem anderen Mädchen verstand sie sich so gut wie mit ihr. Was sollte aus ihr werden ohne die ältere Freundin, die ihre Gedanken und geheimen Wünsche erriet? Ihr Kopf schmerzte vor Weinen und sie lag noch lange wach. Das Lebendige Licht, das sie so oft getröstet hatte, erschien nicht. Es war dunkel. Draußen schrien Nachtvögel. Sie hätte gerne gebetet, fand aber keine Worte für das, was ihr auf der Seele lag.

Hildegard hörte die Geräusche, als Jutta sich aus ihrem Lager erhob, den Sack schulterte und leise den Raum verließ. Kein Wort des Abschieds sagte sie zu Hildegard, die in Schluchzen ausbrach, als die Tür sich hinter Jutta schloss.

Zwei Tage nach ihrer Flucht war die Schwester des jungen Grafen von Sponheim am Hafen in Mainz von Dienstmannen des Bischofs aufgegriffen und zurück nach Burg Sponheim gebracht worden. Trotz ihrer Verkleidung als Page hatte man sie erkannt, Jutta war ein außergewöhnlich schönes junges Mädchen, und in Mainz gab es tausend wachsame Augen. Sophia fand, dass sie genug gelitten hatte wegen ihrer Jüngsten. Diesmal schlug sie ihre Tochter und sperrte sie in das oberste Turmzimmer ein. Auch Hildegard wurde ausgeschimpft. Sie dürfe Jutta nicht aus den Augen lassen und solle um Hilfe rufen, wenn sie etwas Verbotenes tue. Hildegard leistete ihrer Cousine freiwillig Gesellschaft und die kleine Jutta schloss sich an. Meinhard kam nicht gleich, Sophia und Mechthild hielten ihn davon ab. Die beiden Frauen fürchteten seinen Jähzorn. Erst solle er sich beruhigen, schließlich hatte Jutta kein Unrecht von der Art wie andere Edelfräulein begangen. Es steckte kein Liebesverhältnis hinter ihren Ausbruchsversuchen. Eine Pilgerschaft wollte sie antreten, ein ehrenhaftes Vorhaben. Die Gefahren ihrer abenteuerlichen Reisen überblickte das Mädchen noch nicht. Und immerhin war sie ohne die Aufsicht ihres Vaters aufgewachsen, in der Obhut von Mutter und Tanten. Gehorsam hatte sie nicht gelernt. So wie andere junge Mädchen maßlos in ihrem Liebesverlangen waren, war sie es in religiösem Eifer.

Liebesverlangen und religiösen Eifer, seufzte die lebenserfahrene Mechthild, könne man bei diesen jungen Mädchen, die überall so leidenschaftlich in die Klöster strebten, gar nicht mehr auseinanderhalten.

Da sei ihr das Kloster oder eine Pilgerreise immer noch lieber als eine nicht standesgemäße Liebschaft, bemerkte Sophia. Lange berieten die beiden über Juttas Zukunft. Auch Vater Hildebert wurde hinzugezogen. Seine Meinung stand fest: Die schöne Jutta solle heiraten und ein Leben als Burgherrin führen. Das sei so klar von Gott vorgezeichnet wie die Zukunft der kleinen schwächlichen Hildegard als Nonne in einem Kloster. Dann verabschiedete er sich, er hatte in Mainz zu tun und wollte sich auf dem Weg dorthin in Ingelheim mit anderen Edelfreien treffen.

Als im Frühjahr des Jahres 1105 der Aufstand gegen Heinrich IV. in Sachsen losbrach, gehörte Erzbischof Ruthard von Mainz zu den Empörern. Er unterstützte den jungen Heinrich und ging mit ihm nach Sachsen. Der junge Heinrich nämlich stand auf der Seite des Papstes und der Kirche, während sein Vater, der alte Heinrich, im Begriff war, das Reich in den Abfall vom katholischen Glauben zu führen. Einige sagten, dass Heinrich IV. danach trachte, Christus erneut zu kreuzigen. Zahlreiche junge Adlige hatten sich deshalb im Jahr 1104 gegen den alten Kaiser verschworen und den kirchentreuen jungen Heinrich erhoben. Das ganze Land war in Aufruhr. Noch an der Jahreswende hatte der junge Heinrich eine Gesandtschaft zu Papst Paschalis geschickt, der ihn von seinem Treueeid dem Vater gegenüber entbunden hatte. Eidbrüchig nämlich wollte der Sohn nicht sein.

Am 9. April 1105 feierte König Heinrich V. mit Erzbischof Ruthard in Quedlinburg das Osterfest. Im Sommer zog Bischof Ruthard mit dem König nach Würzburg. Die Mainzer Bevölkerung stand zunächst noch auf der Seite Heinrichs IV., den sie um Hilfe gegen den Sohn bat. Doch im Herbst des Jahres 1105 schlug die Stimmung um. Boten reisten aus Mainz nach Thüringen, um den Erzbischof zurückzuholen. Endlose acht Jahre war der Erzbischof nicht in Mainz, seiner Bischofsstadt, gewesen, als Heinrich V. ihn Anfang November wieder zurückbrachte. Mit ihm kamen die Mönche des Jakobsklosters und Abt Burchard zurück. An Weihnachten 1105 war durch den Herrscher der Reichstag nach Mainz einberufen worden. In der Pfalz Ingelheim schließlich kam es zur Lösung des Konflikts. Hier, am letzten Tag des Jahres, verzichtete Heinrich IV. zugunsten seines Sohnes auf den Thron. Erleichterung ging durch das ganze Land. Ruthard überreichte dem jungen Heinrich die Reichsinsignien und ermahnte ihn, ein gerechter König und Beschützer der Kirche zu sein, da es ihm andernfalls wie seinem Vater ergehen werde. Der päpstliche Legat erteilte dem König die Königsweihe. Hoffnung breitete sich in den deutschen Landen aus. Und Erzbischof Ruthard waltete wieder seines Amtes in Mainz.

Zu ihm also war Jutta vorgedrungen und hatte vor ihm kniend im

Dom die Jungfrauenweihe abgelegt. Niemals werde sie einen irdischen Mann ehelichen. Der fromme Ruthard hatte ihr beigepflichtet. Dazu dürfe ein junges Mädchen, das sich Gott weihen wolle, von keinem Verwandten gezwungen werden. Und wenn man sie auch wieder zurück nach Burg Sponheim gebracht hatte, so fühlte sich Jutta jetzt unbesiegbar. Sie stand nun unter dem persönlichen Schutz des Erzbischofs.

»Vielleicht gibt es ja eine Möglichkeit, sie mit anderen Pilgern zusammen nach Jerusalem zu senden«, schlug Sophia vor, als sie nach einer Woche den Sohn hinauf in das Turmzimmer zu Jutta und ihren Freundinnen geleitet hatte. Dazu wäre sie bereit, erklärte Jutta. Bald sollte es sein, denn im Herbst und Winter sei die Reise über das Meer nach Outremer nicht mehr möglich.

»Niemals«, sagte Meinhard und schlug die Faust auf den Tisch. »Ich bin dein Bruder und der Graf. Du musst mir gehorchen.«

»Ich gehorche nur Gott«, sagte Jutta mit ihrer hellen Mädchenstimme. »Und ich werde nach Jerusalem pilgern.«

Es sei jetzt wirklich genug. Sie habe die Jungfrauenweihe gegen den Willen der Familie ertrotzt. Unter Gefahr für Leib und Leben sei sie zum wiederholten Mal ausgerissen. Meinhard hielt inne, bevor er weitersprach. In früheren Zeiten wäre eine so widerspenstige Verwandte im tiefsten Kellerverlies eingesperrt worden. Ohne Licht und mit wenig Essen.

Er habe sie ja eingeschlossen, widersprach Jutta ihm. Sie könne nicht mehr fliehen. Vor dem Turm habe er Wächter platziert, und die Fenster der Wohnung hier oben seien vergittert. Dennoch werde Gott ihr einen Weg nach draußen eröffnen.

»Es ist keine Sünde, nach Jerusalem zu pilgern.« Jutta blieb ihrem Bruder keine Antwort schuldig. Hildegard, die vor dem Kamin saß und eine Decke bestickte, kamen die Tränen und sie musste innehalten, so zornig waren die Stimmen der streitenden Geschwister. Hin- und hergerissen hörte sie zu.

»Es ist Sünde, der Obrigkeit nicht zu gehorchen.«

»Die Obrigkeit, der ich gehorche, ist Gott.«

Die Obrigkeit auf Erden, der sie unterstehe, sei er, ihr Bruder, brüllte Meinhard. Sie habe ihm zu gehorchen. Er werde sie schlagen, wenn sie jetzt noch einmal widerspreche.

»Dann bring mich um, Bruder, wenn du dazu berechtigt bist«, gab Jutta zurück.

»Sie ist dann eine heilige Märtyrerin«, ließ sich Hildegard vernehmen. »Sie wird eine neue Kapelle auf der Burg bekommen. Viele Menschen pilgern dann den steilen Weg hoch und zünden Kerzen vor ihrem Bild an.«

Jutta lachte laut auf, aber Hildegard sprach unbeirrt weiter. »Und du wirst ein Mörder, überleg dir das gut, Meinhard, du hast es in der Hand. Das Lebendige Licht sagt, es überlässt dir die Entscheidung.«

Meinhard, der schon den Mund zu einer Erwiderung geöffnet hatte, schwieg verblüfft über die Worte der kleinen Kränklichen.

Es müsse ein Ausweg gefunden werden, mischte sich Sophia ein. Bischof Ruthard müsse befragt werden. Ihn werde Jutta doch wohl als Autorität anerkennen.

EINE NEUE GROSSE KIRCHE

Meinhard redete und redete. Die Benediktinermönche aus dem Jakobskloster in Mainz wollten sich drüben in der verfallenen Klosteranlage auf dem Disibodenberg niederlassen und eine neue Kirche erbauen. Ein guter Platz für ein Kloster sei es dort auf der Höhe über den Weinbergen, seit alters her sei die Stätte ausgestattet mit den Gebeinen des heiligen Disibod.

Disibod, so erfuhr Hildegard, war ein Wandermönch. Aus Irland war er vor Jahrhunderten bis hierher in das Land zwischen Mosel und

Nahe gekommen. Den Menschen, die als Heiden Götzen anbeteten, habe er die frohe Botschaft von Jesus Christus verkündet, dann auf der Höhe des Bergs eine Hütte erbaut und Gottesdienst für die Anwohner gehalten. Bis zu seinem Tod habe er in einer einfachen Hütte auf dem Berg über der Nahe gelebt.

»Er hatte ein Gewand aus Ziegenfell an und ging barfuß«, rief Hildegard. »Und bei Regen zog er eine Fellmütze über den Kopf. Die Haare hingen ihm lang und wirr in den Nacken, ganz verfilzt, weil er sie nie gekämmt hat.« Alle blickten erstaunt zu Mechthilds Tochter hin, die mit gerötetem Gesicht ins Leere starrte, als sei ein Reh in den Raum gesprungen, das außer ihr niemand sehen konnte. »Im Wald hat er den Honig der wilden Bienen gesammelt und gleich gegessen. Einmal kam ein Bär zu ihm. Disibod streckte ihm den Napf mit dem Honig entgegen und träufelte ihn vor ihm auf den Boden. Der Bär fraß alles auf und verneigte sich zum Dank vor Disibod.«

»Warum erzählst du diese Geschichte?«, fragte Jutta.

»Sie sieht doch alles Unsichtbare«, erklärte die Kleine Jutta hastig, um zu verhindern, dass Hildegard ausgeschimpft wurde.

Verlegene Stille breitete sich aus. Mechthild senkte den Kopf, Tränen liefen ihr über das Gesicht. Samarel nahm Hildegard in den Arm und hielt ihr den Mund zu. Auch für Nonnen sollten Räume geschaffen werden, berichtete Meinhard weiter. Burchard sei der Abt, ein langjähriger Freund, der beide Klöster leiten werde, das in Mainz auf dem Jakobsberg und das neu zu gründende auf der Höhe des Disibodenbergs. Das alte Kloster der ehemaligen Mönche dort sei nämlich verfallen, die Kirche mit den Reliquien des heiligen Disibod zusammengebrochen.

»Höchste Zeit, dass die Benediktinermönche dort Ordnung schaffen.« Meinhard hatte sich lange mit Bischof Ruthard beraten. Sophia und ihr ältester Sohn waren inzwischen mehrfach auf der Höhe gewesen, um bei den Reliquien des Heiligen Disibod zu beten.

»Jutta, das wäre ein Ort für dich«, sagte Sophia. »Dort könnten sie dich einschließen neben der Kirche und du würdest ein heiligmäßiges

Leben führen.« Dann kamen ihr doch Bedenken. Das alte Kloster sei reichlich heruntergekommen, böte aber zum Leben kaum Schutz vor Kälte und Sturm. Die Mainzer Mönche seien tatkräftig und entschlossen, die Anlage auszubauen mit allem, dessen es bedürfe, entgegnete Meinhard. Ein paar Jahre werde es gewiss dauern, bis die ersten Gebäude fertiggestellt seien. An Geld fehle es nicht, und auch er sei entschlossen, den Mönchen mit seinen Tagelöhnern und Baumaterial beizustehen. An der Pforte gebe es einen Wohnturm mit Platz genug für drei Frauen. Da müsse man nur eine steinerne Verbindung hinüber zur alten Kapelle bauen, dann hätten die Nonnen dort ein eigenes Oratorium. Unbehelligt von den Blicken Neugieriger könnten sie singen und beten. Allein, fand er, sollte seine Schwester sich nicht im Turm einschließen lassen. Viel besser sei eine kleine Gemeinschaft. Und eine Bedienung brauche Jutta doch auf alle Fälle.

Jutta sah von ihrem Psalterbuch auf. Hildegard würde sie allerdings in diesem Fall mitnehmen und die Kleine Jutta auch, erklärte sie. »Wenn zwei oder drei von euch in meinem Namen beisammen sind, dann bin ich mitten unter euch, hat der Herr gesagt.« Juttas Augen leuchteten.

Dort in der Klause könne sie sich auf das himmlische Jerusalem vorbereiten mit Gebet und Gesang, fuhr Meinhard fort, erfreut, dass sie ihm nicht widersprach. Ohnehin gehe es doch um die Lebensreise hin zu Gott und der ewigen Heimat. Die müsse nicht über Gebirge, das Meer und öde Wüsten stattfinden, sondern könne auch im kleinen Raum eines Wohnturms geleistet werden.

Jutta brach in Tränen aus. Es war unklar, ob aus Trauer oder Erleichterung.

»Es ist die beste Lösung, Schwesterlein«, sagte Meinhard.

Sophia gab ihm recht. Das Mädchen endlich hinter sicheren Mauern in der Obhut frommer Mönche. Sie, die Mutter, würde wieder friedlich schlafen. Sie musste nicht mehr um das Leben ihrer wilden Tochter zittern.

AUFBRUCH

Im Jahr 1112 wurde Hildegard vierzehn Jahre alt und Jutta von Sponheim vollendete ihr zwanzigstes Lebensjahr. Manchmal brachten Boten Nachrichten und Briefe von Rikkar zu den Freundinnen. Sie war seit einigen Jahren mit Graf Rudolf verheiratet und inzwischen Mutter dreier Kinder namens Udo, Rudolf und Liutgard. Ihr Graf war in viele Händel und Fehden verwickelt. Die Burgen und Ländereien in seinem Besitz mussten immer wieder behauptet werden. Großer Reichtum bedeute große Last. Mit den Kindern lebe sie in ständiger Gefahr. Sie bat Hildegard und Jutta, täglich für sie und die Familie zu beten.

Von den auf dem Disibodenberg fortschreitenden Bauarbeiten berichtete ihnen Meinhard, der immer einmal wieder bei den Mönchen vorbeiritt und die Arbeiten inspizierte, für die er Bauholz und Ziegel beisteuerte. Sophia von Sponheim war überraschend verstorben, und Jutta trauerte sehr um ihre Mutter, die für kurze Zeit in ihrer ersten Ehe Gemahlin eines Gegenkönigs und eine außergewöhnliche Frau gewesen war. Die Söhne aus der ersten Verbindung erschienen einige Tage nach ihrer Beerdigung. Sie waren von weither angereist und wünschten Jutta für ihr künftiges Leben in der Klause das Beste.

Jutta war jetzt voller Ungeduld und mit ihr drängten Hildegard und die Kleine Jutta darauf, so bald wie möglich in die Klause zu ziehen. Der Sommer verging, ohne dass viel geschah. Es wurde Herbst. Längst waren die Kisten für den Umzug gepackt. Außer wollenen Decken und Tüchern, Krügen und Näpfen für die Suppe, ein paar Trinkbechern, einem Messer zum Brotschneiden, Besen zum Fegen und einem Wassereimer sollte noch ein hölzerner Bottich für das Samstagsbad mitreisen. Nein, einen Teppich unter den Füßen bräuchten sie nicht, erklärte Jutta Hildegard und der Kleinen Jutta. Drei Webrahmen allerdings, außerdem Holzbrettchen zum Weben von Gewandborten, Nähnadeln und Spinnrocken sollten mit in die Klause kommen, ebenso Rollen mit Silber- und Goldfäden. Fahnen für Prozessionen würden sie dort besticken, Altartücher und Messgewänder. Tägliche Arbeit sei unbedingt nötig. Meinhard überredete Jutta, auch ein Schüreisen und eine Aschenschaufel einzupacken. Eine eiserne Kette mit eingearbeiteten Metalldornen erbat sie zusätzlich von ihrem Bruder. Hildegard überlegte, was Jutta mit der Kette vorhatte, vermutlich wollte sie mit ihr etwas abschließen.

Ihren Lebensunterhalt wollten sich die Drei mit Nähen, Weben und Sticken verdienen, um dem Kloster nicht zur Last zu fallen. Meinhard lachte, Juttas Klostermitgift werde das Gut Nunkirchen bei Winterburg am Soonwald sein, und auch die Bermersheimer und die Familie der Kleinen Jutta schenkten Kloster Disibodenberg für die Aufnahme der Mädchen Ländereien, Wald und Vieh. Eine Last wären die Mädchen insofern nicht, eher schon ein Zugewinn.

Der Oktober war mild, noch hingen goldene Blätter an den Bäumen. Am letzten Oktobertag sollte die Reise endlich losgehen. Am nächsten Tag, dem Allerheiligenfest, sollten sie feierlich in der neuen Behausung eingeschlossen werden und Jutta würde ihre Gelübde vor Abt Burchard sprechen.

Zum Gepäck gehörten noch Juttas Psalmenbuch, ein kostbarer Lederband mit dem Evangelium und ein Werk des Heiligen Augustinus, verschiedene Kruzifixe und eine holzgeschnitzte Statue der Gottesmutter. Als Letztes legte Jutta ein Kräuterbuch mit Salbenrezepten in die Büchertruhe. Hildegard erfuhr, dass es neben der Klosterpforte ein Gästehaus gab, in dem die Armen essen durften, und ein Haus für Kranke. In allen Klöstern war es die vornehmste Aufgabe, sich der Verlassenen und Elenden anzunehmen. Mönche luden am Weg Zusammengebrochene auf Handkarren und zogen sie zum Kloster, wo man sie wusch und wieder aufpäppelte. Da würde sie auch gerne mithelfen, gestand Hildegard.

Aus dem Klausurbereich dürfe sie nicht hinaus, fuhr Jutta sie an. Was sie sich vorstelle? Nur Rat geben dürften sie als Eingeschlossene.

Hildegard musste weinen. Sie konnte, krank wie sie war, ja wenig genug tun. Hin- und Hergehen war schwierig, aber auf einem Schemel sitzend Kranken die Füße zu waschen, traute sie sich durchaus zu.

Endlich war es so weit. Noch im Morgengrauen hoben Hildebert und Mechthild von Bermersheim ihre Tochter hoch zu Jutta. Hildegard trug den vertrockneten Kranz aus Kamillen im Haar, das Geschenk der Heilerin Trinakia. Samarel, die ebenfalls mitkam, weinte laut auf. In Wolldecken eingehüllt saß Hildegard auf dem großen Braunen, an Jutta gelehnt, die im Sattel saß und ihren Wallach zum letzten Mal selbst ritt. Die Verwandten begleiteten Hildegard, Jutta und die Kleine Jutta. Es war ein feierlicher Zug von Berittenen und Ochsenwagen, dem voran der Capellanus von Burg Sponheim ging und den Weihrauchkessel schwenkte.

DER ERSTE TAG DER EWIGKEIT

Jutta von Sponheim hielt Hildegard und die Kleine Jutta an den Händen, als die Gruppe das letzte Stück zur Pforte des Klosters ging. Obwohl es nur wenige Schritte waren, fielen sie Hildegard heute schwer. Ihre Füße fühlten sich an wie ungelenke Klumpen. Der Boden unter ihren Füßen stieg an und war voller Unebenheiten. Sie stolperte ein paarmal, doch Jutta hielt sie mit festem Griff und zog sie immer wieder hoch. Hildegard schämte sich. Sie war schon jetzt eine Last für die anderen. Tränen traten ihr in die Augen. Samarel hielt das Maultier an der Leine, das das Gepäck hinter sich herzog. Gut, dass auch sie im Kloster bleiben würde. Nicht in die Klause sollte sie aufgenommen werden, sondern im Bereich des Hospiz würde sie helfen. Gäste und Kranke betreuen, und natürlich würde sie auch Botengänge für Hildegard und die beiden Juttas erledigen, wenn es erforderlich war. Auf Juttas Klopfen öffnete sich die Tür. Der Pförtner musterte die Ankömmlinge und ließ sie in einen gepflasterten Vorhof treten. Da drüben sei das Gästehaus, in dem sie warten müssten, bis der Abt käme, erklärte er. Das Maultier und den Wagen sollten sie ihm überlassen. Es werde für alles gesorgt werden. Inzwischen hatten die Verwandten und Begleiter sich auf dem Platz auf halber Höhe des Berges mit ihren Zelten und Pferden ausgebreitet und eingerichtet. Am Abend wollten sie hochkommen und mit Fackeln dabei sein, während die drei Jungfrauen in die Klause eingemauert würden. So war es mit dem Abt besprochen.

»Du bist Jutta von Sponheim, die neue Klausnerin?«, eine alte, armselig gekleidete Frau trat auf Jutta zu. Sie sei die Witwe Trutwib und hätte Jutta gleich erkannt. In der Nacht sei ihr ein junger Mann mit rotem Lockenhaar erschienen. Der heilige Oswald, einstmals König der Angeln, der Genosse des heiligen Disibod, sei es gewesen. Die Ankunft der drei Klausnerinnen hätte er ihr verkündet. Vierundzwanzig Jahre werde Jutta von Sponheim an diesem Ort verbringen und im fünfundzwanzigsten Jahr werde sie sterben. Sie, Trutwib aber, werde in wenigen Tagen ihr Erdenleben beenden.

»*Seid nüchtern und wachsam, denn ihr wisst weder den Tag noch die Stunde*, so steht es in der heiligen Schrift«, wehrte Jutta ab. »Tag und Stunde unseres Ablebens weiß Gott allein.«

Nicht sie habe sich das ausgedacht, sondern der heilige Oswald habe es ihr kundgetan, sagte Trutwib. Jutta und ihre Begleiterinnen würden ein Segen für das Kloster sein.

Die Gesänge der Mönche waren verhallt. Hildegard sah sich um. Der Raum, in dem sie sich befanden, war kühl. Licht strömte durch ein einziges rundbogiges Fenster in der Vorderwand des Turms. Das Licht war beruhigend. Mit ausgebreiteten Armen stellte sie sich in die helle Bahn, die es über den gedielten Boden warf.

»Gut, dass wir hier angekommen sind«, sagte Jutta. »Wir werden jetzt beten und dann für den Rest des Tages schweigen.« Ihre Stimme klang in dem steinernen Bau tiefer als draußen im Freien.

Die Drei knieten nieder und begannen zu psalmodieren.

»*Der Herr ist mein Hirte, mir wird nichts mangeln. Er weidet mich auf einer grünen Aue …*«

Ob das Strahlende Licht sie hier in der Klause finden würde,

Wermut war ein wichtiger Bestandteil von Hildegards Klosterapotheke, durch die Bitterstoffe und ätherischen Öle wirkt es appetitanregend

überlegte Hildegard. Ob es wie draußen in der Welt zu ihr kommen und bei ihr bleiben würde?

»Verlass mich nicht, Lebendiges Licht, vergiss mich nicht hier im Dunkeln«, betete sie leise für sich, als die Große und die Kleine Jutta längst damit aufgehört hatten. Dann zog sie sich hinter ihnen die Treppe hoch zum ersten Stockwerk des Turms, wo die beiden Juttas die Bettstätten und die Wandnischen inspizierten. In einem abgetrennten größeren Raum hatten sie ihr Oratorium, in dem sie die Psalmen singen und beten konnten. Es befand sich auf einem geschlossenen brückenartigen Übergang zur Kapelle hin. Hier gab es einen vergitterten Mauerdurchbruch zum Kirchenbau, so dass sie der heiligen Messe und den Gottesdiensten folgen konnten, ohne die Mönche zu sehen. Auch die Beichte konnten sie an diesem Gitter ablegen, und ebenso würde ihnen die Kommunion bei der Messfeier hier gereicht, erklärte Jutta ihren beiden Schülerinnen. Im Übrigen verwahrte der Abt den einzigen Schlüssel, mit dem er notfalls aufschließen und die Klause betreten konnte, so wie er es heute getan hatte. Sollte eine von ihnen sterben, so würde die Leiche ebenfalls durch die Öffnung zwischen Kirche und Klause aus dem abgeschlossenen Bereich erst in die Kirche und dann hinausgetragen werden.

Im zweiten Stock des Turms befand sich ein Vorratsraum mit kleinen schartenartigen Öffnungen, durch die man auf das Gelände schauen konnte, aber nicht gesehen wurde. Von hier sah man die Bauarbeiten an der neuen großen Kirche. Ihre Mauern waren erst in

Teilen hochgezogen. Hölzerne Baukräne standen herum und unbearbeitete Steinblöcke. Auch das Dach war noch nicht eingedeckt. Hören jedoch konnte man ihre Stimmen im Kirchenraum durchaus, schwächer als die der Mönche, aber laut genug. Jutta zog sich zurück, um für sich allein zu beten.

Es geschah früher, als sie gehofft hatte, und überwältigte sie so sehr, dass sie sich zitternd an der Wand festhalten musste: Hildegard befand sich plötzlich in dem abgetrennten großen Kirchenraum, den sie in Wirklichkeit unmöglich betreten konnte, und sah jede Einzelheit. Das Licht war zu ihr gekommen und ließ sie das Kruzifix über dem Tabernakel auf dem Altar erkennen, die steinernen Platten, die den Boden bedeckten, das Gold der Messgeräte und die bemalte Holzfigur des heiligen Disibod.

»Kleiner Mensch, reich deine Hand meinem treuen Diener Disibod«, gebot die Stimme, und während Hildegard nach der hölzernen Hand des Heiligen griff, streckte dieser beide Arme nach ihr aus und umarmte sie.

»Willkommen, liebe Schwester«, sagte er mit warmer, kehliger Stimme.

Die jüngere Jutta berührte ihre Schulter. »Siehst du wieder?«

»Ja, alles ist hell.« Jetzt erhob sich Hildegards Blick und sie hatte das offene Balkendach des Kirchenbaus unter sich. Sie sah die aufgehäuften Steine für die Bauten, die Holzstämme, von denen die Rinde schon abgeschlagen war, Werkbänke, auf denen Äxte und Spatel lagen. Dann die Hühner, die herumliefen und aus dem Boden Würmer hervorpickten, den rauchenden Misthaufen, den Brunnen, vor dem einer der Brüder in seiner schwarzen Kutte stand.

»Das ist gut«, flüsterte die Kleine Jutta und drückte sich an Hildegards Körper.

Eisen klirrte über den Boden. Jutta von Sponheim kam die Leiter hoch. Sie war jetzt die Magistra. Das Amt hatte sie in der kurzen Zeit schon verändert. Sie war strenger geworden. Hildegard hielt immer noch ihr Gesicht in das Licht vor ihr, das sie wärmte, und lächelte ihm entgegen. Schlagartig verschwand es. Hildegard befand sich wieder im Turm der Klause, an der Wand lehnend, zitternd und schweißgebadet. Die Kleine Jutta stützte sie.

»Die Ewigkeit hat für uns begonnen«, sagte die Magistra Jutta. Die Augen leuchteten fiebrig aus ihrem weißen Gesicht.

DIE WERKZEUGE DER GEISTLICHEN KUNST

Während die Magistra Jutta noch am Allerheiligentag vor Abt Burchard die ewigen Gelübde abgelegt hatte, befanden sich Hildegard und die Kleine Jutta im Vorbereitungsjahr als Novizinnen. Sie mussten das Leben einer geweihten Nonne erst einmal üben, Psalmen, Hymnen und Gebete auswendig lernen.

»Mein Gewand kratzt mich am Hals«, sagte die Kleine Jutta, und sofort schüttelte die Magistra den Kopf. »Mein« und »dein«, damit sei es jetzt vorbei. Sie solle »unser« sagen, denn persönlichen Besitz habe keine von ihnen mehr.

»Ich bin aber größer als ihr beide, und deshalb sind es immer meine Gewänder«, entgegnete die Kleine Jutta. Es klang trotzig. Sie war in den letzten Jahren unerwartet gewachsen und längst nicht mehr klein, trotz ihres Namens.

Auch »ich« dürfe sie in der Klause nicht mehr sagen, entgegnete die Magistra, ohne die Kleine Jutta mit den langen Armen und Beinen überzeugt zu haben. Wenn sie auch die jüngste und einfältigste war, so brauchte sie doch das größte Gewand, in dem die Magistra oder Hildegard gestolpert wären.

»Weil es Unterschiede gibt, hat jede von uns ihr eigenes Gewand«, sagte die Kleine Jutta und war stolz darauf, größer zu sein.

Jutta lachte nicht. Auch Hildegard und die Kleine Jutta sollten nicht mehr lachen, hatte sie angeordnet. Nur noch an zwei Tagen in der Woche durften beide sich miteinander unterhalten. Es kam vor, dass die Kleine Jutta kicherte oder in Gelächter ausbrach. Jedes Mal erhielt sie dafür einen leichten Streich mit der Rute über den Rücken. Im Oratorium zu kichern war eine Beleidigung des Herrn, gab die Magistra Jutta ihr zu verstehen.

Die Regel, die der heilige Benedikt seinen Klöstern erteilt hatte, sollte das Gerüst ihres zukünftigen Klosterlebens sein. Deshalb mussten sie sie auswendig können. Jutta ließ das abgegriffene, in Leder gebundene Büchlein nicht aus der Hand.

Während Hildegard und die jüngere Jutta ihre Abendmahlzeit löffelten, las die Magistra aufrecht vor ihnen stehend das Kapitel über die Werkzeuge der geistlichen Kunst aus der Benediktregel:

»Vor allem: Gott, den Herrn, lieben mit ganzem Herzen, mit ganzer Seele und mit ganzer Kraft.
Ebenso: Den Nächsten lieben wie sich selbst.
Dann: Nicht töten.
Nicht die Ehe brechen.
Nicht stehlen.
Nicht begehren.
Nicht falsch aussagen.
Alle Menschen ehren.
Und keinem anderen antun, was man selbst nicht erleiden möchte.
Sich selbst verleugnen, um Christus zu folgen.
Den Leib in Zucht nehmen.
Sich Genüssen nicht hingeben.
Das Fasten lieben.
Arme bewirten.
Nackte bekleiden.
Kranke besuchen.
Tote begraben.
Bedrängten zu Hilfe kommen.
Trauernde trösten.
Sich dem Treiben der Welt entziehen.

Der Liebe zu Christus nichts vorziehen.
Den Zorn nicht zur Tat werden lassen.
Der Rachsucht nicht einen Augenblick nachgeben.
Keine Arglist im Herzen tragen.
Nicht unaufrichtig Frieden schließen.
Von der Liebe nicht lassen.
Nicht schwören, um nicht falsch zu schwören.
Die Wahrheit mit Herz und Mund bekennen.
Nicht Böses mit Bösem vergelten.
Nicht Unrecht tun, vielmehr Erlittenes geduldig ertragen.
Die Feinde lieben.
Die uns verfluchen, nicht auch verfluchen, sondern – mehr noch – sie segnen.
Verfolgung leiden um der Gerechtigkeit willen.
Nicht stolz sein.
Nicht trunksüchtig,
Nicht gefräßig.
Nicht schlafsüchtig.
Nicht faul sein.
Nicht schimpfen.
Nicht verleumden.
Seine Hoffnung Gott anvertrauen.
Sieht man etwas Gutes bei sich, es Gott zuschreiben, nicht sich selbst.
Das Böse aber immer als eigenes Werk erkennen, sich selbst zuschreiben.
Den Tag des Gerichtes fürchten.
Vor der Hölle erschrecken.
Das ewige Leben mit allem geistlichem Verlangen ersehnen.
Den unberechenbaren Tod täglich vor Augen haben.
Das eigene Tun und Lassen jederzeit überwachen.
Fest überzeugt sein, dass Gott überall auf uns schaut.
Böse Gedanken, die sich in unser Herz einschleichen, sofort an Christus zerschmettern und dem geistlichen Vater eröffnen.
Seinen Mund vor bösem und verkehrtem Gerede hüten.
Das viele Reden nicht lieben.

Leere oder zum Gelächter reizende Worte meiden.
Häufiges oder ungezügeltes Gelächter nicht lieben.
Heilige Lesungen gern hören.
Sich oft zum Beten niederwerfen ...«

Hildegard fielen die Augen zu. Sie schreckte zusammen, als die Magistra zum Schluss ihrer Lesung kam: »*Das also sind die Werkzeuge der geistlichen Kunst. Wenn wir sie Tag und Nacht unaufhörlich gebrauchen und sie am Tag des Gerichts zurückgeben, werden wir vom Herrn jenen Lohn empfangen, den er selbst versprochen hat. Was kein Auge gesehen und kein Ohr gehört hat, hat Gott denen bereitet, die ihn lieben. Die Werkstatt aber, in der wir das alles sorgfältig verwirklichen wollen, ist der Bereich des Klosters und die Beständigkeit in der Gemeinschaft.*«

Woher der heilige Benedikt dies denn so genau gewusst habe, fragte die Kleine. Und wie er so sicher sein konnte, dass seine Regeln berechtigt waren. Denn schließlich war er ja auch nur ein Mensch.

»Er hat das alles nicht selbst geschaffen«, erklärte die Magistra. »Die Worte der Regel sind eine Schöpfung des Heiligen Geistes in der Seele des heiligen Benedikt.« Der Mensch selbst, das eitle und überhebliche Ich allein, vermöge nämlich gar nichts. Jutta warf bei diesen Worten Hildegard einen strengen Blick zu.

Ob sie sie wohl tadeln wollte wegen der Lieder, die Hildegard manchmal einfielen und die sie dann aus sich heraus sang?

DAS ORATORIUM

Den Oratoriumsraum auf dem Übergang zwischen Turm und Kapelle hatten die drei neuen Bewohnerinnen der Klause gleich in den ersten Tagen mit einem Wandteppich und einer bemalten Figur der Muttergottes geschmückt. Eine hölzerne Gebetsbank befand sich vor dem

Gitter und ein Ständer mit einer Wachskerze für die nächtlichen Vigilien. Den Teppich hatten sie auf Burg Sponheim zu dritt gewebt: Er zeigte den heiligen Disibod vor seiner Hütte, das Evangelium in der Hand, wie er einen Heiden belehrte. Die Meisterin war heute bereit, sich auf die Fragen ihrer Schülerinnen einzulassen. Dabei duldete sie auch längeres Reden.

»Warum müssen wir die Psalmen im Oratorium singen?« Schließlich, so meinte die Kleine Jutta, könne Gott sie doch an jedem Ort hören und sehen.

Die Magistra schüttelte den Kopf. Das Oratorium sei ein geweihter Ort. »Es stellt die Heilige Stadt dar, das neue Jerusalem, das vom Himmel herabgestiegen ist.« Nicht nur verrichteten sie im Oratorium das Opus dei, den Gottesdienst, vielmehr sei Gott hier anwesend und sein Opus divinum sei das Werk Gottes in ihnen.

»Gott ist der eigentlich Handelnde, wir sind nur seine Werkzeuge. Er steigt in Gnaden zu uns herab, um bei uns zu sein«, ergänzte Hildegard. »Und wir steigen gleichzeitig zu ihm empor, um mit ihm vereinigt zu werden.«

Die Magistra lächelte über diese Ausführung, der sie zustimmte. Ja, so sei es. Überdies seien sie im Oratorium, in Ehrfurcht vor Gott, eingereiht in die Chöre der Engel. Losgelöst von allem Irdischen, könnten sie hier Gott Loblieder singen. Nonnen und Mönche seien zwar noch Menschen und der Welt verhaftet, zugleich aber lebten sie bereits in Gemeinschaft mit den lobpreisenden Scharen der Seligen im Himmel. »Wenn ihr zu Gott in Psalmen und Hymnen betet, sollt ihr im Herzen tragen, was ihr mit der Stimme aussprecht«, schloss die Magistra.

DER BEICHTVATER

Pater Bezzo, der Beichtvater, zog den Vorhang vor, murmelte unverständliche Worte in seinen Bart und nahm auf einem Schemel Platz, so wie Hildegard auf der anderen Seite. Nach einem Zögern gestand Hildegard dem alten Pater ihre Sünden. Gedanken des Ungehorsams, Auflehnung gegenüber der Magistra. Nachlässigkeit beim Stundengebet. Unkeusche Gedanken, unkeusche Berührungen. Nein, nicht mit der Kleinen Jutta, nur an sich selbst.

Das sei nicht so schwerwiegend, tröstete der Pater.

Sie erblicke Dinge, die sie nicht mit den Augen sehen könne, erklärte Hildegard ihm. Sie höre Menschen sprechen, die weit entfernt seien. Ihren Bruder Drutwin habe sie geschaut, wie er im Wald einen Rehbock mit der Armbrust erlegte. Ein paar Tage später sei der Rehbock ins Kloster auf den Disibodenberg gebracht worden, und sie und die Kleine Jutta hätten davon gegessen.

Pater Bezzo schwieg verdutzt. Hildegards Bekenntnis war zu viel für ihn. Solche Dinge mache Gott möglich, murmelte er dann. Sie solle sich nicht sorgen, sondern beten, dass böse Geister ihr fernblieben. Der böse Feind stehe immer bereit, die Menschen in Versuchung zu führen. Woran sie Satan erkennen könne, verriet der Pater ihr nicht.

»Ich weiß«, flüsterte Hildegard unter Tränen. Dann fasste sie wieder Mut und begann, ihm von dem Lebendigen Licht zu berichten.

Ob sie darüber mit der Magistra gesprochen hätte?

Jutta wusste einiges über Hildegards Schauungen. Immer wieder hatte Hildegard ihr vertrauensvoll davon berichtet, doch Jutta wehrte es ab, Einzelheiten darüber zu hören. Hildegard solle nicht übermütig oder hochmütig werden, mahnte sie.

Hildegard seufzte und versuchte durch das Gitter, die Reaktion ihres Beichtvaters zu erkennen.

Sie wage kaum noch, Jutta das alles mitzuteilen, denn diese werde ärgerlich. Einige Male habe sie sie geschlagen. Selbstverständlich sei sie dankbar und einverstanden mit der Bestrafung. Hildegard schluckte.

Auch der Pater seufzte. Mit der Magistra werde er Rat halten, versprach er. Schwerfällig versuchte er zu wiederholen, was Hildegard ihm angedeutet hatte. Ein grelles Licht sehe sie des Öfteren und höre Worte. Er schwieg eine Weile und überlegte, was davon zu halten war. Manchmal geschehe ihm Ähnliches, sagte er dann. Bevor starker Kopfschmerz ausbreche, sehe er grelles Licht und kleine schwarze Blitze. Es kribbele ihn manchmal auch in den Füßen. Und ab und an überkomme ihn ein unhaltbarer Lachdrang während des Gottesdiensts. Der Böse Feind nähere sich nun einmal immer wieder den Mönchen und Nonnen im Kloster. Ihn plage derzeit auch ein starker Juckreiz am ganzen Körper. So müsse ein jeder seine Last tragen. Er griff durch das Gitter und tastete über ihren Oberkörper, nestelte an ihrem Kopfgebinde und berührte ihre Haut darunter. Sie wagte nicht, den Pater abzuwehren.

Langsam sprach er weiter. Hildegard weinte. Etwas Schweres, ja sogar Gefährliches, ging in ihr vor. Sie war zu jung, um solche Gesichte zu haben. Dass Gott mit ihr sprach, kam ihr nicht zu. Gott hatte sich an die Magistra zu wenden, glaubte sie zu verstehen.

Sie solle nicht mehr weinen, sondern vertrauensvoll zu Gott beten, mahnte der Alte. Auch er werde beten. Vielleicht werde Gott ihm eine Erleuchtung schicken. Er wusste keinen Rat für sie trotz seines Alters und seiner Weisheit.

Hildegard weinte noch mehr, als sie zurück zu ihrem Schlaflager kehrte. Sie fühlte sich wieder sehr schwach. Ihre Finger krampften so stark, dass es ihr unmöglich war, Wolle zu spinnen oder an dem Gewand zu nähen, das sie begonnen hatte. Ihre Füße und Zehen fühlten sich taub an. Mit Mühe kroch sie unter die Decke und massierte ihre Beine. Krämpfe durchzuckten ihre Waden. Sie biss sich auf die Lippen, um nicht zu schreien. Doch die Schmerzen hörten nicht auf. Als die Magistra Jutta an ihr Bett trat, musste Hildegard gestehen, dass sie schon wieder erkrankt war.

»Gott schickt uns die Krankheiten zur Ermahnung«, erklärte Jutta.

Und zur Strafe. Hildegard zog die Decke über ihr Gesicht und schämte sich. Die Krankheit dauerte tagelang, Hildegards Glieder wurden immer schwerer und unbeweglicher. Sie sah ihre Umgebung in Doppelbildern. Sie weinte viel und schämte sich wegen der Dinge, die sie Bezzo erzählt hatte. Sie wollte in Zukunft bei der Beichte nicht mehr über das Lebendige Licht sprechen.

DIE AUGEN DES LOMBARDEN

Die Kleine Jutta und Hildegard knieten beide vor der Fensterluke ihres Schlafraums und spähten hinaus auf den Platz, wo der Steinmetz die Steinblöcke bearbeitete.

Im Oratorium psalmodierte Jutta ohne Pause. Weder Hildegard noch die Kleine Jutta sagten ein Wort. Der Steinmetz arbeitete mit nacktem schweißüberströmtem Oberkörper, nur mit einem kurzen ledernen Schurz bekleidet. Er konnte die beiden Nonnen unmöglich sehen, während sie jede Bewegung des Mannes verfolgten.

Er hatte dunkles krauses Haar und einen kurzgeschnittenen Bart. Seine Augen unter den buschigen Augenbrauen waren dunkel. Er gefiel ihnen, ohne dass sie es auszusprechen wagten.

»Es wird ein Löwe«, sagte Hildegard nach einer Weile.

»Dieser Mann da, ist er nicht so ähnlich wie Gottvater?«, fragte die Kleine Jutta. »Aus dem Steinblock schafft er wilde Tiere.«

»Er braucht länger als Gottvater und es kostet ihn große Mühe. Sieh nur, wie er sich quält.«

»Ich würde ihn so gerne einmal anfassen«, brach es aus der Kleinen Jutta hervor.

»Den Löwen?«

»Nein, den Mann.« Aber das wäre Sünde, fügte Jutta hinzu.

Hildegard überlegte. Juttas Wunsch erschien ihr nicht als Sünde, eher war es Neugier, Wissensdurst. Sie spürte es ebenfalls, hätte gerne gewusst, wie der Mann sich anfühlte. Eigentlich auch, wie er nackt aussah. Wie Adam nämlich, überlegte sie. Und sie wollte wissen, wie Adam beschaffen war.

Der Mönch Herbert kam herbeigeschlurft, blieb bei dem Steinmetz stehen und begann auf Lateinisch eine Unterhaltung mit ihm. Piero hieß der Lombarde. Herbert machte eine obszöne Geste und Piero schwieg dazu. Eine Magd brachte einen Krug Wein und Brot für die beiden, die sich ins Gras setzten, abwechselnd aus dem Krug tranken und aßen. Herbert umarmte die Magd, die kichernd davonrannte.

»Er heißt Piero«, flüsterte die kleine Jutta. »Wir sagen der Magistra nichts davon.«

»Sie will es doch gar nicht wissen«, gab Hildegard zurück. Das Leben außerhalb der Klause interessierte Jutta von Sponheim nicht. Sie sprach nur mit den Bittstellern und Hilfesuchenden, die an das Essensfenster traten, um sich von ihr segnen zu lassen und Ratschläge zu erhalten.

Schwerfällig erhob sich Herbert, strich die Kutte glatt und wankte davon.

Ein Gehilfe Pieros rollte einen schweren Steinblock herbei und ruhte sich dann eine Weile neben ihm sitzend aus. Piero schritt um den Stein herum, klopfte ihn mit den Fäusten ab, als wolle er seine Festigkeit prüfen, und dann sah er plötzlich hoch. Die Kleine Jutta lachte hell auf vor Freude und drückte ihr Gesicht an die Luke.

»Piero!«, rief sie. Es klang wie ein Jubelschrei.

Hildegard zog sie erschrocken zurück und sah hinab. Piero lachte über das ganze Gesicht. Seine Augen strahlten. Hildegard winkte ihm zu. Dann trat sie zurück zur Kleinen Jutta.

»In seinen Augen hat sich das Lebendige Licht gespiegelt. Es war voller Grünkraft«, sagte sie.

»Grünkraft? Was meinst du damit?«

»Die Grünkraft ist überall.« Hildegard rang nach Worten. »Spürst du sie nicht?« Draußen vor dem Turm sei sie zu sehen, wenn das Unkraut am Weg wuchere. Oder im Frühjahr, wenn die Bäume austrieben.

»Alles Lebendige ist voller Grünkraft. Das lateinische Wort dafür ist *viriditas*.«

»Seine Augen sind doch braun«, widersprach Jutta. »Sprich nicht immer über Dinge, die ich nicht verstehe.«

Die beiden Mädchen umarmten sich. Nichts davon würden sie der Magistra erzählen, beteuerten sie einander wie aus einem Munde. Später, als Hildegard nach den Gebeten der Komplet auf ihrem Bett lag, umgab sie das Licht mit Wärme und Freundlichkeit. Sie wartete auf die Stimme des Lebendigen Lichts, die in solchen Momenten manchmal ertönte.

»Klein Arm«, sprach sie nach einer Weile in der Volkssprache, ein Ausdruck, der Hildegard jedes Mal fröhlich stimmte, und wechselte dann unvermittelt ins Lateinische. »*Paupercula*.« Das Lebendige Licht neckte sie manchmal mit liebevollen Anreden, ähnlich denen, die früher Samarel gebraucht hatte. Längst sprach die Amme nicht mehr so mit ihr, voller Ehrfurcht für ihr Ziehkind, das jetzt eine Eingeschlossene war. Hildegard lehnte sich zurück auf ihr Kissen und lauschte der Stimme, die zu ihr sprach.

DIE KRÄUTER BIETEN EINANDER DEN DUFT IHRER BLÜTEN AN

»Der Mensch soll nicht nach dem Berg greifen, den er nicht erschüttern kann, sondern verharre im Tal der Demut. Wer mich erfasst, wie es sich ziemt, der kommt nicht zu Fall, weder nach oben, noch nach unten, noch zur Seite hin. Denn ich bin die Liebe, die nicht in Stolz auflodert und zusammensinkt, nicht in die Tiefe fällt und zerbricht. Die Starken, die in Tälern ihre Kraft zur Schau tragen, verachten mich, stumpf sind sie im Getöse der Tumulte. Die Weisen, und wer immer sich einen Turm nach seinem Willen baut, verschmähen meine Speise. Ich aber werde sie beschämen durch den Geringen und Kleinen, wie ich Goliath durch einen Knaben niedergeworfen und Holofernes durch Judith zuschanden gemacht habe.«

Nicht lange darauf kam der große Tag, an dem Hildegard und die Kleine Jutta endlich die Profess ablegen durften. Das Ereignis hatte sich verzögert, weil der Mainzer Erzbischof Adalbert nach einem Streit mit dem König in Kerkerhaft schmachtete. Die Amtsgeschäfte des Mainzers mussten von auswärtigen Bischöfen übernommen werden. Überdies starb auch der freundliche alte Abt Burchard. Es wurden Messen für ihn gelesen.

Es waren geschäftige Zeiten, auch die Bauarbeiten für die neue Abteikirche schritten täglich fort. Auswärtige Gäste kamen, um die Mönche zu besuchen. Sie suchten am Sprechfenster auch Juttas Rat. Hildegard und die Kleine Jutta fürchteten schon, in all dem Trubel habe man sie vergessen. Der neu gewählte Abt Adalhun war ein sanfter, freundlicher Mann, der sich trotz seiner Leibesfülle erstaunlich schnell bewegte. Zuvor hatte er als Armarius im Kloster gewirkt. Er betrat die Klause, wie es ihm als Abt des Klosters als Einzigem zukam, verneigte sich ehrfürchtig vor Jutta und eröffnete den drei Klausenbewohnerinnen, dass Bischof Otto von Bamberg mit seinem Gefolge auf dem Weg zum Disibodenberg sei. Ihn, den erwählten Abt, wollte er weihen und die Bauarbeiten besichtigen. Bei dieser Gelegenheit solle auch der Tag der Vermählung mit Christus für die beiden jungen Novizinnen gefeiert werden. Vor Otto würden sie ihre Gelübde ablegen. Hildegard und die Kleine Jutta brachen in Jubel aus.

Ihre Familien waren zu dem Ereignis auf den Disibodenberg gekommen mit reichen Gaben für das Kloster. Drutwins Kinderschar begrüßte Hildegard ehrfurchtsvoll am Außenfenster der Klause. Aufgeregt sprachen die Kleinen durcheinander. Adela, Hildegards jüngste Schwester, war verlegen und getraute sich nicht, mit Hildegard zu sprechen. Sogar Hildegards Schwester Bertha war aus dem Elsass herbeigekommen mit den Söhnen Arnold und Wezelin. Arnold erklärte seiner Tante, er wolle bald Geistlicher werden. »Ich auch, ich auch«, schrie der jüngere Wezelin, ein ungestümer rothaariger Bengel.

Hildegard und die Kleine Jutta waren wie im Fieber. Abt Adalhun hatte ihnen am Vorabend der Profess die Beichte abgenommen. Beide hatten sie gebadet und saubere Gewänder angezogen. Die Glocken läuteten durchdringend. Jutta blieb am Gitter des Oratoriums zurück, doch Hildegard und die Kleine Jutta verließen den Raum der Klause, geführt von Abt Adalhun. Sie stiegen die Treppe hinab in den Kapellenraum und begaben sich zum Altar.

Im Hintergrund erklang der Chor der Mönche:

»*Nimm mich auf, o Herr, nach deinem Worte,*
So werde ich leben.
Und lass mich nicht zuschanden werden
Mit meiner Hoffnung.«

Die Gemeinde mit den Gästen sang den Vers noch einmal zusammen mit der Kleinen Jutta und Hildegard.

Beide warfen sie sich vor dem Abt und dem Bischof nieder auf die bereitliegenden Teppiche und sprachen die Professformel:

»*Promitto de stabilitate mea et obedientia coram Deo et sanctis eius.*«

Die folgende Predigt begann Otto von Bamberg mit einer Geschichte über den Wüstenvater Antonius. Aus den Ruinen seines einsamen Bergkastells sei er hervorgetreten und habe sich der zahlreichen Schüler angenommen, die zu ihm in die Wüste gekommen waren. Im Koinobium zusammenleben wollten sie, gemeinsam arbeiten bei strenger Zeiteinteilung, schweigen und zur Gottesschau gelangen, der Theoria.

Denn nicht nur Hab und Gut solle der Mönch oder die Nonne verlassen, nicht nur die alten Gewohnheiten verändern. Die höchste Stufe der Entwicklung sei: jedes Bild dieser Welt aus dem Gedächtnis schwinden zu lassen. Über alles Sichtbare solle der Geist sich erheben. Nur noch den himmlischen Bildern solle das Seelenauge offenstehen. Eine Übersiedlung aus dem Sichtbaren zum Unsichtbaren könne dann stattfinden.

»Unaufhörliche Betrachtung göttlicher Dinge nimmt den Geist so gefangen, dass er sich nicht mehr von der Schwäche des leiblichen

Lebens umhüllt fühlt. Statt irdischer Bilder beschäftigt dann der Anblick himmlischer Dinge den Geist. Gott selbst ist der Gegenstand der Beschauung. Die Beschauung ist Einigung mit Gott.«

Innerlich stimmte ihm Hildegard zu. Diese Beschauung, die der Bischof Theoria nannte, hatte sie viele Male erlebt, das begriff sie in diesem Moment.

Die Vollkommenheit, schloss der Bischof, die freilich in diesem Leben nur für Augenblicke erreicht werden könne, wäre es, wenn der Mensch so ganz mit Gott geeint wäre, dass im Geiste kein irdisches Bild, sondern nur noch Gottes Bild, im Herzen keine irdische Zuneigung, sondern nur noch Gottes Liebe wäre.

In gewisser Weise sei darum auch vollkommene Reinheit des Herzens, die nichts anderes als die vollkommene Liebe sei, gleichbedeutend mit der höchsten Stufe der Beschauung. Dann sei die Seele ganz rein, wenn Gott allein wie ihre Liebe auch ihr Gedanke sei.

Noch Tage später dachte Hildegard über die Rede des Bischofs nach. Auch die Magistra hatte sie gehört, als sie am Gitter stehend lauschte.

GRÜNKRAFT

Hildegard lag auf ihrem Bett, wieder einmal waren ihre Beine steif und unbeweglich. Im Schlafraum, den sie mit der jüngeren Jutta teilte, war es stets dämmerig und nie richtig hell.

Keineswegs war es still in der Klause, um die herum das Kloster und die Kirche gebaut wurden. Von Tagesanbruch an bis in den Abend schrien und riefen die Tagelöhner und Bauleute, dröhnten die Räder der Ochsenkarren vorbei, die Steine und Bauhölzer herbeibrachten. Werkzeug fiel nieder, Steine wurde unter dem Ächzen und Quietschen der Seilwinden hochgezogen. Die Stimme des Abts war zu vernehmen, wenn er mit den Bauleuten sprach. Die Stimmen zankender Mönche überschlugen sich vor Zorn. Mit jedem Jahr in der Klause schärfte sich Hildegards Gehör. Mit jedem Jahr auch sah sie deutlicher, was draußen geschah. Ihr wacher Geist folgte den Menschen in die Häuser weit außerhalb. Bis in die Dörfer und auf die Burgen der Umgebung flog er und sah. Während sie erstarrt lag und lauschte, schaute sie zugleich diese Dinge, die weit außerhalb von ihr geschahen. Da quälten sich verkrüppelte Menschen, auf Krücken gestützt, den Berg hoch zum Hospital neben der Klause. Weiter entfernt war alles wunderbar leicht. Im Sonnenschein mähten junge Männer in halblangen Kitteln die Wiesen am Hang. Wiederkäuend lagen Rinder auf einer Weide. Eine Magd ging zum Brunnen und zog einen Eimer Wasser hoch, während ihr Kind auf dem Boden neben ihr spielte und sie ein anderes im Tragetuch auf dem Rücken trug. Hunde balgten sich um einen Knochen. Manchmal sah sie etwas Besonderes, einen Boten des Abts von Kloster Eberbach im Kahn auf dem Strom. Wenn sie so unvorsichtig war, es der Magistra zu erzählen, wurde sie ausgeschimpft. Dann aber traf der von Hildegard lange vorhergesehene Bote auf Kloster Disibodenberg tatsächlich ein, besprach sich mit Jutta am Fenster der Klause, und Hildegard wurde erneut ausgeschimpft. Solche Gesichte seien Trugspiele des Teufels und sie solle mit dem Beichtvater darüber sprechen. Beim Gedanken an den Beichtvater musste Hildegard seufzen. Das Lebendige Licht erwähnte sie nicht mehr in der Beichte, nachdem Pater Bezzo ihr erklärt hatte, ihre Schauen seien eitle Trugbilder. Ab

Andorn ist in ganz Europa, Nordafrika und Asien verbreitet, wird bei Bronchitis und Verdauungsproblemen eingesetzt

und zu nahm Pater Kuno die Beichte ab, ein gelehrter strenger Mann, vor dem Hildegard sich noch mehr fürchtete als vor Bezzo. »Länger im Gebet durchhalten« war sein Ratschlag für alle Fragen Hildegards. Die Kleine Jutta gestand Hildegard, dass er ihr den gleichen Rat erteilte.

Milder war Pater Fulkard, der ebenfalls manchmal die Beichte abnahm. Dieser bemühte sich, sie zu verstehen, und doch fürchtete sich Hildegard, denn auch er hatte immer den gleichen Rat, wenn auch einen anderen: »Sprich mit der Magistra Jutta darüber«.

Es war kaum möglich, im geschäftigen Alltagslärm des Disibodenbergs das Glöcklein zu hören, das zur Gebetszeit läutete. Nur der Magistra entging es nicht und sie eilte mit der jüngeren Jutta in das Oratorium, wo sie den Vorhang vor dem Gitterfenster in der Kirchenwand aufzog, um am Gottesdienst teilzunehmen. Der Psalmgesang der Mönche, in den auch die beiden Nonnen im Oratorium einstimmten, klang bis zu Hildegards Krankenlager. Sie richtete sich mühsam auf und sang mit schwacher Stimme mit. Später kam die Magistra und reichte Hildegard die Hostie, die sie durch das Gitter vom Priester empfangen hatte.

»Ich würde so gerne auch ins Oratorium kommen«, sagte Hildegard.

Die Magistra strich ihr über den Kopf.

»Bete, dass der Herr die Krankheit wieder von dir nimmt. Sie ist eine Strafe für deine Sünden.«

»Ich weiß nicht, welche Sünde ich diesmal begangen habe.«

»Bete, dass er dir zeigt, was es war. Vielleicht hast du böse Gedanken gehabt.« Jutta setzte sich auf die Bettkante. Ob Hildegard vielleicht unzufrieden mit ihrem Leben in der Klause gewesen sei? Ob sie in Gedanken sich ausgemalt hätte, den Weg vom Klosterberg hinab zu laufen?

Ja, tatsächlich, solche Gedanken kamen Hildegard manchmal. Ohne dass sie es beabsichtigte. Sie sah sich, wie sie einen Weg entlang ging, Sandalen an den Füßen, auf einen Wanderstab gestützt, in einem hellen Gewand. Vögel sangen im Gebüsch neben ihr. Die Sonne schien ihr ins Gesicht. Die Blätter der Bäume rauschten im Wind.

»Das ist Hoffahrt und Ungehorsam.«

Hildegard schlug die Hände vors Gesicht. Immerhin wurde ihr jetzt klar, warum Gott sie bestrafte. Sie wagte nicht, Jutta mitzuteilen, dass sie sich sogar auf einem Pferd sah, immer wieder. Auf einem lebhaften großen Braunen sitzend ritt sie an Wiesen und Feldern vorbei, in der Ferne vor ihr flimmerte das Wasser des Rheins in der Sonne. Lerchen sangen und Scharen kleiner Vögel stoben über den Weg vor ihr. Es war so deutlich. Es war so schön. Es war so wirklich, so nah. Ihr Pferd roch gut und fühlte sich warm an. Es schnaubte durch die Nüstern. Das war kein Trugbild.

»Sag mir alles«, verlangte Jutta. »Du hast Gehorsam gelobt. Du darfst mir deine Gedanken nicht verschweigen.«

»Da ist ein Pferd«, sagte Hildegard leise. »Ich reite auf einem Pferd in der Sonne und singe dabei.«

Offensichtlich wolle sie dem Kloster entfliehen, mutmaßte Jutta. Sie solle doch die Gelübde bedenken, die sie vor Gott und dem Bischof von Bamberg abgelegt hätte.

Weinend schüttelte Hildegard den Kopf. So war es nicht gewesen. Das Lebendige Licht hatte ihr die Bilder ihrer selbst gezeigt. Da war kein Ungehorsam, kein Gegensatz, vielmehr hatte das Lebendige Licht sie hinaus ins Offene geführt, zu den Wiesen, den Bäumen mit den sprießenden Knospen und den blühenden Hagedornhecken.

Jutta verstand sie nicht. Sie sehe ja, dass Gott sie mit Krankheit bestraft habe. Hildegard müsse bereuen. Auf einem Pferd am Fluss entlang zu reiten, sei Sünde und Ungehorsam. Außerdem sei es ganz unmöglich, so krank, wie sie sei. Niemals könne sie in ihrem gelähmten Zustand auf einem Pferd reiten.

»Nein«, sagte Hildegard mit plötzlich stärker gewordener Stimme. »Es war sehr schön, Gott will es. Ich soll das Grün sehen.« Im Turm gab es zu wenig davon. Kaum Pflanzen, die sie anfassen konnte. Sie wollte hinaus, barfuß, um das Gras unter den Füßen zu spüren. Sie wollte die zarten flaumigen Blätter der jungen Apfelbäume berühren, Wünsche, die Jutta nie verstanden hätte. Deshalb sprach sie sie nicht aus.

»Ach Hildegard«, sagte die Magistra. »Du bist noch zu jung und erkennst nicht, wo der Ungehorsam im Geist anfängt.«

Alle drei hätten sie der Welt entsagt. Und die Knospen im Frühling, all das Grünen und Sprießen, die Fruchtbarkeit der Schafe im Frühling, die hüpfenden Lämmer, sie seien der Gegensatz zur versteinerten Klosterwelt mit den Heiligenstatuen und den Kruzifixen an den Wänden. Die hüpfenden Lämmer, die Blumen am Wegrand seien vergänglich und belanglos. Sie, die Gott Geweihten, befänden sich bereits im Wartezimmer vor der Ewigkeit, von festem Stein ummauert, ohne Blickkontakt zu den Ablenkungen der Welt. Den Bildern der Welt draußen hätten sie für immer entsagt.

»Nein«, sagte Hildegard.

»Warum schreist du?«, fragte Jutta.

Sie schrie gar nicht, sie sagte nur, was sie ganz genau wusste. Die Bilder der Welt ebenso wie die Menschen draußen waren Abbilder Gottes.

»Die Grünkraft und das Knospen und die Lämmer sind kein Gegensatz. Die Grünkraft ist Gott.«

EIN GARTEN IRDISCHER FREUDEN

So wie der Bau der Abteikirche voranschritt, von der Kleinen Jutta und Hildegard durch die Mauerscharten beobachtet, veränderte sich auch das Leben auf dem Disibodenberg mit jedem Tag.

Die drei Klausnerinnen blieben nicht zu dritt. Zuerst war die kleine Hiltrud von Sponheim, Meinhards Tochter, in die Obhut ihrer Tante Jutta gegeben worden. Das hatte die Magistra Jutta nicht ablehnen können. Die Kleine brachte neue Lebendigkeit in die Klause. Es musste mehr gesprochen werden als vorher. Hiltrud das Reden und Hüpfen zu untersagen, war ganz unmöglich. Auch hatte sie ein paar

Spielsachen mitgebracht, einen Lederball und eine Puppe. Acht Jahre alt war sie und damit noch weit entfernt vom Noviziat. Hildegard, inzwischen dreiundzwanzig Jahre alt, nahm sich ihrer besonders an. Sie brachte ihr Lesen und Schreiben bei. Das Mädchen war lerneifrig und neugierig. Mit sichtlichem Vergnügen ritzte sie Buchstaben in die Wachstafel und las Sätze aus dem Evangelium vor. Je mehr Hildegard sie lobte, desto mehr übte sie. Schreiben war für sie ein neues Spiel.

Hiltrud besaß alle Freiheit, mit dem Ball auch einmal hinaus auf das Klostergelände zu laufen. Samarel kümmerte sich dann um sie. Manchmal nahm sie das Kind mit, wenn sie im Wald Kräuter suchte.

Es blieb nicht bei der Aufnahme Hiltruds. Junge Mädchen aus adligen Familien, die zu Besuch auf dem Disibodenberg gewesen waren, bestürmten ihre Eltern, sie zur Erziehung der Magistra Jutta anzuvertrauen. Nach einer Probezeit wollten sie ebenfalls Nonnen werden. In der Einsamkeit und Dunkelheit der Klause wollten sie leben. Nur Pflanzennahrung und Getreidebrei wollten sie essen. Nicht in andere Klöster der Umgebung wollten sie, wo die Benediktregel leichter gehandhabt wurde, die Räume der Nonnen besser ausgestattet und die Besuchsregeln großzügiger waren. Nein, Jutta solle sie aufnehmen, flehten sie. Schwer wollten sie es haben. Auch Sniwindis, eine schon ältere Jungfrau aus edler Familie, war ganz sicher, dass sie für immer bei Jutta dienen wollte. Jede Arbeit würde sie auf sich nehmen, versicherte sie der Magistra. Sie verstehe sich auf Heilkräuter und könne Statuen aus Holz schnitzen wie ein Mann. Ihr elterliches Erbe wolle sie dem Kloster zu eigen geben. Ein paar Dörfer seien es nur und eine Schafherde. In ihrer Jugend war sie verlobt gewesen, doch der Auserwählte war im Heiligen Land im Kampf gegen die Heiden verstorben. Sniwindis bat, ebenso wie die Jungfrau Ida, darum, wie die Magistra eine eiserne Kette mit in die Klausur nehmen zu dürfen. Abt Adalhun untersagte es beiden. Sollte es erforderlich sein, möge die Magistra sie geißeln, und damit sei es genug an Kasteiung.

So also kamen gleich drei weitere Bewohnerinnen: Sniwindis, die Rote Jutta aus der Mädchenschar von Burg Sponheim und Ida im

Bertram verhilft auch dem Schwerkranken wieder zu Kräften

Frühjahr, nachdem die Klause um einen langen Raum nach außen erweitert worden war mitsamt einem vom Wohnturm und dem Hospital begrenzten Stück Garten zwischen Kapellenwand und Außenmauer. Hildegard schnitt den Neuen das lange Haar kürzer, und hinterher lagen auf dem Tisch drei unterschiedlich gefärbte Haarberge: ein graublonder, ein roter und ein dunkler.

Sniwindis brachte einen Rosenstock mit, den sie wortlos an der Kapelle einpflanzte, und Ida einen Pflaumenbaum, für den sie den sonnigsten Platz in der Mitte des quadratischen Innenhofs auswählte. Zitternd vor Freude stand Hildegard, gestützt auf die Kleine Jutta, im Sonnenlicht. Hiltrud roch an den Blüten des Rosenstocks und war enttäuscht, dass der kleine Baum noch keine Früchte trug.

Auch Kräuter würden sie hier anpflanzen, erklärte Sniwindis, Abt Adalhun hatte es so verfügt, Heilpflanzen, die Gott den Menschen geschenkt habe, damit sie gesund würden. In einer Holzkiste steckten die Kräuterbüsche dicht nebeneinander, duftend und wunderbar grün. Hildegard streichelte die zarten Blätter. Rosmarin, sagte Sniwindis, Salbei, Schnittlauch, Kerbel. Und Hildegard wiederholte jeden Namen auf Lateinisch und in deutscher Sprache. Ganz wichtig seien diese: Galgant, Bertram und Quendel. Auch noch einige Samenkörner, aus denen Fenchelkraut wachsen werde, habe sie in diesem Säckchen. Die wollten sie gemeinsam aussäen in der vorher aufgeharkten Erde. Sniwindis war niedergekniet und bearbeitete den Boden mit einer kleinen Harke.

»So wie das Lebendige Licht es mir gezeigt hat«, sagte Hildegard. Sniwindis warf ihr einen erstaunten Blick zu.

»Für jedes Leiden hat Gott ein Kraut oder eine Pflanze erschaffen.«

Darüber hatte das Lebendige Licht sie belehrt. Hildegard wurde plötzlich klar, wie sehr sie in der Abgeschlossenheit der Klause das Grün junger Pflanzen vermisst hatte.

»Selbst die Brennesseln, die überall am Wegrand wachsen, sind nützlich«, erklärte Sniwindis. »Gekocht reinigen sie den Magen. Es müssen aber die jungen frischen Triebe im Frühjahr verwendet werden.«

Die Magistra Jutta weigerte sich, den Garten zu betreten. Sie habe Gott gelobt, ihm ganz eingeschlossen mit Gebet und Psalmengesang und täglicher Handarbeit zu dienen, solange sie noch auf Erden wandle. Die Klause sei für sie der Warteraum vor der himmlischen Wohnung, die sie dereinst hoffentlich betreten dürfe. Keine irdische Ablenkung wolle sie sich gestatten, außer der Sorge für die Kranken und Elenden, die ihren Trost suchten.

Doch sollten die anderen Nonnen unbesorgt sich an dem Gartenstück und seinen Pflanzen erfreuen. Sie befänden sich noch am Anfang des langen Weges. Auch sei sie, Jutta, voller Sünden, mehr als andere Menschen, und müsse deshalb ihren Leib stärker kasteien als die meisten. Wieder bewunderte Hildegard die Meisterin, die sich selbst härtesten Bußübungen unterwarf und ihrer Schülerin Hildegard und der Kleinen Jutta ein leichteres Leben in der Klausur in all den Jahren zugestanden hatte.

Der Abt öffnete den Mund zu einer Entgegnung. Als Jutta ihm ihr ausdrucksloses Gesicht zuwandte mit den fiebrig glänzenden Augen, hielt er inne. Adalhun hatte sich immer für eine mildere Auslegung der Benediktregel ausgesprochen. Fleisch zu essen, selbst das von vierfüßigen Tieren, erlaubte die Regel den Kranken. Adalhun war der Meinung, die Kranken seien sogar verpflichtet, kräftige Nahrung zu sich zu nehmen, damit Gott sie wieder gesunden lassen könne. Immer wieder aber hatte Jutta ihm versichert, dass für sie von ihrem himmlischen Herrn die äußerste Kasteiung, Hunger und Kälte, bestimmt seien. Von keiner anderen verlange sie den gleichen Einsatz, nur von sich selbst.

Die Kette unter Juttas Gewand klirrte auf der Treppe, als sie langsam zum Oratorium hochstieg, sich an der Wand abstützend.

RICHARDIS, VOM HIMMEL GESCHICKT

Im Sommer des Jahres 1125 kam die Markgräfin Rikkar zu Besuch auf den Disibodenberg, begleitet von Gefolge, Pferden und Maultieren, gestützt auf ihren jüngsten Sohn Hartwig, der Kleriker war. Alle trugen sie noch Trauer um den im Dezember des letzten Jahres verstorbenen Markgrafen Rudolf. Wortlos schob Rikkar ein Bündel durch das Sprechfenster des Wohnturms. Hildegard nahm es behutsam entgegen, während Ida nach der Magistra rief. In den Tüchern bewegte sich etwas, und Hildegard sah in die blauen Augen eines wenige Tage alten Säuglings, der sie freundlich anlachte. Inzwischen geleitete Samarel Rikkar und ihre Dienerinnen durch die Gittertür der Kirche in die Frauenklause, sodass Hildegard ganz allein das Kind hielt, von dem sie nichts wusste, außer dass es Rikkars und Rudolfs letztes gemeinsames Kind war, erzeugt kurze Zeit vor dem Tod des Vaters.

»Nimm sie«, sprach das Lebendige Licht. »Dir ist sie gegeben. Deine Tochter und deine Mutter zugleich. Größtes Glück und den größten Schmerz wird sie dir bereiten. Die Fülle des Lebens wirst du durch sie erhalten.« Das waren die Worte, die sie deutlich vernahm, auf Lateinisch diesmal. *Plenitudinem.*

Hildegard empfand ein Glücksgefühl, wie es sie selten zuvor durchströmt hatte. So fühlte sich wohl eine Mutter nach der Geburt, überlegte sie. Eine kleine Ewigkeit lang wiegte sie das Kind in ihren Armen, ohne dass jemand kam. Jutta begrüßte inzwischen im Inneren der Klause den hohen Besuch. Rikkars lautstarke Stimme war zu hören. Sie erläuterte, welche Geschenke sie dem Kloster mitgebracht hatte. Eine Marderfelldecke für Juttas Bett war darunter und ein junger

Feigenbaum. Den müssten sie im Winter sorgfältig mit Sackleinen abdecken. Alle bestaunten sie das Bäumchen in dem irdenen Kübel. Von einem solchen Baum hatte schon Jesus im Heiligen Land Früchte gegessen. Jutta lachte ein seltenes Lachen, so sehr freute sie sich, und schenkte die Decke sofort Sniwindis, die im Winter am meisten fror. Die Tochter Richardis, bat Rikkar, möge Jutta bitte segnen. Vaterlos müsse ihr armes Kind aufwachsen. »Nicht vaterlos«, widersprach Jutta. »Gott im Himmel wacht über sie, wie kein irdischer Vater es vermöchte.«

DIE GEDULD IST ES, DIE FEUCHTIGKEIT UND GRÜNKRAFT IN ALLEN GUTEN WERKEN SCHAFFT

»Bleib bei mir«, flüsterte Hildegard, überwältigt von Zärtlichkeit dem hilflosen kleinen Wesen gegenüber. Nicht anders hatte das Jesuskind ausgesehen. Die winzigen Hände bewegten sich, der Mund verzog sich. Hildegard küsste die Stirn des Kindes. Ihre Lippen berührten den Haarflaum des Kopfes.

»Gold, Weihrauch und Myrrhe sollst du haben wie der kleine Jesus«, murmelte sie.

Später segnete Jutta die Kleine und betete mit allen Nonnen für ihre Zukunft. Sie empfahl Rikkar, sie, sobald sie alt genug sei, in einem Kloster aufziehen zu lassen, wo sie die beste Pflege für Körper und Seele haben werde.

»Wirst du sie dann bei dir aufnehmen?«, wollte Rikkar wissen.

Jutta gab den Rat, das Kind erst zu beobachten. Keinesfalls aber solle man es gegen seinen Willen für eine geistliche Laufbahn bestimmen.

»Sie soll Äbtissin werden«, widersprach Rikkar. Für die Seele ihres Vaters müsse Richardis dereinst beten, so wie Hartwig. Sie senkte die Stimme und brach in Schluchzen aus. Schon wegen des Mordes an dem jungen Neffen Heinrich, dessen Beschützer ihr Gemahl Rudolf, sein Oheim, nicht gewesen sei, wie er dem älteren Bruder gelobt hatte. Ein ruchloser Mord sei es gewesen.

»Ehrsucht hat dazu geführt. Der Wunsch nach der Herrschaft über die Mark«, sagte Jutta.

»Gift ließ er ihm reichen durch den Medicus«, stieß Rikkar hervor. Sie hätte nichts davon gewusst. Ihr Gemahl habe immer das Beste für die Nordmark gewollt. Heinrich sei viel zu jung gewesen, um dem Vater als Markgraf zu folgen, ein kränklicher Knabe von schwachen Geistesgaben.

Jutta sah sie streng und traurig an, und Rikkar weinte noch stärker. Ja, manchmal hätte sie gesagt: Er steht im Weg. Weit fortschicken müsste man ihn. Während dieses Gesprächs hielt Hildegard, neben Jutta sitzend, immer noch das Kind. Ein Giftmörderkind, dachte sie, ohne es auszusprechen.

»Äbtissin soll sie werden«, stammelte Rikkar. Das sei jetzt ihre größte Hoffnung. Hartwig müsse es zum Bischof bringen und die kleine Richardis dereinst zur Äbtissin. Nur so könne die Schuld ihres Vaters, des Markgrafen Rudolf, vor Gott getilgt werden. Ida und Sniwindis weinten leise. Keine der Nonnen griff nach dem gesottenen Aal auf dem Tisch oder dem frischen Brot. Der verstorbene Markgraf war ein Mörder gewesen, und Rikkar glaubte, durch höchste kirchliche Ämter ihrer Kinder könnte sie ihn von seiner Schuld befreien.

»Nein!«, rief Hildegard in die Stille und die kleine Richardis in ihren Armen greinte jämmerlich auf.

»So einfach ist es nicht, Rikkar«, sagte die Kleine Jutta.

WIEDERSEHEN

»Geht zum Gitter«, befahl Jutta nach dem morgendlichen Imbiss. Hildegard, Hiltrud, die Kleine und die Rote Jutta und Sniwindis und Ida stellten die Breischalen zurück auf das Wandbord und spülten die Finger sauber im sechsgeteilten steinernen Wasserstein darunter.

Ein neu eingetretener Mönch sollte die Belehrung im Lateinischen für die Nonnen von Juttas Klause übernehmen. Sie waren gespannt auf diesen Neuen, den der Abt ihnen seit einigen Tagen angekündigt hatte. Trotz seiner Jugend sei er hochgelehrt. Die Magistra hatte mit dem Abt ein Gespräch über den Neuen gehabt. Jutta und Adalhun waren der Meinung, die Schwestern in der Klause sollten den bestmöglichen Unterricht haben, wenn sie auch nicht an dem für die Klosterknaben in der Schule von Disibodenberg teilnehmen durften.

Gewiss, Grammatik brauchten sie als Nonnen nicht zu lernen. Doch war es wichtig, dass sie dem Gottesdienst innerlich folgen konnten, Lieder und Lesungen verstanden und selbst Lateinisch sprachen.

Auch Hildegard war freudig bewegt. Ein neuer Lehrer würde neues Wissen bringen. Juttas Vorträge über die Psalmen und die Evangelien wiederholten sich mittlerweile. Manchmal schleppte der Abt ein schweres Buch mit Geschichten über Heilige oder mit Gebeten herbei, das brachte Abwechslung in die Lesungen während der Mahlzeiten. Immer öfter durfte Hildegard die Mitschwestern unterrichten, weil sie fast alles von dem kannte, was Jutta wusste, und Jutta lieber den Psalter sang, als die Mitschwestern zu belehren. Den Psalter konnte auch Hildegard mittlerweile auswendig singen.

Hinter dem Oratoriumsgitter auf einem Sessel sitzend, halb verhüllt von einem Vorhang, unterwies der neue Mönch Hildegard und die anderen Nonnen mit freundlicher, sanfter Stimme.

Während des Unterrichts war es erlaubt, zu sprechen, Fragen zu stellen und zu antworten. Die Stimme des neuen Lehrers kam Hildegard bekannt vor, und auch die Kleine Jutta sah überrascht auf, als er zu sprechen begann. Er hieß Volmar, doch das war ein Name, so verbreitet wie bei den Frauen »Jutta« oder »Gudda«, fast so wie »Heinz« und »Hinz« oder »Hugo«.

Strahlendes Licht fiel in diesem Moment über Hildegard. Ob sie nicht erkenne, wer ihr da geschickt worden sei? Es war, als nickte das Licht ihr huldvoll zu. »Alles deinetwegen, Klein Arm« glaubte sie zu vernehmen, und ihr wurde leicht und freudig zu Mute.

»Pater, Ihr seid der einstige Edelknabe meines Vaters Hildebert«, sagte Hildegard, und trotz des Vorhangs sah sie ihn in ganzer Gestalt vor sich, mit der Mönchstonsur und dem gestutzten Bart. Wie er hierher ins Kloster gekommen sei?

Volmar lachte verlegen auf. Schon vor einiger Zeit sei er hier ins Kloster eingetreten. Die Gelübde habe er abgelegt und sei vor allem mit Arbeiten in der Bibliothek beschäftigt. Bücher seien seine Leidenschaft gewesen, seit er ihnen an der Domschule in Mainz zum ersten Mal begegnet sei. Auch mit dem Schreiben von Texten kenne er sich aus. Die Nonnen und das Mädchen Hiltrud erfuhren an diesem ersten Tag, wie sehr Volmar die lateinische Sprache liebte und die Werke des römischen Dichters Vergil.

»Schreiben ist Gottesdienst mit den Händen«, erklärte Volmar. Damit reichte er ihnen allen Gänsefedern und Schreibzeug. Das war etwas anderes als die Schreibübungen auf den Wachstafeln, mit denen sie sich früher unter Juttas oder Hildegards Anleitung beschäftigt hatten. Sie sei noch nicht geweiht, wehrte Hiltrud ab. Sicher werde die Magistra sie ausschimpfen, wenn sie mit der Gänsefeder schreibe.

Sie solle keine Bedenken haben und das Schreiben mit den Nonnen zusammen üben. Je früher man damit beginne, desto geschickter werde man darin, ermunterte sie Volmar.

Für geschabte Pergamentseiten habe der Abt gesorgt und werde sie ihnen zukommen lassen. Dann könnten sie im Arbeitsraum den Psalter abschreiben. Schreiben disziplinierе nämlich Körper und Geist. Hoch seien die Anforderungen an Konzentration und Körperhaltung. Im Abschreiben prägten sich die geistlichen Texte und der Ablauf des Kirchenjahres ein, ebenso wie die Auslegungen der Kirchenväter. Ein Wunder geschehe überdies beim Schreiben. Das Wort werde aufgenommen und fließe aus der Hand der Schreiberin wieder heraus. So wie das abgeschabte Pergament, das vor der Beschriftung weiß grundiert werde, hätten auch sie sich makellos rein zu halten. Wie die gekrümmte Gänsefeder seien sie das Werkzeug Gottes und übten sich schreibend in der wichtigsten Klostertugend, der Demut.

»Dann ist Schreiben wie das Wunder der Eucharistie?«, fragte Sniwindis.

Nur ein wenig, erwiderte Volmar. Doch auch im Schaffen der Litteratura vollziehe sich eine Verwandlung.

Sie fühle sich nicht würdig, murmelte Ida. Wenn es etwas so Bedeutendes sei, möchte sie lieber bei Weben und Näharbeiten bleiben. Die anderen überredeten sie, es wenigstens zu versuchen. So änderte sich das Leben in dem kleinen Frauenkloster von Disibodenberg mit dem ersten Tag, an dem der Mönch Volmar dort aufgetaucht war.

Doch am meisten sollte sich Hildegards Klosterleben umgestalten. Denn Volmar erteilte nicht nur den Unterricht für die Nonnen, sondern nahm ihnen auch die Beichte ab. Für eine Nonne in der Klausur waren die Möglichkeiten zu sündigen beschränkt. Umso mehr galten Hildegards Sorgen ihren Licht- und Farbschauen, dem Erscheinen des Lebendigen Lichts und seinen Worten. Denn ungeachtet der Bedenken der Magistra Jutta erschien es ihr fast täglich in kräftigen Bildern, die sie ganz umgaben. Auch Gesänge und Musik hörte sie dabei, die Chöre himmlischer Cherubim offenbar. Doch Jutta wehrte ab, sobald Hildegard davon sprechen wollte. Der schwatzhafte Bezzo hatte nie richtig verstanden, was Hildegard ihm beschreiben wollte. So hatte Hildegard oft geweint und sich geschämt, nicht nur, so oft krank zu sein, sondern auch noch Visionen zu haben, die ihr nicht zukamen. In all den Jahren musste sie die Erlebnisse ihrer inneren Schau, die Begegnungen mit dem Lebendigen Licht und der Stimme, die zu ihr sprach, für sich behalten. Oft hatte sie bitterlich geweint aus Unsicherheit über das Geschaute und Gehörte. Die Kleine Jutta, der sie einige Male versucht hatte, davon zu erzählen, wehrte heftig ab: »Das ist so gruselig. Ich will nichts mehr davon hören.«

»Warum sagst du nichts, Pater Volmar?«, fragte Hildegard, als sie Volmar von den Worten des Lebendigen Lichts berichtete.

»Ich habe nichts zu sagen. Sprich du weiter über die wunderbaren Dinge, die dir widerfahren. Ich möchte alles darüber wissen.«

»Ich bin nur eine schwache, erbärmliche Kranke«, sagte Hildegard und zitterte, während sie sprach. »Klein Arm, so nennt mich die Stimme.«

»*Pauperculum*«, übersetzte Volmar die Anrede des Lebendigen Lichts an Hildegard. Leise berichtete sie, wie es war. Dass das Licht sie fast ständig umgab, sie in ihm weit entfernte Dinge sah und die geheimen Gedanken anderer Menschen las. Auch zukünftige Ereignisse sah sie schon Tage oder Wochen vor ihrem Eintreffen. Und in besonderen Augenblicken komme ein noch helleres Licht, und dann höre sie die Stimme dieses Lebendigen Lichts. In der Volkssprache spreche sie zu ihr und dann wieder auf Latein.

DER MENSCH ABER WIRD VOM BÖSEN NICHT BEHERRSCHT, SOLANGE ER SICH STRÄUBT, ES AUSZUFÜHREN

Atemlos hörte Volmar ihr zu und ermunterte sie, ihre Schauungen zu beschreiben.

»Dann kommt also das Lebendige Licht zu dir in deine Zelle«, flüsterte er. »Wie ein Bräutigam zu seiner Braut.«

»Ja. Genau so komme ich mir dabei vor.«

»Bist du glücklich?«

»Noch mehr. Mein Körper wird leicht und gesund, obwohl er es nicht ist. Es ist wie ein Sommermorgen, wenn der Tau auf dem Gras liegt. «

»Du musst sehr glücklich sein.«

Das war sie. Aber zugleich war es auch wieder schwer. Weil sie nicht sicher war. Hildegard suchte nach Worten. Einmal in der Woche, samstags, besprachen Hildegard und Volmar sich in einer langen Beichte, und manchmal war nicht mehr klar, wer wem beichtete. Denn auch Volmar erzählte ihr von seinen Sünden und fragte sie, wie sie darüber denke.

»Pater Volmar«, sagte Hildegard, »obwohl du mein geistlicher Vater bist, bist du auch so etwas wie mein Sohn.«

Und sie sei für ihn die Mater, erwiderte er, der er sich anvertrauen könne, mehr als seinem geistlichen Vater, dem Abt.

ENDLICH WEIN

Die Jahre gingen ins Land, Hiltrud von Sponheim, inzwischen zur fünfzehnjährigen Jungfrau herangewachsen, legte ihre Novizinnengelübde ab. Auch ihrer Profess in der großen Abteikirche, die immer noch nicht fertig war, blieb Jutta fern. Wie bisher bei den anderen Professfeiern kniete sie betend und singend im Oratorium zwischen Wohnturm und Kapelle. Inzwischen war sie oft krank. Ihr schwerer, bellender Husten verschwand nicht einmal zur Sommerszeit. Immer öfter lag sie fiebernd im Bett. Sie schlief zu wenig und nahm kaum Nahrung zu sich. Nur von Brot und Wein ernährte sie sich. Die zwei gekochten Speisen des Tages lehnte sie ab. Weder warme Suppe noch Getreidebrei wollte sie zu sich nehmen. Eier verabscheute sie ebenso wie Fisch und Wassergeflügel. Abt Adalhun kam manchmal in die Klausur, um mit Jutta zu sprechen. Bei einer ihrer Krankheiten befahl er ihr, zur Stärkung Fleisch zu essen. »Wenigstens zwei, drei Bissen.«

Jutta lehnte weinend ab. Doch am Morgen nach dem Gespräch lag eine tote Ente im Fenster, von dem aus sie die Bittsteller zu trösten pflegte. Wasservögel waren, wie sie alle wussten, kein Fleisch, sondern sozusagen geflügelte Fische und damit ebenso wie das Wassertier, der Biber, auch in Fastenzeiten zu essen erlaubt. Die Nonnen murmelten über den Vorfall. Volmar und Abt Adalhun kamen zum Fenster und versicherten, dass kein Mönch und niemand aus dem Kloster den Vogel abgelegt hätten.

»Es ist ein göttliches Zeichen«, sagte Hildegard, ermutigt durch das Lebendige Licht. »Sniwindis soll das Tier zubereiten, im Backofen rösten und aus den Innereien eine Suppe zubereiten.«

So geschah es. Jutta nahm ein paar Löffel Suppe zu sich. Danach weinte sie und erklärte, sie werde in Zukunft bei Brot und Wein bleiben. Auch der Abt dürfe sie nicht zwingen, Fleisch zu essen.

»Sie ist eine Heilige«, flüsterte die Rote Jutta und blickte hinüber zur Magistra Jutta.

»Das darfst du nicht sagen. Kein Mensch ist schon zu Lebzeiten heilig. Jeden Tag müssen wir gegen die Versuchungen des alten Feinds ankämpfen«, widersprach Hildegard.

Und doch war unleugbar etwas geschehen. Scharenweise pilgerten die Menschen auf den Disibodenberg. Jutta war schon zu Lebzeiten eine Heilige geworden, vom einfachen Volk verehrt.

Nicht ein einziges Mal verließ sie die Klause mehr seit dem Tag, an dem sie sie am Allerheiligentag des Jahres 1112 betreten hatte. Gab es Honigkuchen an einem Festtag, so wehrte sie lächelnd ab, davon zu nehmen. »Für euch, liebe Kinder, nehmt meinen Teil«, bat sie Hildegard, die Kleine Jutta, die Rote Jutta, Ida, Sniwindis und Hiltrud. Mit schlechtem Gewissen verzehrten die Nonnen dann den Leckerbissen oder überließen ihn den kleinen adligen Mädchen, die ihnen zur Erziehung anvertraut waren. Auch vom gebratenen Hühnerfleisch nahm Jutta nichts, das doch erlaubt war, und in der Fastenzeit lehnte sie selbst die Fischspeisen ab, an denen sich ihre Mitschwestern erfreuten. Der Körper der Magistra wurde von Monat zu Monat schwächer. Immer schmaler wurden ihre Handgelenke, immer eingefallener ihr Gesicht. Hildegard und Sniwindis beobachteten es mit Sorge. Jutta aß zu wenig. Die Magistra kasteite ihr Fleisch, wie sie sagte, sie schlug sich mit der Geißel, quälte sich mit der Eisenkette, ging selbst im Winter barfuß und gönnte sich nur den notwendigsten Schlaf.

Hildegard genoss ihre Lieblingsmahlzeit, gesottenen Aal, ebenso wie gedünstete Forellen und den fetten Rheinlachs. Doch die Magistra hatte keine Freude am Essen. Selbst vom frischen Brot aß sie nur geringe Mengen.

Irdische Freuden seien das, erklärte sie ihren Schülerinnen. Jedoch solle keine von ihnen versuchen, ihr nachzustreben. Jede müsse ihren irdischen Weg allein gehen, wenn auch in der Gemeinschaft.

Sniwindis widersprach. Als Mensch, und auch die Magistra sei ein solcher, müsse man nach Gottes Gesetz und Willen ausreichend essen. Die Benediktregel habe hierüber klare Vorschriften erteilt. Die Magistra gehe weit über die Forderungen der Regel hinaus.

Der Mönchsgemeinschaft auf dem Disibodenberg aber gefiel Juttas entsagungsreiches Leben. Die Mönche verbreiteten Geschichten über die Magistra. Wann immer Hildegard die Klause für kurze Zeit mit Juttas Erlaubnis verließ, um dem Abt ein Schreiben zu überreichen, hörte sie das Murmeln der Menschen in der Warteschlange vor dem Fenster, an dem Jutta Rat erteilte. Die Arbeitsmönche erzählten sich die neuesten Wunder, die sich vor ihren Augen ereignet hatten. Kaum erstaunlich angesichts dessen, wie eifrig im Gebet die Magistra war, wie unermüdlich in der Sorge für die Kranken und Verzweifelten, wie unerbittlich gegen ihren eigenen Körper. Auch, wenn der Abt dagegen einschritt, wurden die Geschichten weitererzählt und verbreiteten sich unaufhaltsam. Jutta verwandele Wasser in Wein, wurde geraunt. Lahme, die sich bis zur Frauenklause des Disibodenbergs geschleppt hatten und denen sie die Hand aufgelegt hatte, konnten für den Rest ihres Lebens wieder gehen.

Manchmal blickte Hildegard in Juttas flackernde Augen, wenn sie zitternd im Gebet kniete, und fürchtete sich. Jutta durchwachte ganze Nächte in unausgesetztem Gebet und Psalmengesang. Hildegard begriff, dass es ein Zuviel selbst bei dem Beten zu Gott gab. Das Lebendige Licht belehrte sie in einer Schau darüber, dass auch die Frommen ihr Menschenleben nicht aufgeben sollten. Denn für ihr irdisches Leben hatte Gott seine Geschöpfe erschaffen. Hildegard starrte in das Licht, das sie warm und voll Wohlwollen umgab. Alles gehört zueinander. Jeder Grashalm blickt auf einen anderen. Alles Geschaffene bezieht sich auf ein anderes.

Hildegard erschrak über diese Botschaft. Wie hätte sie mit Jutta darüber sprechen können. Die Magistra hätte es als Tadel an ihrer Lebensführung verstanden. Sie, Hildegard, war die schwächste Nonne in der Klause. Es kam ihr nicht zu, die Magistra zu belehren.

Zusammengesunken saß Jutta am Tisch und kicherte vor sich hin. Vielleicht war sie krank. Vor Hildegard tauchte ein riesiger schwarzer Flügel auf. Er deckte das Abendlicht aus dem Fenster zu. Er deckte alles zu. Aus der Ferne donnerte es. Ein Gewitter zog auf. Hildegards Hände waren eiskalt.

»Was hast du getan?« Ihr Blick fiel auf den Krug, den der Abt gebracht hatte. Jutta roch nach Wein. »Hast du ihn ganz ausgetrunken?«, fragte Hildegard. Jutta lachte laut auf.

»Der alte Feind hat nach dir gegriffen, Satan«, sagte Hildegard. »Und du hast ihm nachgegeben, weil du schwach bist vom Fasten und all den Nachtwachen.«

Nur eine Hemina stand jeder von ihnen für den Tag zu. Die Magistra Jutta aber trank auch die Hemina der Kleinen Jutta, die sich mit Wasser begnügen musste. Das war schon ein unzulässiges Unmaß gewesen. Aber den ganzen Krug zu leeren?

»Der Wein reißt auch den Weisen ins Verderben«, murmelte Hildegard.

»Aber du wirst es den anderen nicht verraten?« Flehentlich sah Jutta Hildegard an. Ihr Gesicht war verhärmt wie das einer alten Frau. Sie kramte in der Tasche ihres Gewands und reichte Hildegard den Schlüssel zur Gittertür an der Kapelle. Hildegard nahm ihn, es kam immer öfter vor, dass die Magistra ihn ihr anvertraute. Sie verstand nicht sofort, warum Jutta ihn ihr gegeben hatte.

»Ich werde schweigen.«

»Und du wirst den Abt um einen weiteren Krug Wein für mich bitten?«

Ob sie heute überhaupt alleine so weit gehen konnte, bis hin zur Wohnung des Abts? Hildegards Füße waren an manchen Tagen stark genug zum Gehen, an anderen konnte sie sich nur mit Mühe zum

Oratorium die Leiter hochziehen. Der schwarze Flügel rauschte über ihr, sie schlug das Kreuzzeichen. Heute war ihr Körper stark. Sie sprang auf, hob das Kruzifix vom Wandhaken und hielt es Jutta entgegen.

»Verschwinde, Satan!«

»Was ist das hier für ein Leben?«, schrie Jutta auf. »Ich friere tags und ich friere nachts.«

»Niemand zwingt dich dazu. Zieh Schuhe und Strümpfe an wie die anderen Nonnen. Leg Rikkars Marderfelldecke auf dein Bett.«

»Ich brauche den Wein, um wieder gesund zu werden«, sagte Jutta. »Jesus hat uns aufgefordert, Wein zu trinken. Der rote Wein ist sein Blut.«

»Nur der Wein, den der Priester verwandelt, ist sein Blut. Dieser da aus der Küche verwirrt deinen Geist.«

»Ich bin die Magistra und du musst mir gehorchen.«

Juttas Hände zitterten und ihr Blick flackerte. »Der Wein ist das Blut Christi, vor der Wandlung und nach ihr. Der Wein ist Leben.«

»Der große schwarze Vogel steht hinter dir«, sagte Hildegard. »Ich sehe ihn deutlich.«

Jutta schluchzte auf und schlug die Hände vors Gesicht. Sie werde sterben, wenn Hildegard ihr keinen weiteren Wein herbeischaffe. Augenblicklich müsse sie das tun.

»Nein«, sagte Hildegard. »Satan spricht aus dir.«

Was sie sich erfreche. Sie sei jünger und unterstehe ihrer Obrigkeit.

»Nein«, sagte Hildegard. »Ich gehorche dem Lebendigen Licht. Ihm allein.«

Jutta schüttelte sich vor Weinen und Seufzen, Hildegard trat zu ihr und sagte sanft: »Du bist schwach geworden vom Fasten und nächtelangen Beten, Magistra.«

Sie, Hildegard, wisse ja nicht, wie schwer es sei. Nur mühsam brachte Jutta die Worte hervor. Kasteien müsse sie sich und mit der Geißel schlagen bis aufs Blut. Und wenn sie nicht die eiserne Dornenkette hätte, ja dann – Jutta brach ab und schluchzte. Immerhin bestand sie nicht mehr darauf, dass Hildegard ihr neuen Wein holte.

»Magistra, du brauchst keinen Wein, um zu Kräften zu kommen. Du solltest den Rat des Abts annehmen und Fleisch essen. Die Kranken dürfen das nach der Regel.« Sniwindis war ebenfalls der Meinung, die Magistra benötige Krankenkost, um wieder aufrecht gehen zu können. Der Körper, so hatte sie Hildegard flüsternd erklärt, brauche ein gewisses Maß an Pflege. Dazu gehörten Sauberkeit, reinliche Kleidung und Waschungen, aber auch warme, ausreichende Speisen. Essen war keine Sünde, so wenig wie wärmende Kleidung und eine wollene Bettdecke. Sniwindis sorgte für das Wohl der jüngeren Mitschwestern wie eine Mutter, und Hildegard und die anderen ließen es sich gerne gefallen.

Auch Volmar ermunterte Jutta in den Beichtgesprächen zu genügend Nahrung und Strümpfen und Beinbändern gegen die Kälte. Doch diese schüttelte den Kopf. Fleisch zu essen, sei ihr nicht möglich. Sie ekele sich davor. Nicht einmal Fische könne sie verzehren, nur Pflanzennahrung, Wurzeln und Getreide habe sie in den ersten Jahren zu sich genommen, jetzt aber vertrage sie nur noch Brot und Wein.

Ob sie den Beichtvater für sie rufen solle, fragte Hildegard und erhob sich, um das Glöckchen zu läuten. Jutta hielt sie davon ab.

Nein, dem könne sie nicht gestehen, was ihr auf der Seele liege.

Das müsse sie aber. Nur so könne sie bereuen und losgesprochen werden, mahnte Hildegard. Was mit der Dornenkette sei. Die habe sie noch nie gesehen, nur ihr Klirren gehört. Ob es eine sei, die auch die anderen Nonnen benützen könnten.

Sie solle nicht mehr nach der Kette fragen, sie gehöre ihr allein.

Es gebe keinen Besitz für eine Geweihte, wendete Hildegard ein.

»Schweig, ich bin die Magistra«, gab Jutta zurück.

Sniwindis trat ein mit einem Krug, in dem sich, wie Hildegard begriff, weiterer Wein für die Magistra befand, und einem Brett, auf dem frisches Brot lag. Sniwindis kannte also die Zustände der Meisterin schon länger. Nach einem Blick auf die zusammengesunkene Jutta ließ sie sich ebenfalls bei den beiden nieder.

»Wandern wollte ich«, begann Jutta aufs Neue. Bis ins Heilige Land hatte sie ziehen wollen, auf bloßen Füßen, um zum Heiligen Grab zu kommen und dort zu beten. Auch die Stätten, an denen Jesus und die Jünger gewirkt hatten, hatte sie sehen wollen. Den See Genezareth, Nazareth. Und jetzt konnte sie kaum noch durch die Klause gehen vor Schwäche.

Hildegard und Sniwindis schwiegen dazu.

Ungehorsam war Jutta gewesen, und darauf war sie immer noch stolz. Doch schließlich hatte sie sich dem Willen ihres Bruders und ihrer Mutter gebeugt und war in die Klause auf dem Disibodenberg eingetreten.

»Ich hätte mich nicht beugen sollen«, sagte sie mit flackernden Augen. »Wie gerne wäre ich nach Jerusalem gewandert.«

Hildegard streichelte den bebenden Rücken der Magistra. Die Menschen waren verschieden. Für das ungestüme, wilde Mädchen Jutta wäre es besser gewesen, man hätte sie nach Outremer ziehen lassen.

LEHRERIN

Nicht nur, dass sich die Schar der Klausnerinnen von Jahr zu Jahr vergrößerte. Auch die Klause war verändert. Die Magistra hatte Räumlichkeiten und Bequemlichkeiten hinzugewonnen. Die meisten der jungen Mädchen, die Jutta um Aufnahme angefleht hatten, waren aus vornehmsten Familien. Dementsprechend bedeutete jeder Neuzugang reiche Geschenke an Kloster Disibodenberg: ein oder mehrere Dörfer, deren Bewohner dem Kloster zu Dienstleistungen verpflichtet waren, Weinberge, eine Mühle, eine Schafherde, Fischteiche. Die Erträge aus all diesen Gütern sollten die Zukunft der Klosterfrauen absichern. Und auch der Abt erwies sich als großzügig. Mit Wohlgefallen nahm er die Pilgerscharen zur Kenntnis, die sich täglich vor dem Fenster im Erdgeschoss des Wohnturms drängten. Er ließ an die Klause weitere Räume anbauen, unter anderem eine Küche mit einer aufgemauerten

Feuerstelle, in der sich die Nonnen die beiden warmen Mahlzeiten des Tages selbst kochen konnten.

Jutta war es wichtig, dass zwischen den Stundengebeten gearbeitet wurde. Zwei zusätzliche aufrechte Webrahmen hatte der Abt im zweiten Stockwerk aufstellen lassen, es gab außerdem auf dem Tisch aufliegende Webrahmen für dünnere Tücher. Dort waren die Fenster vergrößert und vergittert worden, denn ohne ausreichendes Licht wären Handarbeiten nicht möglich gewesen.

Sogar ein Skriptorium gab es mittlerweile im obersten Stockwerk, wo das Licht am besten war, denn Schreiben war Gottesdienst mit den Händen, und weibliche Hände erwiesen sich als besonders geschickt und kunstfertig bei dieser Tätigkeit. Hierfür hatte sich Volmar sehr eingesetzt. Einige der Nonnen waren besonders schreibbegabt, allen voran die junge Hiltrud.

Besorgnis fühlten alle für die Magistra Jutta. Ihr Körper hatte längst die weiblichen Formen verloren, ihr Gesicht war kantig und hart geworden. Stolz war sie darauf, dass die weibliche Mensis bei ihr nicht mehr kam. Sie war die Einzige in der Klause, die das von sich sagen konnte. Die anderen quälten sich einmal jeden Monat mit ihrer Blutung, schoben sich trockene Blätter und Tücher zwischen die Beine und schämten sich, dass Evas Fluch sie wieder quälte.

»Alles wegen einem einzigen Apfel«, sagte Vera, eine der neu Hinzugekommenen. »Warum war Eva so einfältig? Unsere Magistra hätte der Schlange auf den Kopf geschlagen.«

Jutta verschmähte die Äpfel, die es im Herbst zu den Mahlzeiten gab. Hildegard, die als ihre Tischnachbarin zu einem zweiten Apfel kam, spürte deutlich, dass er ein Gottesgeschenk war, das sie fröhlich machte. Sie liebte Duft und Geschmack der Paradiesfrucht. Und während sie davon aß, glaubte sie, Eva zu verstehen. Eva war eine ihrer biblischen Lieblingsgestalten. Nicht Eva, die Schlange war die Verführerin zum Bösen, vor der man sich hüten musste. Und auch der Apfel war unschuldig.

Inzwischen war Jutta zu schwach, um die Klostermädchen zu

unterrichten. So gab es nun wie in den Jahren zuvor die Belehrung durch Volmar, der am Gitterfenster des Oratoriums lateinische Lieder, die Benediktregel und Evangeliumstexte übersetzte, was zweimal in der Woche geschah. Die Mädchen und Sniwindis saßen dann mit ihren Schreibtafeln an einem Tisch vor dem Gitter im Oratorium und notierten sich seine Worte. Grammatik und Rhetorik blieben dabei weitgehend ausgespart, das war das, was die Knaben in der Klosterschule lernten. Sie würden dereinst im Dienst von Grafen und König oder in einer kirchlichen Laufbahn fehlerlose Urkunden und Briefe verfassen, Gerichten vorsitzen und öffentlich Reden halten. Hildegard seufzte, wenn sie über die Ungleichbehandlung der Geschlechter nachdachte. Immerhin war der Unterricht Volmars schon besser als gar nichts. Die Mädchen waren unterschiedlich begabt. Einige behielten das Gehörte schnell und leicht, andere wie die Kleine Jutta taten sich schwer.

Hildegard empfahl den Verzehr von Quitten

Die religiöse Ausbildung aber erteilte inzwischen Hildegard. Sniwindis belehrte die Schülerinnen anschließend über medizinische Dinge, über Pflanzen und Kräuter. Auch die Zubereitung der Speisen zeigte sie ihnen im Küchenraum. Jutta hatte die Anweisung gegeben, keine Unterschiede unter den Klosterbewohnerinnen zu machen. Herkunft und Stand seien vor Christus ohne Belang. Auch die vornehmsten Mädchen sollten Töpfe reinigen, den Boden wischen und Wasser im Eimer vom Brunnen herbeitragen. Hildegards Kränklichkeit war der Grund, weshalb sie keine groben Arbeiten ausführte. Ein Huhn oder eine Gans zu rupfen, war ihr nicht möglich. Ihr Magen hob sich bei dieser Tätigkeit, deshalb hatte Jutta sie davon befreit. Der enge Raum, auf dem sie alle lebten mit der Unmöglichkeit für die meisten, ihn zu verlassen und die Umgebung zu erkunden, führte zu erschreckender Unkenntnis der Klausenbewohnerinnen, was Tiere, Pflanzen und Einrichtungen außerhalb anging. Abbildungen in Büchern konnten die Anschauung nicht ersetzen.

Ungeachtet ihrer Lähmungen und Schmerzen war Hildegard als Mittlerin zwischen Jutta und dem Abt berechtigt, im Gelände von Kloster Disibodenberg umherzugehen und sich umzusehen. Sie durfte inzwischen sogar die Bibliothek betreten und Bücher ausleihen, die der Abt oder Volmar dann persönlich zur Klause hinüberbrachten, hatte Zugang zum Abtszimmer, der Speisekammer, dem Weinkeller und der Klosterkirche. Begleitet von Sniwindis erledigte sie die notwendigen Gänge für Jutta, der es wichtiger war, barfuß im Oratorium an der Wand lehnend die Psalmen zu singen.

»Gibt es viele Einhörner draußen im Wald?«, wollte Vera wissen.

Hildegard, die gerade dabei war, etwas zu erklären, brach mitten im Satz ab. Die göttliche Schau, mit der Gott sie gesegnet und ausgezeichnet hatte, fehlte den armen, unwissenden Mädchen, die vertrauensvoll zu ihr aufsahen.

»Sniwindis soll die Postulantinnen morgen in den Wald vor dem Kloster führen«, bestimmte Hildegard. Die jungen Mädchen sollten Eichhörnchen sehen, vielleicht ein Reh. Sie sollten am Wegrand niederknien und Ameisen beobachten.

»Zeig ihnen Pilze und Pflanzen, Sniwindis.«

»Das ist gut. Dann können wir zusammen Löwenzahn stechen, jetzt im Frühjahr sind die Blätter am besten.« Auch Sniwindis freute sich darauf, wieder einmal hinauszukommen.

BEZZOS BESTRAFUNG

Die Kunde vom Waldausflug der Nonne Sniwindis mit den jungen Klausurbewohnerinnen machte schnell die Runde und wurde Abt Adalhun bekannt. Bezzo hatte sie ihm persönlich überbracht. Bei dieser Gelegenheit hinterbrachte er dem Abt auch das, was er über Juttas Weinkonsum wusste. Der Abt müsse einschreiten, verlangte er. Auf ihn als Beichtvater höre Jutta schon lange nicht mehr. Hochmütig und stolz sei sie geworden und unbelehrbar. Keinen Rat nehme sie an. Ein Exempel müsse gesetzt werden. Auch um Hildegard sorge er sich. Gewiss sei sie schwach und kränklich, doch da die Magistra sie nicht zurückhalte, entscheide sie in vielen Belangen gerade so, als sei sie selbst die Magistra. Schuld daran sei aber ausschließlich die Magistra Jutta, die sich in der Sorge um ihr eigenes Seelenheil nicht genug um ihre geistlichen Töchter kümmere. Schweren Herzens entschied sich Adalhun zu einer Unterredung mit Jutta und bat sie an das Gitter des Oratoriums.

Hildegard habe ihr volles Vertrauen, erklärte die Magistra. Keine verstehe besser die Bedürfnisse der Schwestern in Christo. Weshalb überhaupt der Abt mit ihr spreche.

Adalhun geriet ins Stottern gegenüber der abgemagerten zitternden Frau, die ihn aus flammenden Augen vorwurfsvoll ansah und ihn, als er verstummte, segnete. Die Sache mit dem Weingenuss erwähnte er nur kurz und brach ab, als er die Empörung in Juttas Gesicht sah. Bezzo habe ihn darauf angesprochen, murmelte er.

»Die Zunge, die sich nicht scheute, solches hervorzubringen, verstumme gegenwärtig, damit sie wenigstens in Zukunft von ewiger Strafe verschont sei«, sagte Jutta, beugte das Haupt und zog sich wieder an den Ort zurück, an dem sie ihre Psalmen sang.

Zurück in seinem Amtszimmer fand der Abt Volmar vor. Bezzo sei zusammengebrochen, sein Gesicht verzogen, er liege wie tot, Beine und Arme seien gelähmt. Geschehen sei dies gerade eben, als der Abt am Gitter mit Jutta gesprochen hatte.

Betroffen sahen sich die Männer an. Zu klar war der Zusammenhang.

»Ja«, sagte Volmar. »Er, der die Magistra vor dir, lieber Vater, verleumdet hat, hat die Sprache verloren.«

Drei Tage lang rang der alte Bezzo im Infirmarium des Klosters mit dem Tod. Unfähig zu sprechen, konnte er nicht einmal die Beichte ablegen. Drei Tage lang dauerte seine Sprachlosigkeit. Jutta, der davon berichtet wurde, erkannte mit Schrecken, dass sie erhört worden war. Mit wiederholten, langen Gebeten stellte sie Bezzos Sprechfähigkeit wieder her. Das, was sie wollte, konnte sie leicht bei Gott erreichen. Bald schon erhob sich Bezzo von seinem Krankenlager und kam in der folgenden Zeit wieder zu Kräften, nur ein Bein zog er nun hinter sich nach, und sein Gesicht blieb verzerrt.

STELLVERTRETUNG

Abt Adalhun, der zweite Abt des Klosters Disibodenberg, ein tatkräftiger, um alle ihm Anvertrauten besorgter Mann von untadeligem Verhalten, war im Sommer des Jahres 1128 verstorben. Acht Jahre später war Hildegard, inzwischen achtunddreißig Jahre alt, zur Stellvertreterin der Magistra geworden. Viele Aufgaben Juttas versah sie trotz ihrer eigenen Krankheit. Die Mönche hatten aus ihren Reihen Fulkard zum neuen Abt erwählt, nachdem sie vorher mit der Magistra Jutta Rat gehalten hatten. Jutta hatte in einem Traumbild den schon gebrechlichen Fulkard und den weisen Kuno als Äbte des Klosters gesehen. Das Oratorium verließ Jutta kaum noch, um am Essen der Nonnen teilzunehmen.

»Magistra, du schadest deinem Körper«, versuchte Sniwindis sie zu bereden. »Du warst schon vorher schwach. Kommt noch ein Winterfieber dazu, steht es schlecht um dich.«

Genau das sei ihre Absicht, den Körper zu schwächen, damit der Geist umso stärker werde, gab Jutta zur Antwort. Was die Krankheiten angehe, so helfe ihr Gott, der Herr. Sniwindis und Hildegard hatten Mühe, einige der Jüngeren davon abzuhalten, dem strengen Vorbild der Magistra zu folgen. Juttas Ruf einer Heiligen hinter den Mauern der Klause verbreitete sich im ganzen Land. Von weither pilgerten Menschen, die in langer Schlange täglich vor dem Fenster der Klause warteten, dass Jutta daran erschien, ihnen die Hand auflegte und ein Gebet für sie sprach. Sie kamen mit Geschenken, die sie den Mönchen übergaben, obwohl sie eigentlich für die Magistra Jutta und ihre Jungfrauen gedacht waren. Die frommen Pilgerinnen und Pilger brachten Hühner in Käfigen und Schinken, geschlachtete Gänse, Körbe mit Äpfeln und Birnen oder trieben Kälber, Ziegen und Schweine mit sich. Die Mönche und ihr Abt sahen es mit Wohlgefallen. Jutta, die in wenigen Jahren zur Berühmtheit geworden war, stand bei ihnen in hohem Ansehen. Jutta verlangte nichts vom Abt oder den Mönchen, denen ihr Dulden und Darben so viel einbrachte. Weder neue Kleidung für die Nonnen, noch neue Schuhe erbat sie. Nie beklagte sie sich über die zugeteilte Nahrung. Dass die Räumlichkeiten der Klause inzwischen trotz einiger Baumaßnahmen für die auf zwölf Bewohnerinnen angewachsene Klause nicht mehr ausreichten, schien Jutta nicht aufzufallen. Nur ein kurzer Aufenthalt auf Erden sei es, sagte sie zu ihren Töchtern in der Klause. Bald hätten sie alle das Himmelreich zum Wohnsitz, in dem kein Mangel sei. Endlose Palasträume, herrlich ausgemalt, mit Kaminen an den Wänden und weichen Teppichen auf den Böden warteten auf sie, wenn sie nur geduldig ausharrten.

DIE LIEBE IST DIE MITTE VON ALLEM: IM MENSCHEN WIE IM WIRKEN GOTTES

Es war nicht gut, ohne Unterbrechung mit nackten Füßen auf dem Steinboden kauernd im Oratorium zu beten. Jutta hustete erbärmlich, das Fieber wich nicht mehr von ihr. Fast unmerklich waren Hildegard und Sniwindis zu den Leiterinnen der Schar geworden, obwohl

Akelei setzte Hildegard bei Atemwegsbeschwerden ein

doch Jutta die erwählte Magistra war. Sogar die Verhandlungen mit Fulkard überließ sie der Siechenmeisterin und Hildegard. Beide sorgten dafür, dass die Mitschwestern reichhaltigeres Essen erhielten. Fulkard und Volmar stimmten sofort zu. Auch der gelehrte Kuno war auf ihrer Seite, obwohl er als ihr Beichtvater sonst eher Juttas asketische Ansichten vertrat.

»Wenn ein Mensch seinen Körper maßvoll nährt, hat er einen sanften und fröhlichen Charakter«, erklärte Hildegard. *»Lebt er im Übermaß an Speisen und Gelagen, dann lässt er jedes schändliche Laster in sich wuchern. Wer aber durch maßlose Abstinenz seinen Leib aufreibt, hat immer schlechte Laune.«*

Die Nonnen lächelten. Es tat gut, ausreichend zu essen. So konnten sie besser und mehr arbeiten. Selbst das Buchstabenschreiben im Skriptoriumraum ging leichter. Sniwindis lehnte es ab, bei Verfehlungen die Nonnen mit der Rute zu strafen, Hildegard wiederum fühlte sich körperlich zu schwach, diesen notwendigen Dienst auszuführen. So sank die Disziplin spürbar mit jedem Tag. Zum Teil lag es daran, dass nicht genug Räume für die unterschiedlichen Tätigkeiten der Bewohnerinnen vorhanden waren.

Die neuesten Zugänge der Frauenklause waren mehrere adelige Mädchen, Gerlindis, Waltraut und Vera, die sich zunächst als Postulantinnen vorbereiteten. Bedingt durch die Raumverhältnisse nahmen sie am Leben der geweihten Nonnen teil und saßen bei den Mahlzeiten unter ihnen. Sie hatten ihre jungen Greifvögel mitgebracht, die sie in ihrer gemeinsamen Zelle hielten und zum Mahl der Nonnen mitbrachten. Im Kräutergarten und über den Gräbern der Verstorbenen veranstalteten sie Flugübungen mit ihren verwöhnten Lieblingen. Die erjagten Tauben kamen anschließend in die Küche und bereicherten den Speiseplan. Die drei Mädchen waren entschlossen, bei der Magistra Jutta Nonnen zu werden, was Jutta ihnen, wie Hildegard fand, allzu schnell zugesagt hatte. Sie brachten Kloster Disibodenberg so viele zusätzliche Dörfer und Rinder ein, dass Abt Fulkard sie ebenfalls voll Freude aufgenommen hatte. Doch den drei Neuen fehlte es an Bereitschaft, sich auf die Gebote der Benediktregel einzulassen. Sie waren übermütig und stolz, kicherten den ganzen Tag, erzählten Witze und Klatsch, den sie aufgeschnappt hatten, und naschten heimlich an den Honigtöpfen in der Speisekammer. Sie trugen auch noch den Schmuck, den sie von zu Hause mitgenommen hatten. Die Kleine Jutta runzelte die Stirn, die Magistra Jutta aber erklärte, noch hätten die neu Aufgenommenen keine Gelübde abgelegt. Noch befänden sie sich in der Probezeit und seien dabei, sich einzugewöhnen.

Da die Mädchen ständig plapperten, geriet das strenge Schweigen der Geweihten ebenfalls ins Wanken. Immer wieder mussten die drei ermahnt und belehrt werden. Die Zeichensprache für das gemeinsame Mahl beherrschten sie noch nicht, und ständig brachen sie in Gelächter aus.

Die Menschen waren verschieden, selbst dann, wenn sie aus den nahen Burgen und aus edlen Familien abstammten, und je größer die Zahl der Mädchen und Frauen in der Klause wurde, desto mühsamer wurde das Zusammenleben. Es kam zu unwirschen Worten, zu Schimpfereien. Die Kleine Jutta brach in Tränen aus, als Hildegard ihr Vorhaltungen machte, und die Rote Jutta begann zu schimpfen.

»Kommt schnell zum Oratorium«, rief die kleine Beatrix mit zittriger Stimme. Die Magistra liege wie tot vor dem Marienaltar, stieß sie hervor.

Sniwindis wischte sich die Hände trocken und eilte hinaus. Hildegard griff nach ihrem Stock und tappte hinter ihr her, geriet jedoch ins Straucheln und konnte sich gerade noch an der Wand festhalten.

Ihr Stützstab rollte die Treppe hinab. Es jaulte und fiepte zu ihren Füßen. Im Halbdunkel erkannte sie einen Welpen und bückte sich nach ihm. Vera tauchte aus ihrer Zelle auf und griff nach dem Welpen. Gudda hätte ihn ihr mitgebracht, erklärte sie, und die Magistra habe es erlaubt. Nein, sie betrachte den Hund nicht als ihr Eigentum, er gehöre der Gemeinschaft der Nonnen. Sie betreue ihn nur. Er sei ein Geschöpf Gottes, so wie die Falken ihrer Mitschwestern.

Hildegard hastete weiter, mit Mühe meisterte sie den Treppenabstieg. Vera, die hinter ihr hergeeilt war, reichte ihr wieder den Stab. Der Hund sei weiblich, Holla heiße er.

»Hör auf mit dem Hund«, schrie sie Vera an. »Die Magistra ist in großer Not!«

Jutta lag bewegungslos auf den Steinplatten, und einen Moment lang kam es Hildegard vor, als sei sie in all den Jahren geschrumpft, und vielleicht war es tatsächlich so. Der Schleier war von ihrem Haar herabgerutscht.

Sie war nicht tot, wie Hildegard im ersten Moment geglaubt hatte. Matt lächelte sie ihrer ältesten Schülerin zu.

»Magistra«, stammelte Hildegard und umarmte sie.

»Es ist so weit«, flüsterte Jutta. »Noch vor dem Weihnachtsfest wird es sein.«

»Das war doch nur das, was Trutwib gesagt hat, damals im Hospiz vor unserer Aufnahme.«

»Trutwib hatte das Wissen von Gott«, erwiderte Jutta.

DIE DORNENKETTE

In der Morgenstunde des zweiten Dezembertages erschien Jutta im Fiebertraum ein junger Mann, der sich ihr als Oswald, der einstige

König der Angeln, vorstellte, der Freund des heiligen Disibod. Flüsternd berichtete Jutta, was er ihr gesagt hatte. Hildegard hielt ihr Ohr über den Mund der Kranken, um ihre Worte zu verstehen.

In zwanzig Tagen werde sie sterben. Hildegard streichelte Juttas matte Hand. Die anderen Nonnen standen und knieten ebenfalls in der kleinen Kammer. Einige schluchzten laut.

»Hört auf mit Weinen«, flüsterte Jutta. »Das Klagen hält mich bei euch fest.« Hildegard solle die kleine Herde in Zukunft lenken.

Diese wehrte erschrocken ab.

»Du kannst es besser als ich«, wisperte Jutta. »Die Kraft dazu gibt dir der Herr.«

Zwanzig Tage dämmerte Jutta im Fieber dahin, nur manchmal wachte sie auf und lächelte Hildegard an, die mit den beiden jüngeren Juttas neben dem Krankenlager ausharrte. Kurz bevor sie starb, erwachte Jutta. Man möge die Glocke läuten, um die Mönche herbeizurufen, befahl sie mit klarer, schwacher Stimme. Und eine Bettdecke zum Sichtschutz aufhängen.

»Nicht mehr weinen«, flüsterte sie dann. Hildegard ergriff das Evangelienbuch und las die Geschichte von Jesu Leiden und Sterben. Das Lesen verhinderte, dass sie weinte.

Inzwischen zogen die Mönche im Oratorium ein und begannen zu singen. Abt Kuno spendete Jutta die Wegzehrung, die Hostie und ein paar Tropfen verwandelten roten Weins. Dann betete er, von Schluchzen unterbrochen, mit Jutta gemeinsam. Immer wenn die beiden verstummten, las Hildegard ein paar Sätze. Auch Volmar war eingetroffen und kniete vor Juttas Lager nieder.

Draußen dämmerte es. Sniwindis hatte eine mit Asche bestreute Decke über Jutta gebreitet und ihr den Nonnenschleier angezogen. Jutta lächelte, bekreuzigte sich und stieß einen langen Seufzer aus.

»Sie hat den Siegeskranz erhalten«, schluchzte Abt Kuno und brach über Juttas Leiche weinend zusammen. Sie starb in der Nacht des 22. Dezember des Jahres 1136.

Als Sniwindis einen Wasserkrug und weiße Leinenlaken brachte, bat Hildegard sie, den Raum gleich wieder zu verlassen. Jutta hatte ausdrücklich darum gebeten, dass nur sie mit den beiden jüngeren Juttas sie nach dem Tod entkleiden und waschen sollte. Sniwindis küsste die herabhängende Hand der Toten und ging wieder.

Juttas nackter Körper war von unglaublich leuchtendem Weiß, in die Haut gepresst und eingewachsen war von Geschwüren umwuchert die rostige Eisenkette, die Bauch und Rücken der Magistra dreifach umschlang. Sie musste unendliche Martern ausgestanden haben.

»Sie ist eine Heilige«, murmelten die Juttas und schluchzten leise auf.

Hildegard trat einen Schritt zurück und schüttelte fassungslos den Kopf. Die Meisterin war so oft krank gewesen, gleichzeitig hatte sie Wunden am Körper, über die sie kein Wort je hatte verlauten lassen. Die niemand, auch sie selbst nicht, gepflegt und gesalbt hatte. Es war ein Wunder, dass sie so lange auf Erden ausgehalten hatte.

»Das habe ich nie von ihr verlangt«, sagte die Stimme klar vernehmbar. »Sie wollte es, nicht Ich.«

»Gott hat es nicht von dir verlangt«, rief Hildegard. »Er hat es sogar missbilligt. Es war Hochmut, Magistra! Es war wider deine menschliche Natur.«

Sie reinigten Juttas Leichnam, drehten ihn behutsam zur Seite, säuberten die eitrigen Wunden und salbten sie mit der Duftsalbe aus dem Topf, den Sniwindis ihnen hereingereicht hatte. Die Geschwüre an Bauch und Rücken deckten sie mit sauberen Leinentüchern ab. Die rostige Kette zu entfernen, war völlig unmöglich, ohne die Wunden aufzureißen. Wortlos verständigten sich die Drei, sie am Körper der Verstorbenen zu belassen. Dann legten sie ihr das weiße Totengewand an. Hildegard kämmte sie sorgsam und steckte ihr getrocknete Kornblumen in das immer noch erstaunlich blonde Haar. Das Gesicht der Magistra mit den geschlossenen Augen strahlte Zufriedenheit aus. In Jahrzehnten war diesem geschundenen Körper nicht so viel Pflege zuteil geworden wie in dieser Stunde.

Die beiden jüngeren Juttas schwiegen. Hildegard öffnete die Tür, um den Blick auf die verstorbene Magistra freizugeben. Ohne Jutta waren sie jetzt zehn an der Zahl. Zehn verlassene Töchter.

In dieser Nacht schlief Hildegard unruhig. Lange hatte sie am Totenbett der Magistra ausgeharrt, doch schließlich zog sie sich in ihre Zelle zurück, um kurz zu ruhen. Wo Jutta jetzt war? Sie träumte, die Magistra steige vor ihr einen beschwerlichen, steilen Berghang hinauf. Immer wieder stolperte Jutta über ihre Dornenkette und blickte ängstlich auf Hildegard. Im Traum versuchte Hildegard sie zu stützen bei ihrem Aufstieg, war aber selbst schwach und rutschte immer wieder zurück.

ZWEITES BUCH

—

MAGISTRA AUF DISIBODENBERG

2

NACHFOLGERIN

Schweren Herzens schloss Hildegard die Gittertür auf und ließ die Mönche in das Oratorium. In der Mitte des Raums hatten die Nonnen eine Abtrennung aus Bettdecken aufgehängt, hinter denen verdeckt sie standen.

Zusammen sangen sie die Sterbelitanei für die verstorbene Magistra. In die Trauer und die Gesänge mischten sich das Jaulen des Hundewelpen und das Kreischen der Greifvögel.

Hildegard und Sniwindis warfen sich einen Blick zu. Sniwindis war die Älteste, sie würde das Amt übernehmen, überlegte Hildegard. Ob es ihr wohl gelingen würde, Ruhe in die Reihe der jungen Nonnen zu bringen? Den Übereifer der Juttaverehrerinnen zu dämpfen und die Lässigeren zu disziplinieren? Dazu brauchte man Kraft. Man musste gesund, ja stark sein. Das war Sniwindis trotz ihres fortgeschrittenen Alters. Ein Machtwort würde sie sprechen müssen, damit der Hund aus der Klause verschwand. Den Abt dazu bringen, dass er ein neues Gebäude für die Nonnen errichtete. Es war unerträglich beengt. Sie,

Hildegard, würde dann Sniwindis beraten und bei der schweren Aufgabe unterstützen, so gut es ihr mit ihren schwachen Kräften möglich war. Strahlendes Licht umfloss sie in diesem Moment voll Wärme und Freundlichkeit, und sie konnte nicht anders als lächeln.

»Kleiner Mensch«, sagte das Strahlende Licht, »sorge dich nicht, alles wird doch durch mich besorgt. Ich bin der Weg, die Wahrheit und das Leben.«

Hildegard lächelte immer mehr trotz ihrer Trauer um Jutta. Das Lebendige Licht war bei ihr und sprach ihr Trost zu, machte sie mutig, ja sogar stark. Ihre Fingerkuppen erwärmten sich. Sie fröstelte nicht mehr, trotz des Wintertags.

»Ich bin der Wein, das Wasser und der Welpe. Wage es nicht, jämmerlicher Mensch, du Aschebrocken, den Wein, das Wasser und den Welpen deinen Schwestern zu entreißen. Was für ein Leben wäre es denn auf Erden ohne diese drei?« Die Stimme klang entschieden und streng bei allem Wohlwollen, und Hildegard senkte den Kopf.

Ich bin der Wein, das Wasser und der Welpe. Nie hätte sie für möglich gehalten, dass das Lebendige Licht auf der Seite dieser drei war.

Die Nonnen hatten sich im größten Raum der Klause, ihrem Kapitelsaal, versammelt, um eine neue Klosterleiterin zu wählen.

Abt Kuno, der ebenfalls hinzugekommen war, schlug nach dem gemeinsamen Gebet Hildegard vor. Hildegard wiederum, der als Zweitältester ebenso wie Sniwindis und der Kleinen Jutta ein Vorschlagsrecht zukam, nannte Sniwindis. Die Kleine Jutta und Sniwindis sagten mit fester Stimme: »Hildegard«.

Hildegard wies mit bebender Stimme auf ihren schwächlichen Gesundheitszustand hin. Zu beinahe nichts sei sie in der Lage. An den meisten Tagen könne sie kaum stehen. Abt Kuno ging auf diesen Einwand nicht ein. Eine kostbare Herde von Schafen sei es, für welche eine Hirtin gesucht werde. Die Hirtin sei dereinst Christus gegenüber verantwortlich für den Zustand der Herde. Christus werde sie zur Rechenschaft ziehen, wenn Schafe zugrunde oder verloren gegangen seien. Auch die Krankheiten der ihr Anvertrauten müsse die Hirtin heilen und sie zu reinem Wasser und grünen Auen führen.

Hildegard nickte Sniwindis aufmunternd zu. Das alles würde ihr gelingen. Hiltrud stellte sich an die große Schreibtafel, die an der Wand hing, und schrieb die Stimmen nieder. Nur Hildegards Hand hob sich für Sniwindis. Alle anderen Nonnen stimmten für Hildegard, die in Tränen ausbrach.

Wieder sprach Kuno. Der Wille des Heiligen Geistes drücke sich in den Stimmen des Konvents aus.

»Sie haben dich gewählt. Du musst zustimmen«, flüsterte Sniwindis.

Hildegard senkte den Kopf.

»Klein Arm«, hörte sie das Lebendige Licht sprechen und ihr Körper erwärmte sich und erstarkte. »Klein Arm, es wird dir gelingen.«

ERWEITERUNG

Das Amt war mit mancherlei Beschwernissen verbunden, doch zu ihrer Überraschung schenkte es Hildegard neue körperliche Kraft. Achtunddreißig Jahre alt war sie nun. Seit sechsundzwanzig Jahren hatte sie das Kloster auf Disibodenberg nicht ein einziges Mal verlassen, so wenig wie Jutta dies getan hatte. Nun aber war es mit der strengen Klausur vorbei. Als Vorsteherin ihrer Herde, erklärte ihr Volmar, müsse sie sich auch um die damit verbundenen Dinge kümmern. Es sei keine Sünde, sich in den Ställen umzusehen und den Arbeitsmönchen, den Konversen, bei der Arbeit in Küche und Wäscherei zuzuschauen. Auch das Gespräch mit dem Abt müsse sie suchen, wenn sie die Situation in der Wohnstätte der Nonnen verbessern wollte. Und wenn sie einmal den Abt in Springiersbach besuchen wolle und dessen Schwester, die fromme Tenxwindis, so gestatte er ihr das gern.

Die Räumlichkeiten, in denen die Geweihten und die Kostkinder lebten, waren inzwischen viel zu beengt. In den Krankenzimmern drängten sich nicht nur die Siechen der Umgebung, um Hildegards Rat zu hören. Es kamen Menschen vom anderen Ufer des Rheins, aus Dörfern vom Siebengebirge her und aus der Umgebung von Köln. Lahme wurden auf Bahren herbeigetragen, Blinde den Disibodenberg hochgeführt. Und all die Verzweifelten erhofften sich Besserung durch Hildegards Seherinnenkraft. Auf der Kochstelle im Küchenraum bereitete Sniwindis tagtäglich unter Hildegards Anweisungen Herzwein und Kräuterküchlein, während Ida im Tiegel Heilsalben rührte. Die Muskatplätzchen aus der Frauenklause waren auch eine Lieblingsspeise der erkrankten Mönche. Und sogar der weise Volmar behauptete, diese Tortelli knabbernd könne er sich besser bei den Schreibarbeiten in der Bibliothek konzentrieren.

Hildegard war gezwungen, sich mehr als früher zu bewegen, und statt sich auf zwei andere Nonnen zu stützen, benutzte sie der Einfachheit halber einen Stock. Innerhalb weniger Wochen erstarkten ihre Muskeln. Die Strecke zur Wohnung von Abt Kuno meisterte sie plötzlich allein. Gott gab ihr Kraft. Hildegard begriff, er hatte gewollt, dass sie Juttas Nachfolge antrat, vor der sie sich zunächst gefürchtet hatte. Aber sie war völlig anders als Jutta. Deren Askeseleistungen waren für sie unausführbar. Weder konnte sie im Winter barfuß durch die Klostergänge gehen, noch war sie in der Lage, nächtelang betend in der Kirche auszuharren. Vorsichtig zog sie sich am Treppengeländer zur Abtswohnung hoch. Sie verstand sich auf andere Dinge. Das Lebendige Licht ermunterte sie, ihren Körper achtsam zu pflegen, damit sie umso besser die jüngeren Nonnen belehren, den Abt ermahnen und die Kranken beraten konnte.

Die Gespräche mit Abt Kuno waren wichtig für den Bestand der Nonnengemeinschaft. Zwanzig geweihte Schwestern gehörten ihr inzwischen an. Diese jungen Adligen hatten dem Kloster erhebliche Schätze an Mitgift eingebracht, Dörfer, Weinberge, Wiesen und Viehherden, dazu Kleinodien und Münzgeld. Ihre einstige Freundin, die blonde Rikkar, war an Hildegard herangetreten wegen ihrer Enkelin

Adelheid. Noch war das Mädchen zu klein, doch die Eltern des Kindes hatten angefragt, ob es demnächst zur Erziehung nach Disibodenberg kommen dürfe. Rikkar hatte sich unter Tränen an Hildegards Brust geworfen. Auf der Grafschaft der Nordmark, die der verstorbene Rudolf sich so mühsam erkämpft hatte, lag kein Segen. Udo, ihr Ältester, der Erbgraf, war mit seiner jungen Frau von Meuchelmördern im März des Jahres 1130 erschlagen worden. Warum Gott eine solche Tat zugelassen habe, klagte Rikkar und konnte sich nicht beruhigen. Ihr Lieblingssohn sei der sanfte Udo gewesen, mehr als an seinen Brüdern und Schwestern hätte ihr Herz an ihm gehangen. Sicherheit gäbe es nur in Klöstern und Kirchen, schluchzte sie. Kloster Disibodenberg sei ein Ort des Friedens. Hier sollten Adelheid und später auch die kleine Richardis erzogen werden.

»Wir haben kaum noch Platz in unserem Klausurgebäude«, seufzte Hildegard, nachdem sie Abt Kuno die Angelegenheit vorgetragen hatte.

»Schick doch ein paar deiner Nonnen in andere Klöster«, schlug Kuno vor. Die Klause von Kloster Sponheim sei ein passender Ort. Es sei unbedingt nötig, die kleine Adelheid bei ihr auf Disibodenberg aufzunehmen, denn die Eltern würden sich gewiss erkenntlich zeigen. Er lachte breit und hob seinen Weinpokal. Die Eltern Adelheids waren Rikkars älteste Tochter Liutgard und Pfalzgraf Friedrich von Sommerschenburg in Sachsen. Hildegard nippte an dem ihren. Tagsüber bekam ihr der Wein nicht. Und dieser hier von der Mosel war ohnehin zu säuerlich.

Gudda werde gleich kommen, berichtete Kuno. Er habe ein Mittagsmahl vorbereiten lassen für den Gast und hoffe, dass Hildegard bleiben werde. Er selbst müsse allerdings in Geschäften nach Mainz aufbrechen. Hildegards Schwägerin war schon länger nicht mehr zu Besuch ins Kloster gekommen. Jetzt aber habe sie Hildegard Drutwins Glückwünsche zu ihrer Wahl überbringen wollen. Wezelin hatte sie mitgebracht. Er wolle demnächst in ein Kloster gehen, vorher aber den Rat seiner Tante einholen. Dann knieten die Beiden vor Hildegard nieder, die sie rasch hochzog und zum Sitzen nötigte, während

Hildegard als Äbtissin mit dem Abtsstab, vom Heiligen Geist in Gestalt einer Taube inspiriert (Lithografie aus der Zeit des Jugendstils)

die Dienstmagd das Essen auftrug. Am Spieß gebratene Hirschlende, dazu gesottene Rüben und weißes Brot mit einer Tunke, in der rote Pfefferkörner schwammen. Schweigend vertieften sie sich in das Festmahl. Für Hildegard war es ungewohnt, da Nonnen und Mönchen das

Fleisch vierfüßiger Tiere nach der Benediktregel verboten war. Lange hatte sie keinen gebratenen Hirsch mehr verzehrt. Das zarte, magere Fleisch war ein Genuss, der ihr erst wieder als Klostervorsteherin bei der Bewirtung von Gästen erlaubt war. Einen Moment hielt sie im Kauen inne. An Festtagen, überlegte sie, würde sie all ihren Nonnen Hirschfleisch zukommen lassen, das Fleisch würde ihnen sicher schmecken, wie ja überhaupt das Fleisch von Grasfressern bekömmlich für die Menschen war. Die Töchter sollten es gut bei ihr haben, besser als unter Juttas strengem Regime.

»Zu harte Entbehrungen sind nicht gut«, sagte sie.

Dann rückte Gudda mit ihrem eigentlichen Anliegen heraus. Auch sie bat Hildegard, ihr Enkelkind Bertha aufzunehmen und zu erziehen. Neun Jahre alt sei sie jetzt, ein ungebärdiges Kind, das am liebsten über die Felder reite, mit den Greifvögeln spiele und heimlich zur Jagd ausreite. »So wild wie Jutta von Sponheim als Kind«, sagte Gudda. Alle seien der Meinung, nur eine Erziehung im Kloster werde sie zur Sanftmut bringen.

»Sie sieht dir ähnlich, Tante«, fügte Wezelin hinzu.

Natürlich würde sie die junge Großnichte gerne aufnehmen, erklärte Hildegard. Doch zur Zeit sei es unmöglich. Die Verhältnisse in der Klausur ließen es nicht zu, weitere Mädchen unterzubringen. Schon jetzt gab es ständig Streit und Unruhe, weil die Geweihten zu beengt miteinander lebten. Im Schlafraum für die Klostermädchen war kein Platz mehr, nun da demnächst auch noch die kleine Adelheid eintreffen sollte. Wo sollte man noch ein Bett für die wilde Bertha aufstellen?

»Aber warum denn nicht? Von Bermersheim schicke ich dir Arbeiter für das Mauerwerk.«

Für welches Mauerwerk, wollte Hildegard wissen.

»Für den Erweiterungsbau der Frauenklausur. Abt Kuno hat schon zugestimmt.«

»SCHREIBE ES NIEDER«

Es war im Jahr des Herrn 1141, zur Zeit des Mainzer Erzbischofs Heinrich, des römischen Königs Konrad, unter dem Papst Eugen, als Abt Kuno Kloster Disibodenberg lenkte. Die Magistra Jutta war seit fünf Jahren tot, und Hildegard hatte sich inzwischen an ihr Amt gewöhnt. Einige junge Mädchen aus dem Adel der Umgebung hatten inständig um Aufnahme in die Nonnenklausur auf Disibodenberg gebeten. Weitere Adelsfamilien hatten ihre kleinen Töchter zur Erziehung zu Hildegard gebracht, darunter die zarte blonde Richardis, deren Mutter Rikkar, die Markgräfin, sie Hildegard persönlich anvertraut hatte, zugleich mit der wenig älteren Enkelin Adelheid. Nicht nur die Klosterfamilie war angewachsen, auch die weltlichen Familien veränderten sich unaufhaltsam. Hildegard hatte Mühe, sich all die neuen Namen zu merken. Zu den Kindern der Verwandten und Freunde gesellten sich deren Ehepartner. Überall neue Gesichter, überall neue Namen. Das Leben bedeutete ständige Wandlung. Auf Burg Sponheim saß inzwischen Meinhards ältester Sohn, Graf Gottfried von Sponheim, nachdem Meinhard vor einigen Jahren friedlich entschlafen war. Gottfried war so heißblütig wie sein Vater und seine Tante Jutta, denen er auch ähnlich sah. Wie sein Vater war ihm die Klostergemeinschaft der Nonnen auf dem Disibodenberg eine Herzensangelegenheit, ebenso wie die Frauenklause bei Kloster Sponheim. Kloster Sponheim wurde von seinem jüngeren Bruder Kraffto als Abt geleitet, der zur Zeit auf der Suche nach Reliquien für seine Kirche war, unterstützt von Graf Gottfried. In der Sponheimer Klause kasteiten sich alle Nonnen mit Eisenketten nach dem Vorbild der seligen Jutta. Hildegard dagegen hatte ihren jungen Nonnen, die sie darum gebeten hatten, die Ketten verwehrt. Auch in den Frauenklöstern der weiteren Umgebung war man stolz darauf, in Fasten, Gebet und Kargheit über die Benediktregel hinaus zu handeln. Man geißelte sich und ging barfuß. Auch das Barfußgehen verbot Hildegard den Nonnen und Ziehkindern ihres Konvents. Es schädige die Gesundheit, ohne den Geist zu stärken. Sie achtete darauf, dass jede ihrer Mitbewohnerinnen ausreichend aß. Ein Viertel Wein am Tag war sinnvoll, ebenso ließ sie abends gekochte Eier auf den Tisch bringen und die Früchte der Jahreszeit. Süße Äpfel stimmten das Gemüt heiter, besonders an Herbst- und Winterabenden. So gingen Arbeit und Gebet abwechselnd leichter von der Hand. Auch Honigkuchen ließ Hildegard ab und an backen. Besonders die Jüngeren taten sich daran gütlich. Hildegard ertappte sich dabei, dass sie etwas Besonderes wie Birnenbrei oder getrocknete Apfelringe nur deshalb an alle austeilen ließ, um Richardis zu erfreuen. Eine dritte Mahlzeit der Geweihten war in der Benediktregel zwar nicht vorgesehen, jedoch auch nicht ausdrücklich verboten. Hildegard erläuterte: »Was der fürsorgliche Vater Benedikt nicht wörtlich verbietet, darüber dürfen die Klosteroberen entscheiden.« Ihre Nonnen brauchten die dritte Mahlzeit am Abend. Das blauäugige Mädchen sang im Oratorium mit der Stimme eines Engels, sie war besser erzogen als die anderen Mädchen ihres Alters. Beim Schreiben kleckste sie nicht mit der Feder. Ihre Buchstaben waren gerade und säuberlich. Sie malte Blüten und Blätter aus dem Gedächtnis wie eine Erwachsene.

GIB DEM MENSCHEN EINEN HUND UND SEINE SEELE GESUNDET

Hildegard gab sich dem Entzücken an dieser jungen Tochter ganz hin. Gott hatte sie ihr geschickt. Er hatte bestimmt, dass sie dieses Mädchen erzog, ihr Bücher zeigte und sie neue Lieder lehrte. Hildegard liebte Richardis wie ihr eigenes Kind, mehr als all ihre anderen Zöglinge. Sie bevorzugte sie, was sich aus Richardis Freundlichkeit, ihrer Sanftmut, Geschicklichkeit und guten Auffassungsgabe begründete. Keines der anderen Mädchen hörte Hildegard so aufmerksam zu wie sie. Keines lernte so schnell. Keines war so hilfsbereit. Manchmal saß auch Vera mit dem Hund Holla neben Richardis zu Füßen der Magistra, die ihnen vorlas.

Hildegard war sich des Grundsatzes der Benediktregel bewusst: Die Klostervorsteherin durfte keine ihrer Töchter bevorzugt behandeln. Doch in letzter Zeit zweifelte sie ihn an: Die Menschen waren von

Gott nicht gleich geschaffen. Hätte er Gleichheit beabsichtigt, wäre sie ihm gelungen. Es gab einfältige Kinder, die von vornherein nur Laienschwestern und Laienbrüder werden konnten. Es gab Langsame und Eifrige, Kränkliche und Robuste. Schon beim Essen unterschieden sie sich. Die eine brauchte mehr, die andere weniger. War Gerechtigkeit nicht eher, zu unterscheiden? Bedeutete *Discretio*, Unterscheidung, nicht eben das: jedem in seiner unterschiedlichen Art gerecht zu werden? Richardis bekam Pickel, wenn sie einen Apfel gegessen hatte, Birnen hingegen vertrug sie. Überhaupt war sie ein außergewöhnliches Mädchen, nicht zu vergleichen mit den anderen, nicht einmal mit ihrer Verwandten Adelheid, die ihr äußerlich glich, aber innerlich anders war. Adelheid war ein stilles freundliches Mädchen, während Richardis zu plötzlichen Tränenausbrüchen neigte. Schon deshalb brauchte sie mehr Zuwendung als die anderen.

Es kam Hildegard vor, als lerne sie allein durch die Gegenwart der jungen Richardis unendlich viel Neues über die Menschen. Es erfreute die Magistra, dieses junge Wesen zu beobachten. So wie die Verwandten auf der Burg in Böckelheim sich an einem jungen Füllen oder einem neuen Jagdhund erfreuten, so erging es ihr mit dieser Schülerin, die sie ja schon als Kleinkind kennengelernt hatte, als Rikkar ihr jüngstes Kind zu Jutta gebracht hatte, damit sie es segne.

Inzwischen befand sich Richardis schon einige Jahre bei Hildegard in der umgestalteten Klause. Kürzlich hatte sie nach einem Jahr Noviziat ihre Profess abgelegt. Hildegard beschäftigte sie für Schreibarbeiten und die vielen Briefe, die sie beantworten musste. Es war eine tägliche Freude, mit dieser jungen Nonne zu arbeiten, war sie nicht im Raum, dachte Hildegard oft an sie. Bei den Erkrankungen ihrer Schreibnonne geriet sie außer sich. Dann ging sie selbst in den Küchenraum und rührte Medizin an und kochte Kräutersud. Ihr Leben war reicher und erfüllter geworden, seit dem Tag, an dem Richardis in die Frauenklause auf dem Disibodenberg gekommen war. Volmar musste ihr Bücher mit Pflanzenbeschreibungen aus der Bibliothek herbeischleppen. Hildegard suchte darin nach Heilkräutern gegen den

Husten ihrer Ziehtochter. Ziegenmilch war gut und von ihr war auch genug vorhanden. Sniwindis musste außerdem einmal wöchentlich eine Suppe aus der Lunge von Wildgänsen zubereiten. Richardis verabscheute dieses Gericht, löffelte ihren Napf aber unter Tränen aus, um Hildegard nicht zu betrüben.

»Tapfere Tochter«, sagte Hildegard dann erleichtert. Die Suppe brachte Richardis tatsächlich Linderung.

Die Morgensonne brach durch die Fensteröffnung hoch oben in der nach Osten gerichteten Zellenwand. Eine seltsame Unruhe überkam die Magistra Hildegard, die sich nach der Matutin noch einmal kurz auf dem Bett ihrer Zelle niedergelegt hatte. Zweiundvierzig Jahre und sieben Monate alt war sie, dieser Gedanke durchschoss sie plötzlich, als ein feuriges Licht wie ein Blitzstrahl auf sie herabstrahlte. Zitternd lag sie unter der Wolldecke, während der Lichtstrahl ihren Kopf, ihr Herz, ihre Brust wie eine Flamme durchglühte, ohne jedoch zu brennen. Es war ein angenehmes gutes Wärmegefühl, das der Strahl in ihr auslöste. In der Wärme wusste sie plötzlich unendlich viel. Alle Sätze des *Neuen* und des *Alten Testaments* lagen vor ihr wie die herausgerissenen tausend Pergamentseiten eines riesigen Buches. Die Psalmen, das Evangelium, die Apostelgeschichte – endlich verstand sie das Ganze dahinter, den tieferen Sinn, die Bedeutung jeder Szene. Hildegard zitterte jetzt vor gespannter Aufmerksamkeit und auch vor Furcht. Sie konnte nicht anders, als mitten hinein in das helle Licht zu sehen. Bei all dem war sie hellwach. Es war kein Traum, kein Dämmerzustand. Jeder Nerv in ihr bebte vor Wachheit. Das Glänzen wurde noch heller, und Hildegard hörte eine Stimme aus der Höhe, die zu ihr herab sprach: »*Du hinfälliger Mensch, du Asche, du Fäulnis von Fäulnis, sage und schreibe nieder, was du siehst und hörst. Doch weil du dich vor dem Reden fürchtest, in deiner Einfalt die Offenbarung nicht auslegen kannst und zu ungelehrt bist zum Schreiben, rede und schreibe darüber nicht nach Menschenart, nicht aus verstandesmäßiger menschlicher Erfindung heraus, oder in eigenwilliger menschlicher Gestaltung, sondern so, wie du es in himmlischen Wirklichkeiten in den Wundertaten Gottes siehst und*

Hildegard als Äbtissin, Seherin, Musikerin
und Schriftstellerin

hörst. Verkünde sie also so, wie der Hörer das Wort des Lehrmeisters aufnimmt und es ganz in seiner Aussageabsicht, nach seinem Willen, und auf seinen Fingerzeig und Befehl kundtut. So sprich auch du, o Mensch, über das, was du siehst und hörst. Schreibe es nicht nach eigenem Gutdünken oder dem eines anderen Menschen, sondern wie es dem Willen dessen entspricht, der alles weiß, alles sieht und alles in der Verborgenheit seiner Geheimnisse anordnet.«

Was meinte die Stimme mit diesem Befehl?

»*Rede also von diesen wunderbaren Dingen, schreibe sie, wohlbelehrt, nieder und sprich davon.*«

Sie sollte schreiben und über die himmlische Stimme sprechen? Was sollte der Abt von ihr denken und die anderen Mönche von Disibodenberg? Gewiss, einige ihrer Nonnen beschäftigten sich mit der Abschrift der heiligen Schriften, das war gut und ehrenwert. Doch das war etwas ganz anderes als ihre Gesichte und Schauen und das, was die Stimme aus dem Licht verkündete. Die Schriften der heiligen Väter und der Evangelien waren Literatura. Sie, eine Frau, konnte unmöglich ihre eigenen Schauen auf kostbares Pergament niederschreiben, als wäre es ebenfalls Literatura. Demütig musste sie sein. Allenfalls Volmar würde sie in der Beichte von den Worten des Lebendigen Lichts berichten. Sicher würde er milde lächeln über den Befehl, in goldenen Lettern über die Schauen und die Worte aus dem Licht zu schreiben.

Ihre Hände zitterten und krampften. Es war ein deutlicher Befehl der himmlischen Stimme gewesen.

»*Verkünde es also laut und schreib es so nieder!*« Die Worte durchhallten die Zelle, und Hildegard brach der Schweiß aus.

Worte waren so vieldeutig, der Argwohn der Mönche war groß und Abt Kuno war ein bedeutender, wichtiger Mann, der sie aus dem Amt der Magistra auch wieder entfernen konnte. Außerdem war sie ihm, dem Abt von Disibodenberg, zu striktem Gehorsam verpflichtet. Abt Kuno würde niemals erlauben, dass sie auf kostbarem Pergament diese göttlichen Offenbarungen niederschrieb und festhielt für Jahrhunderte. Sie griff nach ihren Schreibtafeln und dem Metallgriffel neben ihr auf dem Stuhl und kritzelte mit ungelenken, zittrigen Buchstaben den Befehl des lebendigen Lichts nieder. Volmar würde sie von dieser Aufforderung berichten, nur ihm. Volmar wusste vielleicht einen Rat. Er war ja immer auf ihrer Seite und unterstützte ihre Vorschläge vor dem Abt. Er musste ihr aber versprechen, Abt Kuno nichts davon zu erzählen. Denn seine Schwatzhaftigkeit und sein Vertrauen zum Abt waren Volmars einzige Schwäche.

DAS LICHT UND DIE LITERATURA

Die Schmerzen waren jetzt unerträglich. Krämpfe durchzuckten ihre Hände und Arme. Hildegard lag im Bett. Es war ihr unmöglich, an den Stundengebeten mit ihren Nonnen teilzunehmen. Sie taugte nicht als Magistra, in ihrer Krankheit fühlte sie sich jämmerlicher denn je. Und auch ihre Menstruation hatte wieder eingesetzt. Sniwindis versorgte sie mit frischen Tüchern, wusch ihr die verschwitzte Stirn und versuchte sie zu trösten.

»Weine nicht, Magistra«, sagte sie sanft und reichte ihr geschnittene Apfelscheiben.

»Gottes Geißel zwingt mich auf das Krankenlager«, flüsterte Hildegard. Sie fühlte sich untauglich für ihr Amt und unnütz. Ja, eine Last für ihre Mitschwestern war sie geworden.

»Ich habe den Beichtvater bestellt«, sagte Sniwindis. »Abt Kuno hat ihm gestattet, an dein Bett zu kommen. Die anderen Nonnen versammeln sich so lange im Oratorium«

Hildegard weinte vor Schwäche und Dankbarkeit. Wenig später betrat Volmar die Klausur. Ohne um sich zu blicken, ließ er sich von Sniwindis zu Hildegard führen und setzte sich neben ihr nieder mit abgewandtem Gesicht. Sniwindis verließ den Raum. Die Krämpfe steigerten sich von Tag zu Tag, berichtete Hildegard. Gott habe sie ihr geschickt, ebenso, wie er ihre Glieder schlimmer als je zuvor gelähmt habe.

Woran es liege, dass Gott ihr zürne, fragte Volmar.

Das wisse sie nur zu gut. Doch sie wage nicht, den göttlichen Auftrag zu erfüllen. Zu schwierig sei er für sie, eine erbärmliche, kranke Frau, unmöglich auszuführen. Hildegard schluchzte laut. Das Lebendige Licht erscheine ihr und erfülle sie mit Wissen über viele Dinge und zeige ihr in farbigen Bildern vielerlei Dinge über Göttliches, die Schriften und die Menschen. Seit ihrer Kindheit habe sie diese Visionen gehabt.

Volmar nickte. Immer wieder hatte sie ihm ja darüber berichtet.

Nur zu gern hatte er von diesen Schauungen gehört. Warum war sie jetzt so verstört?

Neuerdings, stammelte Hildegard, richte das Lebendige Licht eine Aufforderung an sie. »Schreibe, was du siehst und hörst.« Das verlange es nun immer wieder in dringendem Ton.

Das sei doch ein klarer Befehl, meinte Volmar. Warum sie die Aufforderung nicht befolgt habe.

Sie habe es nicht gewagt.

»Höre, liebe Schwester in Christo«, sagte Volmar, »das alles sind große Wunder. Schreibe doch auf deine Wachstafeln, was du gesehen und gehört hast. Tu es im Verborgenen und gib mir die Tafeln. Dann kann ich genauer prüfen, was und woher es ist.«

Aber er müsse versprechen, nichts davon dem Abt Kuno zu berichten.

Fürs Erste werde er das nicht tun, versprach Volmar. Weitere Tafeln und Griffel werde er ihr zukommen lassen. Sobald die Schmerzen etwas nachließen, möge sie doch bitte mit dem Schreiben beginnen.

WIR MÜSSEN AUF DIE STIMME UNSERER SEELE HÖREN, WENN WIR GESUNDEN WOLLEN

Sie wolle sich bemühen, nichts selbst Erfundenes hinzuzufügen, nichts auszulegen und nicht ihre eigenen Worte zu verwenden, beteuerte Hildegard. Nur das Wort des Lebendigen Lichtes werde sie niederschreiben.

»Ja. Literatura.« Volmar wollte ihr jetzt die geweihte Hostie reichen, die er ihr mitgebracht hatte. Sie lehnte ab, sie sei unrein.

»Du brauchst sie jetzt zur Stärkung, liebe Schwester«, sagte Volmar und legte sie ihr auf die Lippen. »Ich verantworte es vor Gott.« Unrein sei nicht der Körper, nur der Geist könne unrein sein, fügte er hinzu.

Er segnete sie und ging. Langsam ließ Hildegard die Hostie im Mund zergehen und betete dazu das »*Agnus dei*«.

Sie war nicht würdig, doch nun war es so, wie es war.

Langsam richtete sie sich auf. Ihre Hände schmerzten nicht mehr.

Sie griff nach der Wachstafel neben ihr auf der Lehne des Stuhls und dem Griffel. Es war zu dunkel im Raum und sie rief nach Sniwindis, sie möge ihr ein Talglicht hinstellen. Wenig später schrieb Hildegard mit ungelenken Buchstaben. Sie konnte nicht fassen, wie mühelos, alles in allem, ihr das Schreiben gelang.

DIE BESSERUNG

Schon am zweiten Tag nach Volmars Besuch in der Klausur konnte Hildegard das Bett verlassen und sich langsam durch die Räume des Wohnturms und den Seitenbau bewegen.

Beunruhigt hatte sie ausgeharrt, nachdem sie Volmar die ersten Wachstafeln überreicht hatte. Sie selbst war zwar sicher, dass das Lebendige Licht ihr Wahrheiten und Weisheit offenbarte. Aber was würde Volmar davon halten, wenn er die Worte des Lebendigen Lichts las und ihre Beschreibungen davon, wie es sich ihr zeigte? Zeugte es nicht von Hochmut und Stolz, anzunehmen, sie, die kränkliche Hildegard von Bermersheim, das zehnte Kind ihrer Eltern, erhalte Nachrichten von Gott wie eine Prophetin oder ein Prophet des *Alten Testaments*? Und nicht nur vereinzelt im Abstand von Jahren, sondern ständig. Die Sünde des Hochmuts war von allen die schwerste. Luzifer war von ihr befallen worden. Für seine Überheblichkeit hatte Gott ihn für immer in den Abgrund der Hölle gestoßen. Auf keinen Fall wollte sie stolz und hochmütig sein.

Volmar ließ sich während der nächsten Tage nicht sehen. Den Gottesdienst zelebrierte statt seiner Pater Bezzo, den die Nonnen nicht leiden konnten. Auch Hildegard fand den übergewichtigen, schwitzenden und schnaufenden Bezzo unangenehm. Als Beichtvater bevorzugte sie unbedingt Volmar, doch manchmal wurde Bezzo oder ein anderer Pater zu den Nonnen ans Gitter geschickt, weil Volmar mit einem Auftrag des Abts auf Reisen war. Besonders um Richardis sorgte Hildegard sich in diesem Zusammenhang. Sie hatte ihr eingeschärft, sich keinesfalls von dem Alten betasten zu lassen. Und wenn es doch geschehe, solle sie es unverzüglich ihr, der Mater, mitteilen.

Hildegard schrieb in ihren arbeitsfreien Augenblicken unablässig auf die Wachstafeln, mit denen Volmar sie großmütig versorgt hatte. Je mehr sie schrieb, desto erleichterter fühlte sie sich. Auch die früheren Schauen beschrieb sie. Deutlich sah und hörte sie, was das Lebendige Licht ihr gezeigt und gesagt hatte. Sie hatte es sich eingeprägt wie das Herrscherbild auf einer Münze. Und im Schreiben war ihr, als flösse alle Beschwernis aus ihren Gliedern, als würden ihre Füße und

Hildegard als Seherin in Kloster Rupertsberg mit ihren Helfern Volmar und Richardis. Hildegard verfasst die Rohschrift auf Wachstafeln, Volmar besorgt die Reinschrift auf Pergament. Zeitgenössische Abbildung. (Rupertsberger Kodex)

Arme von Stunde zu Stunde beweglicher. Sie konnte wieder mit den Zehen wackeln, die sich nun nicht mehr taub anfühlten. Sogar den Weg zum Oratorium ging sie ohne Stock und konnte es kaum fassen.

»Es war der Kräutertrank, den ich dir gebracht habe«, vermutete Sniwindis.

Nein, es seien die warmen Umschläge gewesen, zu denen sie geraten hätte, widersprach Ida. Ob die Magistra wisse, wo Pater Volmar sei.

Seufzend händigte Hildegard ihr den Schlüssel aus. Sie möge zu Abt Kuno gehen und sich erkundigen.

Er könnte erkrankt sein, überlegte Ida. Die Priorin ging zum Wasserbecken, kämmte ihre Haare und wusch sich die Hände. Sie nahm es immer sehr wichtig, wenn sie hinausgeschickt wurde. Hildegard lächelte in sich hinein und tadelte sie nicht für die offenkundige Eitelkeit. Auch in der Klausur blieben die Nonnen Evas Töchter.

Wenig später kam Ida mit Volmar zurück, der noch davon ausging, dass Hildegard mit ihren Lähmungen im Bett lag. Hildegard bat ihn in ihren Arbeitsraum. Ida blieb eine Zeitlang bei ihnen und räumte Briefe und Bücher hin und her, bis Hildegard sie bat, sich um die Schwestern in der Schreibstube zu kümmern. Ida errötete wie ein ertapptes Kind und verschwand. Auch Hildegard saß mit geröteten Wangen auf ihrem Sessel.

»Ich fühle mich gesättigt und reich beschenkt«, begann Volmar. Dann brach es aus ihm hervor. Unglaublich, erstaunlich und wunderbar sei das, was er gelesen habe. Ob sie in der Zwischenzeit Weiteres aufgeschrieben habe?

Das hatte sie. Hildegard reichte ihm einen Weidenkorb voller Schreibtafeln.

All das, was sie niedergeschrieben habe, werde er unverzüglich kopieren, erklärte Volmar. Und dem Abt werde er es zeigen und mit ihm besprechen.

Genau das möchte sie auf keinen Fall, stammelte Hildegard. Wusste der Abt einmal davon, erfuhren es alle Mönche. Jeder von ihnen würde eine Meinung zu ihrer, Hildegards, Anmaßung haben. Sie war eine Frau und empfing Botschaften des Lebendigen Lichts. War Volmar nicht klar, wie viel auf dem Spiel stand? Was, wenn Abt Kuno sie ihres Amtes enthob? Was, wenn die Mönche bei der Versammlung im Kapitelsaal verlangten, Hildegard solle das Kloster verlassen? Wegen Anmaßung und Hochmut? Wer, außer Volmar, würde dann für sie sprechen?

Ihr Latein sei manchmal holprig und unklar, sagte Volmar nach einer Weile.

Hildegard nickte. Dessen sei sich bewusst, schließlich habe sie niemals Grammatik und Rhetorik gelernt wie die Klosterschüler. Vielleicht könne er ihr ja helfen, einige Ausdrücke zu verbessern. Das Lebendige Licht spreche meist in der Volkssprache zu ihr, wie es das schon zu ihren Kinderzeiten getan habe.

»Klein Arm«, sagte Volmar und lächelte.

Das Lebendige Licht scherze manchmal mit ihr, sagte sie.

»*Pauperculum*«, schlug Volmar vor. Das sei die korrekte Übersetzung: »Mein Armchen« oder eben »Klein Arm«.

Hildegard wurde wieder leichter ums Herz.

Ihre Krankheit habe sich gebessert, bemerkte er plötzlich.

Durch das Schreiben sei die Besserung eingetreten, bestätigte Hildegard.

Aber dann sei es doch klar. Nachdem sie Gottes Befehl nachgekommen sei, gehe es ihr besser. Die Krankheit sei seine Bestrafung für ihre Widersetzlichkeit gewesen. Es musste so sein. Denn sie konnte wieder aufrecht stehen und gehen, seit sie mit der Niederschrift begonnen hatte.

»Es sind so viele Schauen. Ich könnte ununterbrochen weiterschreiben.«

»Dann nimm dir eine Helferin, der du diktierst. Sie soll allerdings zunächst schweigen über das, was sie schreibt.«

Da komme nur Richardis in Betracht, sagte Hildegardis.

Volmar nickte. Das sei eine gute Lösung. Er wiederum werde drüben im Kloster die Niederschriften auf den Wachstafeln sprachlich korrigieren.

Er werde die richtigen Endungen einsetzen und die passenden Worte finden.

Schon am nächsten Tag saß Richardis im Zimmer der Magistra am Schreibpult und trug mit ihrer sauberen Handschrift auf die Wachstafeln ein, was Hildegard ihr diktierte.

»Mater, ich bin so dankbar, dass ich auf diese Weise erfahre, was das Lebendige Licht dir mitteilt«, sagte sie.

WIE EINE FEDER IM WIND

»Das Schweigen als geweihte Nonne ist das Schwerste«, gestand Richardis. Wie Rulindis und den anderen jungen Nonnen fiel es ihr noch schwer, das Schweigegebot einzuhalten. Mehrfach hatte Hildegard sich in letzter Zeit über Rulindis geärgert. Noch immer hatte die junge Adlige nicht verstanden, was Demut bedeutete. Unterordnung fiel ihr schwer. Ihren Schmuck behielt sie weiterhin an. Zugleich bestand sie darauf, barfuß zu gehen und tat es trotz des ausdrücklichen Verbots. Die selige Jutta von Sponheim habe es so gehalten, widersprach sie der Magistra. Sie sei das Vorbild, dem sie nacheifere. Ihr Beichtvater habe sie dafür gelobt. Den anderen Nonnen teilte sie mit, Hildegard sei nur eifersüchtig auf sie, weil sie selbst durch ihre Krankheit nur erbärmliche Bußleistungen erbringen könne. Die getreue Richardis erzählte es ihrer Magistra.

Hildegard stellte wieder einmal fest, dass sie die Jüngste ihrer Freundin Rikkar mit größerer Nachsicht behandelte als deren Altersgenossinnen. Es war schwer, gerecht zu sein. Sie betrachtete Rikkars Tochter mit Wohlgefallen. Ihr seidiges, blondes Haar quoll unter dem Schleier hervor. Anders als ihre energische Mutter war sie fügsam und wohlerzogen. Kaum, dass sie einmal widersprach. Vom Beginn ihrer Klosterzeit an hatte sie Hildegard wie eine Mutter verehrt. Auf diese

Tochter konnte sie sich verlassen, Hildegard spürte es körperlich. Nie würde sie sie verraten. Richardis erriet selbst kleinste Wünsche oder Absichten ihrer Magistra und rückte diensteifrig Hildegards Sessel in besseres Licht oder holte ihr die wollene Decke, wenn ihre Knie zu schmerzen begannen. Seit einiger Zeit diktierte Hildegard ihr die Antwortschreiben an die Ratsuchenden, die ihr täglich Briefe zukommen ließen. Immer öfter besprach sie Formulierungen und Gedanken mit ihr. Denn Richardis war diskret und hätte niemals Vertrauliches weiterverbreitet. Jetzt hatte sie sich an ihrem Schreibpult bereit gemacht für das Diktat der Magistra.

»Nur zu den Schweigenden redet Gott«, erklärte Hildegard. »Die ersten Mönche gingen dorthin, wo alles schweigt, in die Wüste, wo nur Gott zur Seele und die Seele zu Gott spricht.« Im Schweigen vertiefe sich das Gebet, weite sich die Gottesschau. Hildegard erzählte die Anekdote von Abt Pambo, dem Wüstenvater, der im Sand Ägyptens Klöster begründet hatte, als er um einen Lehrspruch für einen Bischof gebeten wurde. »Wenn er keinen Gewinn von meinem Schweigen hat, dann wird ihm meine Rede auch nichts nützen«, sagte er.

Seit sie für die Mater deren Visionen auf die Wachstafeln schreiben dürfe, habe sie kaum noch Heimweh nach ihrer Mutter, der Markgräfin, und ihren Geschwistern Liutgard und Hartwig, gestand Richardis. Nach ihrer Heimat im Norden, den weiten Ebenen und dem Wind, allerdings sehne sie sich manchmal zurück. Wie Hildegard es ausgehalten habe, diese Schauen jahrzehntelang nur für sich in ihrem Herzen zu bewahren? Wären sie ihr, Richardis, zuteil geworden, sie hätte sie hinausgeschrien und aller Welt mitteilen wollen.

Früh schon als Kind habe sie bemerkt, dass die Erwachsenen erschraken, sobald sie, Hildegard, ihnen die Dinge berichtete, die sie in ihrem Inneren sah und wusste. Einmal habe sie als vier- oder fünfjähriges Kind mit ihrer Amme Samarel vor einer Weide gestanden und Samarel habe auf eine trächtige schwarze Kuh gezeigt. Bald werde das Kalb geboren, wollte sie erklären, und Hildegard hatte gerufen, das wisse sie ja, ein schwarzes Kalb mit weißem Kopf werde es sein.

Zwei Tage später sei tatsächlich genau dieses Kalb mit dem weißen Kopf zur Welt gekommen und Samarel habe sie ausgeschimpft. Niemand habe sich gefreut, wenn sie als Kind etwas wusste, was sich Tage später als wahr erwies. Und so habe sie früh gelernt, den Mund zu halten. Manchmal sei sie so ergriffen gewesen von dem, was sie sah, dass sie aufgeregt losgeplappert habe. Danach habe sie sich stundenlang geschämt und geweint. Kein anderes Kind habe solche Schauen gehabt. Keine ihrer Freundinnen, weder Rikkar noch eine der Juttas hätten Licht und strahlende Farben gesehen, vermischt mit wunderbaren Himmelstönen. Und dazu sei sie noch krank und erbärmlich gewesen.

»Nein, Mater, du bist nicht erbärmlich«, brach es aus Richardis heraus.

»*Gott wirkt, wo er will, zum Ruhm seines Namens und nicht des irdischen Menschen. Zwar lebe ich immer in Furcht, die mich zittern lässt, weil ich in mir keine Sicherheit irgendeiner Fähigkeit kenne, aber ich strecke meine Hände aus zu Gott, damit ich wie eine Feder, die frei ist von jeglicher Schwere und Kraft und die im Wind fliegt, von ihm getragen werde. Und das, was ich sehe, kann ich nicht vollkommen wissen, solange ich im Dienst des Körpers stehe und meine Seele unsichtbar ist, weil in diesen beiden die Schwäche des Menschen liegt.*«

Richardis wagte nicht zu fragen, ob die Magistra auch ihren Bruder Hartwig und Liutgard, ihre Schwester, manchmal in ihren Schauen sah. Offensichtlich war ihr das aber möglich.

»*Seit meiner Kindheit, als meine Knochen, Muskeln und Adern noch nicht gefestigt waren, sehe ich ständig diese Schau in meiner Seele bis zum gegenwärtigen Zeitpunkt. Und wie Gott es will, steigt meine Seele in dieser Schau empor zur Höhe des Firmaments und zu den verschiedenen, wechselnden Luftschichten und breitet sich aus unter den verschiedenen Völkern, obwohl diese in entlegenen Gegenden und Stätten weit von mir entfernt sind. Und weil ich dies auf solche Weise in meiner Seele schaue, daher erblicke ich es auch gemäß dem Wechsel der Wolken und der anderen Geschöpfe. Diese Dinge aber sehe ich weder mit den äußeren Augen, noch höre ich sie mit den äußeren Ohren, noch entnehme ich sie den Gedanken meines Herzens oder irgendeinem Beitrag meiner fünf Sinne, sondern ich sehe sie nur in meiner Seele mit geöffneten äußeren Augen, sodass ich die Schau niemals in einer Verzückung erlebt habe, sondern immer im Wachzustand.«*

HERBERT, DER BEICHTVATER

Der alte Bezzo lag kränkelnd darnieder, und Volmar war wieder einmal mit Abt Kuno zusammen in Mainz. Die Nonnen mussten ihre Beichte bei wechselnden Patres ablegen, von denen einer Herbert war, der andere Morard. Hildegard war mit Richardis damit beschäftigt, die Visionen zu beschreiben. Bei den gemeinsamen Mahlzeiten fiel ihr auf, dass die Postulantin Gerlindis verweinte Augen hatte. Sie war ein stilles, ängstliches Mädchen aus einer verarmten adligen Familie. Hildegard bat sie, ihr in ihr Arbeitszimmer zu folgen.

»Wenn du Kummer hast, solltest du mit mir, deiner Mater, darüber sprechen.«

»Der Beichtvater hat mich zum Schweigen verpflichtet«, sagte Gerlindis.

»Ich bin deine Mutter. Mir hast du Gehorsam gelobt.«

»Ich sterbe, wenn ich es ausspreche.« Die Postulantin kämpfte mit den Tränen.

Geblendet von der Helligkeit, die vor ihr aufstrahlte, schloss Hildegard die Augen. Im überwältigenden Licht sah sie alles. Die zitternde Gerlindis, die der Mönch an sich drückte und küsste. Sie solle sich nicht vor ihm fürchten, beschwor sie Herbert, Gott wolle, dass sie seine Liebe spüre. Habe nicht auch die Magistra von der Liebe Gottes zu seinen Geschöpfen gesprochen, von der Grünkraft, die im Frühjahr alle Wesen der Erde mit Kraft durchströme und sie dazu zwinge, sich einander anzunähern? Hildegard konnte keine Empörung verspüren, während sie in die Helligkeit blickte, in das allwissende Licht, das zugleich Verständnis ausbreitete. Es war eine schöne Szene, die sie anschaute. Das helle Licht war ohne Zorn, und auch aus Hildegard verschwanden Ärger und Entrüstung.

»Ich hatte ihn auch sehr gerne«, sagte Gerlindis. Ihre Augen glänzten, als berühre das Licht auch sie. »Ich habe ihn immer noch gerne. Ist das Sünde?«

»Meine tapfere Tochter«, murmelte Hildegard und nahm das Mädchen in den Arm.

»Du bist nicht böse, Mutter?«

»Was Herbert dir in der Kirche angetan hat, war schändlich und gegen das Gebot Gottes. Doch die Menschen können nicht ausschließlich rein und jungfräulich sein, selbst wenn sie es gelobt haben. Sie sind alle Adams und Evas Kinder, in Sünde erzeugt. Deshalb wird es immer wieder dazu kommen, dass der Körper in Sünde verfällt.« Hildegard bemühte sich, in einfachen Formulierungen zu ihrer Schülerin zu sprechen.

Sie werde mit dem Abt sprechen und ihm Herberts Vergehen schildern. Nein, sie, Gerlindis, müsse nicht dabei sein. Und nein, auf keinen Fall müsse sie Herbert noch einmal gegenübertreten.

Gerlindis brach in Tränen aus.

Sie werde sich um einen anderen Beichtvater für ihre Töchter bemühen, versicherte Hildegard. Volmar müsse dieses Amt schon in den nächsten Tagen übernehmen, zu ihm habe sie Vertrauen. Dennoch müsse man wachsam sein, fügte sie seufzend hinzu. Was auch immer geschehe, Gerlindis und die anderen Jungfrauen hätten jederzeit Zutritt zum Zimmer ihrer Mater. Auch mitten in der Nacht, und sie könnten sich ihr anvertrauen mit jeder Sorge und jeder Betrübnis. Das solle sie den anderen getrost versichern.

Gerlindis warf einen scheuen Blick zurück, als sie ging. Die Magistra stand vor dem Fenster und blickte hinüber zum Wohngebäude der Mönche. Sie murmelte vor sich hin, wie immer, wenn sie sich allein glaubte, und begann eines ihrer Selbstgespräche.

»Wir müssen fort von hier«, glaubte Gerlindis zu verstehen.

HILDEGARDS
HEILKRÄUTER

—

Aquilegia

AKELEI

Hildegard nannte sie »acoleia, agleia, ackeleia«. Die Samen wurden im Mittelalter als Aphrodisiakum verwendet. Hildegard empfahl die feingewiegten Blätter in Honig gerührt gegen Atemwegsverschleimung.

Foeniculum vulgare

FENCHEL

war eines ihrer Universalmittel gegen Magen- und Darmleiden und für guten Atem. Sie empfahl den Verzehr der Knolle als Gemüse und der Samen als Tee und Gewürz.

Anacyclus pyrethrum

BERTRAM

war mit Galgant und Quendel eines der Lieblingsgewürze Hildegards. Auch den Schwerkranken bringt die Pflanze wieder zu Kräften. Genutzt wird die pulverisierte Wurzel.

Cydonia oblonga

QUITTE

wachsen auf dem wärmeliebenden Baum in Weinbaugebieten. Hildegard empfahl den Verzehr von Quitten, roh, gekocht oder gedörrt, weil sie die Giftstoffe im Körper beseitigen.

Marrubium vulgare

ANDORN

offizielle Arzneipflanze des Jahres 2018, enthält u. a. den Bitterstoff Marrubiin. Schon seit über 2000 Jahren wird die Pflanze bei Bronchitis und Verdauungsproblemen eingesetzt.

Malus

APFEL

Apfelknospen (aus denen Öl gepresst wird). Das Apfelknospenöl zum Einreiben der Schläfen soll gegen Kopfschmerzen helfen.

DIE KRÄUTER BIETEN EINANDER DEN DUFT IHRER BLÜTEN AN

DIE GEDULD IST ES, DIE FEUCHTIGKEIT UND GRÜNKRAFT IN ALLEN GUTEN WERKEN SCHAFFT

Prunus dulcis

MANDEL

Nur die Frucht des Mandelbaums tauge als Heilmittel, meinte Hildegard. Die süßen Mandeln enthalten Mandelöl, das äußerlich für kosmetische und medizinische Zwecke angewendet wird.

Artemisia absinthium L.

WERMUTH

enthält Bitterstoffe, darunter das appetitsteigernde Absinth, Matricin und ätherische Öle. Es ist mit Vorsicht anzuwenden, da es bei Überdosierung Schwindel und Krämpfe hervorrufen kann.

WIR MÜSSEN AUF DIE STIMME UNSERER SEELE HÖREN, WENN WIR GESUNDEN WOLLEN

Volmars Gesicht war gerötet vor Aufregung. Er und Abt Kuno waren gerade erst aus Mainz zurückgekommen. Doch Volmars erster Weg auf dem Disibodenberg führte in Hildegards Arbeitsstube. Ida brachte Wein und Honigkuchen zu den beiden und Hildegard forderte sie auf, dem Gespräch zuzuhören.

»Der Erzbischof lässt dich grüßen, Hildegard«, begann Volmar. Abwechselnd hätten er und der Abt ihm und den Domkapitularen aus *Scivias*, Hildegards Aufzeichnungen, vorgelesen. Einige der Älteren seien bei der Lesung in Tränen ausgebrochen.

»Als wir geendet hatten, wurden wir aufgefordert, noch einmal von vorn anzufangen«, berichtete Volmar. Der Erzbischof und die geistlichen Herren um ihn hätten sie beglückwünscht zu dieser wahren Prophetin. Die Mönche im Disibodenberger Kloster seien reich gesegnet. Mehr als jeder Wald, Teich oder ein Dorf bedeute es, eine solche Trompete Gottes täglich vernehmen zu dürfen. Der Abt solle Sorge dafür tragen, dass Hildegard jede ihrer Visionen, alle Worte des Lebendigen Lichts niederschreibe. Gut sei es, dass Volmar ihr dabei behilflich sei. Von allen anderen Verpflichtungen müsse Volmar freigestellt werden und solle seine gesamte Arbeitskraft in den Dienst der Magistra Hildegard stellen. Dies verfüge er, Erzbischof Heinrich von Mainz. Weitere Abschriften des *Scivias* würden in Mainz hergestellt. Heinrich wolle sie an weitere Geistliche und Amtskollegen senden.

Hildegard schlug die Hände vor ihr Gesicht. Nur eine arme, kranke Frau sei sie, unwissend und ungelehrt. Und das Werk *Scivias* sei nur der Anfang. Es sei noch lange nicht vollständig. Wahrscheinlich werde sie noch Jahre benötigen, um alle ihre Schauungen zu beschreiben.

Sniwindis und Richardis standen an der Tür und klatschten vor Freude.

»Das verdanken wir alles dir, lieber Pater Volmar«, sagte Ida.

»Nur Gott haben wir es zu verdanken«, korrigierte sie Hildegard.

Abt Kuno trat in diesem Moment ein und segnete die Anwesenden.

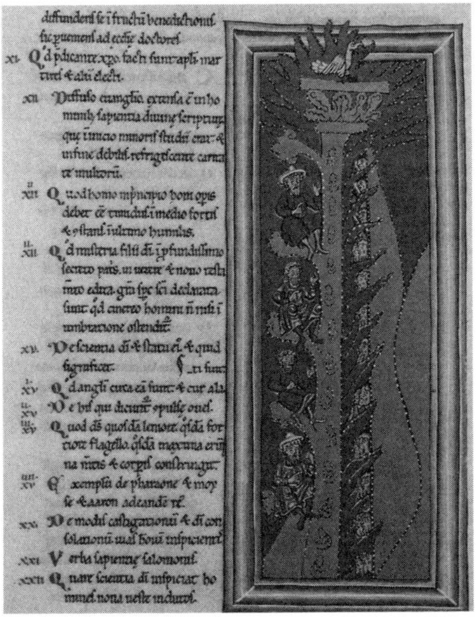

Scivias. Die Säule stellt das göttliche Wort dar. Sitzend dargestellt: die Patriarchen und Propheten, es folgen die Apostel und Heiligen, dann die Kirchenlehrer

Sniwindis schob einen Korbsessel für ihn hinzu. Auch er trug noch die Reisestiefel.

Heinrich werde Hildegard demnächst persönlich aufsuchen und sie befragen. Er, der Abt, werde dafür sorgen, dass weitere Pergamente geliefert würden. Nicht nur Richardis und Volmar sollten am *Scivias*-Text arbeiten. Die schreibkundigen Nonnen sollten zusätzliche Abschriften davon herstellen.

»Ohne Hast und mit der geziemenden Ehrfurcht vor den Worten des Lebendigen Lichts«, erklärte er abschließend. Farben, Tinten, Schreibfedern, alles Nötige werde das Kloster für diese Arbeit bereitstellen.

»Ein *Pauperculum* bin ich«, beteuerte Hildegard, »ganz und gar unwürdig, Asche, nichts als das Gefäß, in das das Lebendige Licht sich ergießt. Noch dazu krank, unfähig und ohne eigenes Wissen.« Nichts als die Psalmen und die Evangelien kenne sie, keine Grammatik habe sie erlernt und keine Rhetorik. Außerdem sei sie ja eine Frau, schwächer als alle anderen hier in der Klause. Durch und durch unwürdig. Nicht einen Satz des *Scivias* habe sie sich selbst ausgedacht. Das Lebendige Licht diktiere ihr und verwarne sie davor, seine Worte zu verfälschen.

»Das Schwache liebt der Herr und erhebt es«, erklärte der Abt, »die Letzten macht er zu den Ersten.«

Ob sie nicht an den Abt Bernhard von Clairvaux schreiben wollte, fragte Volmar. Er ziehe durch die deutschen Lande, um die Männer zum erneuten Kreuzzug gegen die Heiden aufzurufen.

HILDEGARDS BRIEF AN ABT BERNHARD VON CLAIRVAUX

O verehrungswürdiger Vater B., wunderbar stehst du da, aus Gottes Kraft, hochangesehen. Furchterregend bist du für die sträfliche Torheit dieser Welt. Mit dem Banner des heiligen Kreuzes nimmst du voll erhabenen Eifers in brennender Liebe zum Gottessohn die Menschen gefangen, damit sie im christlichen Heer gegen die Wut der Heiden Krieg führen. Ich bitte dich beim lebendigen Gott, höre meine Fragen an.

Vater, ich bin gar sehr beunruhigt wegen dieser Schau, die sich mir im Geist als ein Mysterium erschloss. Nie schaute ich sie mit den äußeren, fleischlichen Augen. Ich, erbärmlich und mehr als erbärmlich in meinem Sein als Frau, schaute von meiner Kindheit an große Wunderdinge. Meine Zunge könnte sie nicht aussprechen, wenn nicht Gottes Geist mich belehrte, damit ich glaube.

Vertrauenswürdiger und milder Vater, antworte in deiner Güte mir, deiner unwürdigen Dienerin. Von Kindheit an lebte ich nie in Sicherheit, nicht eine einzige Stunde. Bei deiner Vaterliebe und Weisheit forsche in deiner Seele, wie dich der Heilige Geist belehrt, und schenke deiner Magd Trost aus deinem Herzen.

Ich begreife nämlich im Text den inneren Sinn der Auslegung des Psalters, des Evangeliums und der anderen Bücher, der mir durch diese Schau gezeigt wird. Wie eine verzehrende Flamme rührt sie mir an Herz und Seele und lehrt mich diese Tiefen der Auslegung. Doch Schriften in deutscher Sprache lehrt sie mich nicht, sie kenne ich nicht. Ich verstehe nur, einfältig zu lesen, weiß aber den Text nicht zu gliedern. So antworte mir: Was hältst du von all dem? Ich bin ja ein Mensch, der nicht in einer Schule über die äußere Materie unterrichtet wurde. Nur innen in meiner Seele bin ich unterwiesen. Deshalb spreche ich gleichsam zweifelnd.

Aber da ich von deiner Weisheit und Vaterliebe höre, bin ich getröstet.

Denn keinem Menschen wagte ich es zu sagen – es gibt nämlich, wie ich die Leute reden hörte, unter den Menschen viele Meinungsverschiedenheiten – nur einem Mönch, den ich geprüft und in seinem klösterlichen Wandel bewährt gefunden habe. Ihm habe ich alle meine Geheimnisse offenbart und er hat mich mit der Gewissheit getröstet, sie seien erhaben und ehrfurchtgebietend.

Um der Liebe Gottes willen begehre ich, Vater, dass du mich tröstest. Dann werde ich Gewissheit haben. Ich sah dich vor mehr als zwei Jahren in dieser Schau als einen Menschen, der in die Sonne blickt und sich nicht fürchtet, sondern sehr kühn ist. Und ich habe geweint, weil ich so sehr erröte und so zaghaft bin.

Gütiger Vater, mildester, ich bin in deine Seele hineingelegt, damit du mir durch dein Wort enthüllst, ob du willst, dass ich dies offen sage oder Schweigen bewahren soll. Denn große Drangsal erdulde ich in dieser Schau, inwieweit ich das Gesehene und Gehörte sagen soll. Ja, bisweilen werde ich, weil ich schweige von dieser Schau, von schweren Krankheiten aufs Lager niedergeworfen, sodass ich mich nicht aufrichten kann.

Trauernd klage ich deshalb vor dir: Ich bin so wankelmütig in meiner Natur. Nun aber erhebe ich mich und wende mich an dich. Du bist nicht wankelmütig, du bist Sieger in deiner Seele. Du bist auch der Adler, der in die Sonne blickt.

Ich bitte dich bei der Hoheit des Vaters, bei seinem wunderbaren Wort und bei der süßen Tränengabe der Zerknirschung, dem Geist der Wahrheit, bei Ihm, dem Wort, aus dem die Welt entstanden ist. Dieser Schall, die Kraft des Vaters ergieße sich in dein Herz und richte deine Seele auf, bis du durch die Öffnung deiner Seele so weit vordringst, dass du dies alles in Gott erkennst.

Lebe wohl, trage Kraft in deiner Seele und sei in Gott stark im Kampf.

DER SPIEGEL UND DIE GEHEIMNISSE DER EUCHARISTIE

Samard stapfte über den Vorhof des Klosters, einen Bund Kräuter in der Hand, die Grabschaufel hing an ihrem Gürtel. Solche Schuhe hatte sie in ihrem Leben noch nie angehabt. Es waren unruhige Tage für den Disibodenberg. Hühner und Gänse wurden gerupft, um die vornehmen Besucher des Klosters zu verköstigen, Weinfässer wurden den schmalen Weg auf die Anhöhe bis vor die Klostergebäude gewälzt.

»Alles wegen unserer Hildegard«, sagte Samarel zu sich selbst. Der Abt hatte Hildegards Amme neue Kleider anpassen lassen und lederne Schuhe, mitten im Jahr, ohne Begründung. Ständig musste Samarel in sich hineinlächeln. Mit ihrer Milch war das schwächliche Ziehkind herangewachsen, die neue Prophetin. Samarel murmelte das Wort leise vor sich hin wie ein Gebet: »Prophetin, Prophetin, Prophetin.« Die anderen Küchenmägde fragten sie jetzt aus und wollten Geschichten aus Hildegards Kinderzeit hören. Hohe geistliche Herren aus Mainz blieben vor Samarel stehen, neigten leicht den Kopf vor ihr und baten, sie möge sie zur Frauenklause begleiten. Hatte sie es getan, steckten sie ihr silberne Geldstücke zu.

»Was für Zeiten«, murmelte Samarel und schüttelte den Kopf. Zwei Ziegen konnte sie sich jetzt kaufen. Trotz ihres schweren Körpers machte die Amme einen kleinen Hüpfer.

Papst Eugen hatte auf der Synode in Trier die Schriften Hildegards angehört, die Erzbischof Heinrich ihm dort vorgelegt hatte. In Anwesenheit von Abt Kuno hatte er sie gelobt. Sie seien voll von göttlicher Weisheit. Dann bestimmte er, dass eine Kommission von Theologen Hildegard auf dem Disibodenberg befragen solle. Auch das war inzwischen erfolgt.

Hildegard hört einer Besucherin ihres Klosters aufmerksam zu (Radierung)

»Ich erhielt diese Schauungen in wachem Zustand, bei klarem Verstand«, erklärte Hildegard den theologischen Prüfern.

»Ich erlitt niemals eine mich erschöpfende Ekstase dabei, sondern ich sehe es in wachem Zustand, Tag und Nacht.«

Nach langen Gesprächen mit Abt Kuno und Hildegard waren die Theologen tief beeindruckt gegangen.

Richardis und Gerlindis kauerten auf dem Betschemel der Magistra vor ihr. Wieder einmal war die Mater längere Zeit krank gewesen. Man hatte um sie gefürchtet und für sie gebetet. Nun ging es Hildegard wieder besser. Sie war fieberfrei und saß aufrecht in ihrem Sessel mit den Armlehnen. Ihren Spiegel hielt sie in der Hand und blickte hinein.

»Wir sind schwache Jungfrauen«, begann Richardis. »Zu dir, Magistra, spricht Gott jeden Tag und lässt dich seine Geheimnisse wissen. Was können wir tun, dass er auch zu uns spricht?«

»Ihr müsst Gott jeden Tag mit der Seele suchen und zu ihm beten. Das Gebet ist sehr stark. Nicht nur für euch selbst sollt ihr beten, sondern auch für mich, eure Magistra.«

»Für dich?«, fragte Gerlindis.

»Betet für mich, dass ich nicht falle. Selbst der Apostel Petrus hielt nicht stand.« Sie hielt den Spiegel jetzt den Mädchen entgegen. Was die Eigenschaften des Spiegels wären, fragte sie.

»Klarheit, Reinheit, Glanz«, erwiderte Richardis.

Die Ordnung der Schöpfung und die Erlösung schienen in der Herrlichkeit des Spiegels auf, erklärte die Magistra. Sie würden von der Reinheit des Geistes durchdrungen. *Claritas* und *Puritas* seien Gleichnisse für den Vater und den Heiligen Geist. Der Glanz, *Splendor*, wiederum symbolisiere die Aussendung des Sohnes.

»Beim Betrachten des Spiegels könnt ihr das Geheimnis der Dreifaltigkeit Gottes verstehen.«

Die anderen Nonnen kamen jetzt und nahmen ihre Plätze auf der Bank, die den Raum umlief, wie gewohnt ein.

»Wir sind in Sorge«, fing wieder Richardis an, »wegen des Sakraments der Eucharistie, das uns Herbert gespendet hat. Er ist ein unwürdiger Priester, wie wir erfahren mussten.«

»*Sorgt euch nicht. Darüber hatte ich eine Schau. Auch wenn einem Priester wegen seiner vielen faulenden Sündenwunden die Würde der Heiligkeit fehlt, wirkt bei diesem Opfer trotzdem die Kraft des Allerhöchsten ihre Wunder. Und alle, die das Sakrament gläubig aus seiner Hand empfangen, werden wie von einem Sonnenstrahl verklärt.*«

Alle schienen erleichtert, als die Magistra ihnen diese Vision verkündete. In einer anderen Schau hatte sie folgende Worte über das Sakrament der Eucharistie vernommen: »*Gott blieb, was Er war, und nahm an, was Er nicht war. Das bedeutet: Die Gottheit, die vor der Zeit war, blieb so in Ewigkeit, wie ein Rad nicht aus Teilen besteht. Doch die Menschwerdung des Sohnes erschien noch nicht als Fleisch und Blut; sie war vor der Zeit im Herzen des Vaters vorausbestimmt und blieb verborgen. Zur vorherbestimmten Zeit aber zog der Sohn Fleisch an und umgürtete sich mit der Kraft seiner Stärke, wie geschrieben steht: ›Der Herr zog Stärke an und umgürtete sich.‹*«

Alle kannten sie den gleichlautenden Psalm.

»*Und diese Gewänder der heiligen Menschwerdung verkündete der Engel einer einfachen Jungfrau, in der Er das Fundament der Demut fand, wie Gott es legte, weil sie sich die Magd des Herrn nannte. Da sprach dieser Engel zu ihr: ›Heiliger Geist wird über dich kommen und die Kraft des Höchsten dich überschatten.‹ Denn der Heilige Geist, der menschliche Weisheit weit übertrifft, suchte sie heim. Er ergoss sich nämlich in sie auf andere Weise, als Er jemals irgendeiner Frau bei der Zeugung von Leben eingegossen wurde. Und die Kraft des Allerhöchsten überschattete sie, weil Er sie durch seine Glut derart zart berührte, dass Er ihr alle sündige Leidenschaft durch seine liebliche Überschattung gänzlich wegnahm, wie ein Mensch wegen der Sommerhitze den Schatten aufsucht. Daher verwandelte diese Kraft des Allerhöchsten, die im Schoß der Jungfrau Fleisch erschuf, auf dem Altar bei den Worten des Priesters die Opfergabe von Brot und Wein in das Sakrament des Fleisches und Blutes, indem er es mit seiner Kraft erwärmt.*«

»Ich habe es nicht verstanden«, flüsterte Vera.

»Daher erscheinen Geburt, Leiden, Begräbnis, Auferstehung und Himmelfahrt des Sohnes des himmlischen Vaters bei diesem Sakrament, so wie die Umschrift einer Münze den Herrscher anzeigt.« Hildegard hielt einen Moment inne. Münzen mit dem Bild des Herrschers kannten ihre Schülerinnen ja wohl alle.

»Und das geschieht deshalb, weil die Wunden der Menschen, die durch Adams Übertretung immer Sünder sind, durch das Blut Christi geheilt, beseitigt und gesalbt werden. Und so werden sie seine Glieder, und das wird bis zum Jüngsten Tag andauern.«

Vera seufzte tief auf und blickte ratlos in die Runde. Richardis aber nickte zufrieden über die Erklärungen der Magistra.

Hildegard kam zum Ende ihrer Ausführungen, zum Sakrament der Eucharistie.

»Der Winter trocknet nämlich aus, der Sommer aber blüht. Doch trotzdem erhält der Winter dem Sommer seine Grünkraft, bis er reichlich seine Triebe hervorbringt. So verhält es sich mit Leib und Seele. Der Leib vergeht, die Seele aber weilt im unvergänglichen Leben, auf welcher Seite auch immer sie sich befinden mag.«

PROPHETIN

Hildegards Bruder Hugo, der in Mainz Kanoniker war, stand eines Tages in ihrem Arbeitszimmer vor ihr. Überrascht ihn zu sehen war sie nicht, hatte sie ihn doch auf seinem Maultier reitend schon vor zwei Tagen erblickt. Es war nur ein Bild gewesen, ohne dass sie darüber belehrt worden wäre, weshalb Hugo sie aufsuchen wollte.

»Ich soll dir die Antwort von Abt Bernhard überbringen«, erklärte Hugo und reichte Hildegard ein versiegeltes Pergament.

Der Brief, den Volmar laut vorlas, war erstaunlich kurz.

Der in Christus geliebten Tochter Hildegard entbietet Bruder Bernhard, genannt Abt von Clairvaux, wenn es etwas vermag, das Gebet eines Sünders.

Da du von unserer Wenigkeit weit anders zu denken scheinst, als unser Gewissen sich selbst einschätzt, so glauben wir, dass dies einzig deiner Demut zuzuschreiben ist.

Doch habe ich keineswegs übersehen, deinen lieben Brief zu beantworten, obwohl die Menge der Geschäfte mich zwingt, es kürzer zu tun, als ich gern möchte.

Wir freuen uns mit dir über die Gnade Gottes, die in dir ist. Und was uns angeht, so ermahnen und beschwören wir dich, sie als Gnade zu erachten und ihr mit der ganzen Liebeskraft der Demut und Hingabe zu entsprechen. Du weißt ja, dass »Gott den Stolzen widersteht, den Demütigen aber Gnade schenkt«. Was können wir übrigens noch lehren oder wozu ermahnen, wo schon eine innere Unterweisung besteht und eine Salbung über alles belehrt?

Vielmehr bitten und verlangen wir inständig, dass du unser bei Gott gedenkst und auch derer, die uns in geistlicher Gemeinschaft im Herrn verbunden sind.

Der Brief Bernhards wurde noch am selben Tag von Abt Kuno vor den Mönchen im Kapitelsaal verlesen.

»Wir haben eine Prophetin auf unserem Berg wie Hulda, Debora oder Judith«, erklärte Kuno. »Eine Auszeichnung ist das für unser Kloster, ein großes Glück.« Zustimmendes Gemurmel erhob sich. Doch einige Gesichter verfinsterten sich.

»Es gibt keine Prophetinnen mehr in unseren Zeiten«, brummelte Bezzo.

»Die Magistra ist stolz geworden«, brachte ein anderer vor. »Was hat sie sich erdreistet, einen Brief an den Abt von Clairvaux zu senden, als Frau? Genügt es nicht, dass der Erzbischof ihre Schriften geprüft hat?«

»Sie hatte unsere Erlaubnis«, entgegnete Kuno. »Und Volmar hat den Brief für Hildegard abgefasst.« Er wiederum habe ihn gelesen und korrigiert, bevor er dem Boten übergeben wurde. Und er wolle in dieser Sache kein Murren mehr hören, keine bösen Worte. Jeden, der hinfort neidische Worte über die Magistra verbreite, werde er mit der Rute strafen.

»Im Kapitelsaal darf frei gesprochen werden«, sagte Bezzo. »Wir haben nur gesagt, was uns gerade in den Sinn kam.«

Auch unter den Konversen verbreitete sich Hildegards neuer Ruf als Prophetin. Viele von ihnen hielten nichts von ihren Schriften, die sie ohnehin nicht verstanden und über die sie wenig wussten.

»Die Magistra liegt wochenlang im Bett. Nicht einmal zum Stundengebet geht sie, aber Briefe lässt sie versenden«, ereiferte sich der übergewichtige Arnold. »Sie isst mehr, als sie arbeitet. Eine Fresserin ist sie, auf unsere Kosten!«

Abt Kuno ließ den Dicken wegen seiner Schlechtrederei zweimal züchtigen. Doch Arnold lästerte weiter, und einige andere Konverse stimmten ihm zu.

DER BERG AM RHEIN

Nach der Matutin war Hildegard noch einmal eingeschlafen. Im Traum war alles leicht. Sie stand auf einer Brücke, der Wind wehte, neben ihr schnaubte ein niedriger brauner Zelter. Und vor ihr lag ein Berg, von Wasser umflossen. Wunderbar grün war er, ganz bewachsen mit Gebüsch und Bäumen und auf der Höhe mit Weinstöcken. Auch ein paar Ruinen erkannte sie undeutlich darauf, die Spitze einer Kapelle. Jetzt läuteten Glocken und das Lebendige Licht sprach zu ihr, liebevoll und zugleich streng: »Auf diesen Felsen sollst du meine Kirche bauen.«

»Ich?«, fragte Hildegard erstaunt.

Sie solle mit ihren Nonnen auf diesen Berg ziehen und dort eine Wohnstätte für sie alle errichten. Dies solle sie Abt Kuno vortragen und mit aller Kraft betreiben.

»Klein Arm, es wird dir gelingen. In der Kirche liegen die Gebeine meiner lieben Getreuen: Rupert, Bertha und Wigbert.«

Auch sei der Berg nicht weit entfernt. Hilfsbereite Menschen wohnten in der Stadt gegenüber. Und es sei sein Wille, dass sie mit ihren Töchtern am Ufer des Rheins wohne, wo die Menschen ihr Kloster leicht erreichen könnten.Hildegard fuhr auf und wischte sich über die Augen. Sie rief nach Richardis.

»Mater, bist du krank?«

Hinter Richardis tauchten Sniwindis und Ida auf mit besorgten Blicken.

»Ich habe unser zukünftiges Kloster gesehen. Nein, nicht das Kloster, aber die Stätte, wo es sein wird.«

Die Magistra habe also das neue Gebäude gesehen, das Abt Kuno und die Mönche demnächst für die Nonnen erbauen wollten, rief Sniwindis. Wie es aussehe und ob ein großer Garten darin enthalten sei?

»Wenn du es gesehen hast, Mater«, begeisterte sich Ida, »dann ist es Wirklichkeit.«

Hildegard wehrte ab. Ihre Töchter hatten sie ganz falsch verstanden.

»Wir werden den Disibodenberg verlassen«, sagte sie. »Ich habe unseren neuen Wohnort gesehen.« Gebäude habe sie dort nur wenige geschaut. Alles werde dort neu geschaffen werden.

»Aber wo ist es?«, fragte Sniwindis.

Hildegard wusste es nicht genau, obwohl alles so deutlich gewesen war. Ein Berg an der Mündung eines kleineren Flusses in den Rhein und ihm gegenüber, verbunden durch eine alte Steinbrücke, eine Stadt. Die Stadt könne nur Bingen sein, erklärte Sniwindis, die von allen Nonnen am meisten herumgekommen war. Und der Berg sei der Rupertsberg, auf dem es eine Kapelle mit den Gebeinen verschiedener Heiliger gebe, zu der sie als junges Mädchen mit ihren Eltern eine Wallfahrt gemacht hatte.

»Aber warum sollen wir den Disibodenberg verlassen?«, fragte Ida. »Es fehlt uns doch nichts hier in der Obhut der Mönche. Pater Volmar sorgt für uns wie ein Vater und Abt Kuno behandelt uns nicht schlechter als die Mönche. Alles, was wir brauchen, lässt er uns zukommen.«

Richardis sah ihrer Magistra sorgenvoll in die Augen.

»Das Lebendige Licht hat uns den Berg gezeigt. Er ist unbewohnt. Wir werden ihn besiedeln und ein Kloster darauf erbauen«, sagte Hildegard, an allen vorbeiblickend. Die Nonnen verstummten. Jede dachte über das Gesagte nach. Keine teilte Hildegards Begeisterung.

»Abt Kuno wird es niemals erlauben«, sagte Sniwindis schließlich.

Durch Volmar ließ Hildegard ihre Bitte an Abt Kuno und die Mönche vermitteln. Erst hatte Volmar den Kopf geschüttelt. Seit Monaten berieten die Mönche nun schon über ein ganz neues Klostergebäude für ihre Nonnen. Dabei scheuten sie keine Kosten und Mühen. Hatten sie nicht immer in Eintracht beieinander gelebt? Das Lebendige Licht verlange von ihr, dass sie ihre Herde auf die grünen Auen des Rupertsberges führe und dort ein Kloster und eine Kirche erbaue. Sie selbst, *paupercula forma*, fühle sich schwächer denn je. Aber dem Auftrag könne sie sich nicht entziehen.

»Klein Arm, bleib doch bei uns mit deinen lieben Töchtern. Wir sind Brüder und Schwestern«, schlug Volmar vor.

Die Angelegenheit kam im Kapitelsaal der Mönche zur Sprache. Volmar tat sein Bestes, um Hildegards Wunsch zu erklären, doch außer ihm waren alle gegen den Auszugsplan. Undankbar sei die Magistra, hieß es. Und Abt Kuno, der so oft auf Seiten Hildegards und ihrer Töchter gestanden hatte, schüttelte unwillig den grauen Kopf.

Er kam selbst zu Hildegard in das beengte Kloster um den Wohnturm. Sie gingen auf und ab im Kräutergarten. Niemals würden er und die Gemeinschaft der Mönche zulassen, dass sie und ihre Töchter den Disibodenberg verließen. Alles würden sie ihr zugestehen: größere Gebäude, mehr Bequemlichkeit, Schmuck für das Kloster, Heiligenfiguren, einen zweiten Brunnen. Neue Arbeitsgeräte. Ihre Heimat sei der Disibodenberg bei dem Grab des heiligen Disibod. Sie alle hätten *Stabilitas* gelobt, Treue zu dem Ort des Klosters, außerdem Gehorsam dem Abt gegenüber. Sein Urteil, das zugleich das der Mönchsgemeinschaft sei, müsse sie anerkennen.

Mit leiser, eindringlicher Stimme widersprach Hildegard. Immer mehr junge Mädchen drängten zu ihr ins Kloster. Sie könne sie nicht aufnehmen, weil es an Platz mangele. Immer wieder hätten einzelne Mönche ihre Töchter belästigt. Immer stärker müsse sie die Nonnen einschließen, um sie vor den Blicken der Mönche zu schützen.

Er habe sogar den alten Bezzo mit eigener Hand gezüchtigt, rief Abt Kuno. Was verlange sie denn noch mehr von ihm?

»Das Lebendige Licht hat mich beauftragt«, sagte Hildegard.

Kuno begann aufzuzählen, was er alles für sie getan hatte. Ihre Schriften habe er aufzeichnen lassen und sie dem Erzbischof Heinrich in Mainz in die Hände gelegt. Pater Volmar habe er ihr als Sekretär zur Seite gestellt, obwohl er selbst einen so fähigen Mann gebraucht hätte. Ob sie etwas gegen Volmar vorzubringen hätte? Denn auch ihn würde sie ja im Falle der Umsiedlung hier zurücklassen.

Fenchel mache den Menschen fröhlich, glaubte Hildegard. Er war eines ihrer Universalmittel

»Volmar gedachte ich mitzunehmen, als Propst des neuen Klosters und meinen Sekretär«, sagte Hildegard mit leiser, demütiger Stimme.

»Willst du, dass wir in Streit miteinander leben?« Kein anderer Mönch sei so gelehrt und schriftkundig wie Volmar. Er belehre die Novizen und die Klosterschüler, kurzum: Volmar sei unersetzlich im Kloster.

Sie wolle doch nur den Disibodenberg verlassen. Das solle zu keinem Streit zwischen ihnen führen.

Er sei der Abt, sagte Kuno, und hiermit teile er ihr mit: Er verbiete den Auszug und jede diesbezügliche Planung. Sie sei ihm zum Gehorsam verpflichtet. Im Übrigen sei Demut die wichtigste Tugend einer Klosterfrau.

Sie habe den Berg in aller Deutlichkeit vor sich gesehen, begann Hildegard noch einmal. Das Lebendige Licht habe ihn ihr gezeigt.

»Diesmal irrst du!«, schrie Kuno. »Es war ein Trugbild.«

Die Magistra trat am ganzen Leib zitternd zurück in das Schlafgebäude der Nonnen. »Du hast Fieber«, stellte Sniwindis fest und führte Hildegard zu ihrem Bett. Richardis half, ihr die Schuhe auszuziehen. Beide bemühten sich, mit Kräutertränken und lauwarmen Waschungen der Kranken zu helfen.

Nach Tagen eines hitzigen Fiebers fiel Hildegard in eine heftige Erstarrung. Nicht nur ihre Beine und Arme waren schwer und taub, diesmal war ihr ganzer Körper von Lähmungen erfasst. Sie konnte kaum mehr den Kopf heben. Auch sprechen konnte sie nicht mehr.

Die Nonnen beteten unablässig für die Gesundung der Magistra. Keine wagte auszusprechen, was jede von ihnen dachte: Hildegard war dem Tode nahe. Hatte sie sonst in ihren Krankheiten trotz großer Schmerzen lächelnd im Bett gelegen, so liefen jetzt unablässig Tränen über ihr Gesicht.

»Siehst du das Licht?«, fragte Richardis.

»Nein«, flüsterte Hildegard. »Zum ersten Mal in meinem Leben ist es ganz von mir gewichen. Ich höre die Stimme nicht mehr. In mir ist alles tot.«

Tage vergingen, in denen Hildegards Zustand sich verschlechterte. Sniwindis und Richardis versuchten jeden Morgen erneut, die Magistra in ihren Sessel zu heben, doch es war unmöglich. Wasser hatte sich im Körper Hildegards angestaut. Schwer und unbeweglich lag sie im Bett, Speichel tropfte aus ihren Mundwinkeln.

Volmar kam mit der geweihten Hostie und dem verwandelten Wein, doch es war unmöglich, Hildegard die Kommunion zu reichen.

»Das Licht hat sie verlassen«, sagte Richardis. »Die Stimme spricht nicht mehr zu ihr.«

»Gott straft sie, weil sie seinen Befehl nicht ausführt«, erklärte Sniwindis.

»Die Magistra stirbt«, berichtete Volmar dem Abt. »Geh hin und gib ihr deinen Segen.«

Verstört folgte Kuno ihm zur Nonnenklause. An den schluchzenden Nonnen vorbei ging er in Hildegards Krankenzimmer.

»Ich sterbe«, flüsterte Hildegard. »Holt die Aschendecke und breitet sie über mir aus.«

»Ihr Körper ist so schwer, dass man sie nicht mehr bewegen kann«, entschuldigte Sniwindis das verschmutzte Laken.

»Sie soll nicht im Schmutz sterben«, schimpfte Kuno. Richardis eilte mit einem frischen Tuch herbei, Kuno beugte sich zu Hildegard und versuchte, von Sniwindis unterstützt, ihren Körper anzuheben. Es war unmöglich. Schnaufend trat Kuno zurück. Er schnäuzte sich geräuschvoll, dann brach er in Schluchzen aus.

»Es wird gleich vorbei sein.« Volmars Stimme brach.

»Liebste Tochter, zieh mit den Deinen auf den Rupertsberg«, schluchzte Kuno. »Bau dir dein neues Kloster. Wir werden dich unterstützen.«

»Großer Gott, allgütiger Vater, lass die Magistra Hildegard leben«, flehte Volmar, der auf die Knie gesunken war.

REBELLION

Zum Erstaunen aller wich die Krankheit von Hildegard. Unmittelbar nach der Erlaubnis des Abtes, den Rupertsberg als neue Klosterheimat zu beziehen, straffte sich Hildegards Körper. Sie richtete sich auf und verlangte nach Wasser und Brot. Die Nonnen stimmten Dankgesänge im Oratorium an, und Richardis und Sniwindis gelang es endlich, Hildegard in ihren Sessel zu heben.

»Das Licht«, flüsterte Hildegard. »Es umgibt mich wieder.«

Die Markgräfin Rikkar war in Mainz gewesen und brachte die Erlaubnis von Erzbischof Heinrich mit, den Rupertsberg zu beziehen. Hildegard brach in Jubelgesang aus. Allerdings war die Verwirklichung ihres Traums schwieriger, als sie sich vorgestellt hatte. Allein die Besitzverhältnisse auf dem einsamen Hügel waren schon kompliziert. Der Hügel gehörte ebenso wie die Stadt Bingen dem Mainzer Erzstuhl. Doch das alte Kirchlein des heiligen Rupert mit den dazugehörigen Weinbergen war Eigentum der Grafen von Wenerde, zweier Brüder. Mit ihnen musste man feilschen, damit sie das Land an Hildegard und ihren Konvent verkauften. Ein steiniger Boden sei es, auf dem nur Weinreben gediehen. Zwanzig Mark hätten sie verlangt, berichtete Rikkar mit einem Seufzer. Man werde nach dem Kauf die Weinreben roden müssen, um Gebäude zu errichten. Hildegard wiegte sich in ihrem Stuhl und wippte mit den Füßen. Richardis saß auf dem Schemel neben ihr.

»Erzähl, wie es dort aussieht«, bat Hildegard.

Man könne weit hinausblicken, über den Rhein und die Straße, die an ihm entlanglief. Auch auf die alte Römerbrücke sehe man und auf die Stadt Bingen.

Die Markgräfin war nur noch ein Schatten ihrer selbst, nachdem vor Kurzem auch ihr zweiter Sohn, Markgraf Rudolf II., wie einst Udo, zusammen mit der Ehefrau in Dithmarschen von aufständischen Bauern erschlagen worden war. Aus ihrer tiefen Trauer riss sie nun Hildegards Auszugsplan. In dem neuen Kloster sollte täglich ihrer toten Söhne und deren Gattinnen im Stundengebet gedacht werden, was Hildegard ihr gerne zugestand. Nicht besser konnte Rikkar aus ihrer Sicht ihre Reichtümer verwenden als für die neue Kirche. In all den Planungen und Besprechungen vergaß sie manchmal ihren Schmerz.

Drutwin, zwölf Jahre älter als die jetzt knapp fünfzigjährige Hildegard, war inzwischen ganz ergraut. Zwei Pferde hatten er und Gudda diesmal mitgebracht, ein Geschenk für die Nonnen und ihren geplanten Auszug. Nein, sie solle ihn nicht missverstehen. Er sei dagegen. Und auch die kleine Hildegard, das Enkelkind, das der Sohn Bert zur

Erziehung ins Kloster geben wollte, hatte er nicht mitgebracht. Stattdessen überlegten sie, die Kleine zur Frauenklause von Kloster Sponheim zu bringen. Das Enkelkind war das fünfte Kind Berts und seiner Frau, aber auch eher schwächlich, erklärte Drutwin. »Ganz wie du es warst, Schwester.«

Dann wäre es besser, sie in ihre Obhut zu geben, schlug Hildegard vor. »In Sponheim sind einige Nonnen verstorben.« Auch sei es dort nicht gut um die Disziplin bestellt.

Aber auf dem Rupertsberg würde für die nächsten Jahre jede Bequemlichkeit fehlen, widersprach Gudda. Wenigstens sattessen müsse sich das Mädchen und sich wärmen können. Ihre Worte schmerzten Hildegard. Wie gerne hätte sie sich um die kränkelnde kleine Großnichte gekümmert, die ihren Namen trug. Immer hatten Gudda und Drutwin sie unterstützt, ihr Mut zugesprochen und ihr Hilfe zugesagt. Diesmal hatten sie ernste Bedenken.

»Der Disibodenberg ist ein Paradies.« Drutwin rang die Hände. »Lachende Rebengelände, fruchtbare Äcker, reichtragende Obstbäume auf dem Weg hierher, die der Abtei gehören. Bleib hier, Schwester. Alles, was du für ein Kloster brauchst, hast du hier.«

»Wir haben uns auf dem Rupertsberg umgesehen«, berichtete Gudda. »Da gibt es nur ein baufälliges Kirchlein und eine kleine Hütte, in der ein armer Winzer mit Frau und Kindern lebt. Ansonsten kein Haus, kein Brunnen, nur Brombeerhecken, Gestrüpp und einzelne Weinberge um das Kirchlein.«

Hiltrud brach in Klagen aus. Zwanzig schwache Frauen seien sie, keine Männer. Sie müssten demnächst fern von ihren Angehörigen an diesem neuen Ort ganz von vorn anfangen. Ohne Mühle, ohne Brunnen, ohne Obstbäume. Wer würde ihnen helfen, die Gebäude zu errichten? Hatten sie überhaupt genug Geld? Was würde ihnen denn noch gehören auf dem Rupertsberg? Hildegard möge doch an die Wiesen, Äcker und Weinberge und die Fischteiche denken, die die benachbarten Adelsfamilien für den Unterhalt ihrer Töchter gespendet hatten. Die aber besaß nach Fug und Recht Kloster Disibodenberg. Unklug sei es, die Mitgift der Nonnen freiwillig aufzugeben. »Wir werden arm sein«, sagte sie.

Über den Kleinmut Hiltruds war Hildegard erschüttert. »*Suchet zuerst das Reich Gottes, und dies alles wird euch zugegeben werden*, schreibt Matthäus. Und ebenso heißt es im Psalm: *Nichts mangelt denen, die Ihn fürchten.*« Im Augenblick ging es Hildegard nur darum, den Auszug vom Disibodenberg zu bewerkstelligen. Auf keinen Fall durfte sie jetzt schon weitere Forderungen an Abt Kuno stellen. Eine wunderbare Leichtigkeit erfüllte sie. Alles Weitere würde sich mit Gottes Hilfe von selbst ergeben, hoffte sie.

Hiltrud umarmte ihre Magistra. Nur besorgt sei sie, nicht aufsässig. Nicht aus Feindseligkeit habe sie gesprochen. Und sie werde sich an ihren Bruder Gottfried wenden um Beistand für das neue Kloster.

Hildegard schüttelte den Kopf. Sie war die Mater, die Magistra. Ihre Töchter waren ihr zum Gehorsam verpflichtet. Es war eine Verfehlung Hiltruds, sich eigene Sorgen zu machen. Sie standen ihr gar nicht zu. So wie überhaupt der Mensch, der im Auftrag Gottes handelte, sich um sein leibliches Ergehen nicht sorgen durfte. Hatte Jesus nicht auf die Lilien des Feldes hingewiesen, die schöner als Salomons Töchter bekleidet waren?

Ihre Freundin Rikkar stand unverbrüchlich auf Hildegards Seite. Sie kannte viele Adlige und höchste Geistliche. Ihr Sohn Hartwig, der ihr als einziger geblieben war, war inzwischen Erzbischof von Bremen. Auch er machte sich zum Fürsprecher des neuen Klosters Rupertsberg. Meinhards Sohn, der junge Graf Gottfried von Sponheim, hatte schon Tagelöhner geschickt, die mit den Aufräum- und Rodungsarbeiten begonnen hatten. Sniwindis, Richardis und Hildegards Schwester Clementia, vor Kurzem erst in die Frauenklause eingetreten, wollten trotz einiger Bedenken und Ängstlichkeiten mit ihr fort vom Disibodenberg auf den Rupertsberg ziehen. Einige jüngere Nonnen, allen voran Rulindis, dagegen murrten. Unwirtlich sei es dort, ohne Bequemlichkeit. Auch sei es nicht gut, so weit entfernt von den Mönchen zu hausen. Wer solle ihnen denn helfen? Wer sie beraten?

Rikkar wies auf die Mitgiften der adligen Familien für ihre Töchter hin. Hildegard solle sie nicht in allzu großer Sorglosigkeit vollständig dem Kloster Disibodenberg überlassen.

»Du musst verhandeln«, mahnte sie. »Gott wird dir zwar behilflich sein, wie er es bisher immer getan hat. Dich liebt er ja.« Sie schluchzte bitterlich auf. »Aber zuerst musst du mit dem Abt über die Güter deiner Töchter sprechen, die Weinberge, Fischteiche und Viehherden.«

Hildegard winkte ab. Darum gehe es jetzt nicht. Kuno sei ein gerechter Mann, zweifellos werde er von selbst den Nonnen zuteilen, was sie zum Leben in der neuen Umgebung brauchten.

Rikkar lachte laut auf. »Männer sind selten gerecht«, sagte sie bitter. »Sieh dir die Prälaten an in den großen Städten, sie gieren nach Gütern und Wohlleben.«

Das Lebendige Licht sei ihr eigentlicher und wichtigster Helfer, erklärte Hildegard den verunsicherten Nonnen. Gott hatte ihr den Felsen zwischen Nahe und Rhein gezeigt mit den Gräbern der Heiligen Rupert, Bertha und Wigbert. Er wollte dieses neue Kloster. Hildegard verstand nicht, warum sie bei ihren Mitschwestern auf so viel Zweifel stieß. Für sie sollte doch das neue, bessere Kloster sein. Dort würden sie nicht mehr von den Mönchen belästigt werden. Nur Volmar würde sie betreuen.

Trotz Kunos Zugeständnis waren die Mönche des Klosters Disibodenberg der Meinung: die Prophetin Hildegard durfte nicht fortziehen. Sie war in den letzten Jahren zur größten Attraktion des abgelegenen Klosters geworden. Ihretwegen strömten die Pilger herbei. Um ihren Rat zu vernehmen, reisten höchste Würdenträger herbei.

An das Schweigegelübde hielt sich in diesen aufgeregten Tagen keine der jüngeren Nonnen mehr. Und auch mit ihren Beichtvätern sprachen sie viel zu viel. Mit Ausnahme von Volmar rieten die Beichtväter den Beichtkindern zum Ungehorsam und Aufstand gegen die Magistra. Sie erzählten ihnen, auf dem Rupertsberg seien Wölfe gesehen worden. Außerdem verwüsteten Wildschweine die dort gelegenen Weingärten. Ihnen, den geistlichen Vätern, die es gut mit ihnen meinten, sollten die Nonnen vertrauen und nicht ihrer irregeleiteten Meisterin. Einflüsterungen böser Geister sei sie erlegen, versicherten sie. Giftige Spinnen trieben in den alten Gemäuern auf dem Rupertsberg ihr Unwesen, hatte Herbert Clementia anvertraut. Er hätte sie selbst dort gesehen. Eine hätte ihn ins Bein gestochen, das er Clementia durch das Gitter zeigte, um sie zu warnen.

»Sein Bein hat er dir gezeigt?« Hildegard konnte es nicht fassen.

»Ein schreckliches Geschwür war daran und eine Geschwulst«, sagte Clementia.

Obwohl älter als Hildegard, durchschaute sie nicht die durchtriebenen Anwandlungen des Paters.

»Töricht seid ihr, ohne Verstand!« Hildegard steigerte sich in wirklichen Zorn. Die jungen Dinger, und zu ihnen zählte sie auch die einfältige Clementia und die schlicht denkende Sniwindis, hatten Gehorsam gelobt.

Ja, sagten sie, dem Abt des Klosters von Disiboden gegenüber. Ihm gehorchten sie ja auch. Ihm seien sie verpflichtet, so wie die Magistra Hildegard. Seufzend setzte Hildegard sich auf den Sessel am Gitter im Oratorium und beriet sich mit Volmar. Vor Schmerz brachte sie zunächst kein Wort hervor. Vor ihm konnte sie weinen.

»Ist es wegen Herbert?«, fragte er sanft.

»Diesmal hat er Clementia sein nacktes Bein gezeigt.«

»Bald hast du das alles hinter dir. Auf den Rupertsberg wird er euch nicht folgen.«

Ein größeres Skriptorium mit besserem Licht. Mehr Platz in einem neu erbauten Nonnenchor ohne den Mönchschor. Keine unerwünschten Begegnungen mehr mit lüsternen Mönchen, die sich an jungen Nonnen vergriffen. Endlich die Befehle des Lebendigen Lichts ausführen können, was den Gottesdienst anging. Singen sollten ihre Nonnen und dazu tanzen. Einen Kreuzgang, in dessen größerem Innenhof Kräuter und Obstbäume wachsen konnten. Hildegard war nicht anzusehen, welche Gedanken ihr durch den Kopf gingen. Rikkar und die junge Richardis waren eingeweiht, ebenso Volmar. Sie sei doch eine schwache Frau, oftmals krank, auch wenn Gott ihr immer wieder Stärke verliehen habe. Der Anfang an der neuen Stätte werde nicht leicht sein. Allein die Reise dorthin sei mühsam genug. Der Rupertsberg habe kaum bewohnbare Gebäude und es fehle an Hilfskräften für die landwirtschaftliche Arbeit. Und weil das so sei, habe er, Volmar, Abt Kuno gebeten, ihn mitziehen zu lassen zur geistlichen Betreuung des neuen Klosters. Es schmerze ihn, seine Brüder in Disibodenberg zu verlassen, doch sei er überzeugt davon, dass es die beste Lösung sei.

DENN WAS IMMER OHNE GOTT GESUCHT UND OHNE GOTT GEFUNDEN WIRD, GEHT DEM VERDERBEN ENTGEGEN

»Ach Volmar«, sagte Hildegard nur. Das hatte sie nicht von ihm in seiner Zögerlichkeit und Ängstlichkeit erwartet.

Und was ihre Brüder angehe, sagte Volmar, der mit beiden gesprochen hatte, so sei Drutwin immer noch gegen den Umzug, auch wenn Hugo in Mainz sich dafür ausgesprochen habe.

Hildegard seufzte bei diesen Worten erleichtert auf. Hugo stand auf ihrer Seite, wie immer. Der gute Hugo.

Auch Rorich habe eine Botschaft an Abt Kuno gesendet. Zu bedenken sei doch, dass seine Schwester mit dem himmlischen Licht in unmittelbarer Verbindung stehe. Papst Eugen habe ihre Schriften gelesen und anerkannt. Ihre Brüder Rorich und Hugo unterstützten sie somit ebenso wie die Markgräfin.

»Bleib stark, liebe Schwester«, sagte Volmar.

»Das Lebendige Licht gibt mir Kraft«, erwiderte Hildegard. Auch Volmar spendete ihr Kraft, und es tat gut, von ihm gegen Kuno unterstützt zu werden.

Die Neuigkeit vom geplanten Auszug der Nonnen sprach sich schnell herum. Die Kranken im Infirmarium neben Pforte und Wohnturm brachen in Klagen und Weinen aus. Sniwindis versuchte sie zu beruhigen. Die Mönche würden mit Hilfe der Mägde den Dienst an den Siechen und Leidenden versehen statt der Nonnen. In diesen aufregenden Tagen trat ein Bauermädchen auf Hildegard zu, die sich gerade, von Richardis gestützt, um die Kranken kümmerte. Wann immer es ihr möglich war, ging sie selbst an die Betten und ließ sich die Hautausschläge, Geschwüre oder verrenkten Gliedmaßen zeigen.

Das Mädchen hatte ein verpickeltes Gesicht und verkrümmte Hände mit abgebrochenen Fingernägeln. Es bewegte sich ungeschickt in hölzernen Schuhen. Bebend vor Aufregung, mit brechender Stimme sprach es die Magistra an. Sie sei Trautwald, ein einfaches Mädchen. Lesen und Schreiben könne sie nicht.

Hildegard nickte, leicht verärgert über den Redeschwall des Bauernkindes in dem grauen schmucklosen Gewand.

Sie möchte in das Kloster eintreten. So bald wie möglich müsse es sein. Trautwalds Augen glänzten vor Aufregung.

Es gebe Arbeitsmägde genug, erwiderte Hildegard. Auch sei kein Platz mehr in der Frauenklause.

Aber sie wolle doch mitkommen auf den Berg. In das neue Kloster.

Wie sie sich das vorstelle. Dort müsse hart gearbeitet werden. Sie sei so jung, dass sie besser in ihrem Dorf bei den Eltern bleiben sollte.

Sie sei Waise. Das sei auch der Grund, weshalb Hildegard ihre Mutter werden solle. Eine bessere Mutter sei ja wohl nicht möglich auf Erden. Denn nicht als Arbeitsnonne mit den niederen Weihen wolle sie eintreten, sondern so wie Vera, Gothwalda und Rulindis.

Es handele sich bei den Genannten um Mädchen von hohem Adel, bemerkte Hildegard.

Mit ihnen zusammen wolle sie Lesen und Schreiben lernen und auf Latein den Psalter zu singen. »Und Gott dienen, aber richtig, in lateinischer Sprache.« Immer heftiger steigerte Trautwald sich in ihren Klostereintrittsplan. Vermutlich sah sie sich schon inmitten der Schülerinnenschar auf dem Rupertsberg.

»Aber Trautwald, das kommt dir niemals zu, einem Mädchen von geringem Stand.«

Das Mädchen öffnete den Mund.

»Schweig«, fuhr Hildegard sie an. »Verharre in Demut. Nicht dem Menschen ist es erlaubt, sich zu erheben. Nur Gott erhebt uns, wenn es ihm beliebt.«

»Mater«, stammelte Richardis. Es klang wie ein Vorwurf.

»Geh nach Hause, Trautwald.« Hildegard schüttelte unwillig den Kopf und wendete sich wieder dem Krankenbett zu.

»Rulindis meinte, ich sollte es versuchen«, stammelte Trautwald. Sniwindis nahm sie an der Hand und führte sie hinaus.

»Mutter!«, schrie Trautwald noch einmal auf, als sie schon draußen stand.

»Damit hat sie dich gemeint«, sagte Richardis.

»Schweig, wenn du nicht gefragt bist«, fuhr Hildegard sie an.

Abt Kuno kam in den angebauten kleinen Kapitelsaal der Klause zur Versammlung der Nonnen, schob Hildegard unwirsch zur Seite und erhob das Wort. Ja, er habe seine Erlaubnis gegeben, das neue Kloster zu gründen. Dabei bleibe es auch. Dennoch sei es unbedacht, nicht auf die Ratschläge des Abtes zu hören, der doch der von Gott eingesetzte und von den Klosterbrüdern erwählte Vorsteher der Gemeinschaft auf dem Disibodenberg sei. Was wisse Hildegard schon von der Welt und den Mühen in ihr? Wie ein trotziges Kind benehme sie sich. Und ertrotzt habe sie sich den Auszug, der in den nächsten Tagen erfolgen werde. Maßlos sei es, nun auch die einst dem Kloster eingebrachten Geschenke ihrer Nonnen zurückzufordern. Schäbiger Schacher mit Gott sei das. Um Besitz gehe es ihr, die doch Besitzlosigkeit gelobt hätte und Gchorsam ihrem Vater Abt gegenüber, der Gottvaters Stelle an ihr und ihren Töchtern vertrete. Abt Kuno schnaufte auf, gerührt über die eigenen Worte.

Immer noch fühle er sich als Vater seiner Kinder und immer noch könnten sie, die Nonnen, zurückkehren in die Geborgenheit der Gemeinschaft mit ihren Brüdern, den Mönchen. Hier hätten sie doch alles, was sie brauchten. Wie ein Vater sorge er für die gesamte Herde.

Über die Räumlichkeiten lasse er mit sich reden. Hildegard werde doch nicht bestreiten, dass er ein großmütiger und gerechter Vater gewesen sei. Und prächtig sei Kloster Disibodenberg in den letzten Jahren geworden. Nun sei die Abteikirche endlich vollendet mit Heiligenaltären und Chor.

»An was hat es euch denn gefehlt, liebe Kinder?«

Hildegard stieß den Hirtenstab auf den Boden und gab Richardis und Gerlindis das Zeichen, ihr aus dem Sitz zum Stehen zu helfen. Die jungen Nonnen stützten die Äbtissin, während sie dem Abt antwortete.

»Vater Kuno, sehr wohl weißt du, warum wir Disiboden verlassen. Es geht nicht allein um den beschränkten Raum. Das göttliche Licht verlangt unseren Auszug. Eine neue Zeit ist gekommen für meine Töchter und mich, ihre Mutter. Demütig bitten wir dich, uns Pater Volmar für den Gottesdienst und die Beichte mitzugeben.«

Das habe er ja schon gewährt, ließ sich Kuno vernehmen. Doch er sei in großer Sorge. Unwirtlich und schlecht vorbereitet seien die Stätten auf dem Rupertsberg. Eine verfallene Kapelle und baufällige Stallgebäude aus früherer Zeit befänden sich dort. Die Tagelöhner seien gerade dabei, ein erstes Wohngebäude für die Schar der Nonnen zu errichten und den einzigen Brunnen auf dem Gelände auszuräumen und wieder herzurichten.

Nur beschwerlich könnten sie dort nach der Regel des heiligen Benedikt leben. Auf alle Fälle müssten sie arbeiten wie niedrigste Dienstmägde, um der Erde Gemüse und Früchte abzuringen. Ob sie darüber nachgedacht hätten, sie, die doch alle aus den vornehmsten Familien des Landes stammten. Hildegard bemerkte, dass Unruhe unter ihren Töchtern ausbrach. Sie murmelten leise miteinander.

»*Silentium*«, befahl sie.

Abt Kuno war noch nicht fertig. Triumphierend blickte er in die Runde.

Nein, ihre eingebrachten Mitgiften, die Dörfer und Weinberge werde er nicht an das neue Kloster auf dem Rupertsberg hingeben.

Noch sei völlig ungewiss, ob Hildegard mit ihren Töchtern überhaupt dort bleiben werde.

»Du hast mich sehr enttäuscht, Tochter«, schloss er und schluchzte laut auf. »Im Evangelium wird die Geschichte des verlorenen Sohnes erzählt. Du kommst mir vor wie meine verlorene Tochter.« Wenn sie dereinst reumütig zu ihm zurückkehren wolle, werde er sie nicht zurückweisen.

Bei diesen Worten weinten auch Hildegards Töchter laut auf. Nur Hildegard stand tränenlos vor dem Abt. Er war ein Fuchs, dieser Alte, und sie durchschaute ihn.

DRITTES BUCH

—

AUF DIESEN FELSEN …

3

DER AUSZUG AUS ÄGYPTEN

Seltsam, wie leicht ihre Füße sich anfühlten. Seltsam, dass die Müdigkeit ganz aus ihrem Körper gewichen war. Dankbar sah Hildegard zur Sonne hinauf, die im Osten gerade aufging. Singend und betend traten Hildegards Töchter ins Freie, wo die bepackten Wagen und die Maultiere warteten. Auf ihren Abtsstab gestützt schritt Hildegard voran. Sie warf keinen Blick zurück, sondern sah nach vorn. Jung fühlte sie sich, belebt von der Morgenkühle und dem Wind. Aus der Ebene unterhalb des Bergs stiegen Nebelschwaden auf. Neben ihr ging Richardis, hinter ihr folgten in langer Reihe die anderen Töchter Hildegards, achtzehn an der Zahl: die Kleine und die Rote Jutta, Sniwindis, Ida, Margarethe, Hiltrud, Odilia und Clementia und die anderen Jungfrauen aus den adligen Häusern der Umgebung, die jüngsten bildeten den Abschluss. Jubel und Klatschen ertönten, und ein Lächeln erschien auf dem Gesicht der Magistra. Sie strauchelte leicht, als sie den Weg zum Tor einschlug, und Richardis musste sie stützen.

Drutwin und Gudda warteten vor dem Torbogen an der Straße.

Neben ihnen schnaubten die Pferde des jungen Grafen Gottfried von Sponheim, der mit Mutter und Gemahlin gekommen war, um die Magistra mit ihren Nonnen hinüber zum Ruppertsberg zu begleiten. Und natürlich waren Gottfried und seine Frau Mechte stolz darauf, dass seine Schwester Hiltrud zu Hildegards Schar auserwählter Nonnen zählte. Auch Abt Kraffto von Kloster Sponheim war mit einer Schar seiner Mönche gekommen. Kurz trat er auf Hildegard zu. Alles Gute und Gottes Segen wünsche er ihr für den Neubeginn. Zu Fuß werde er mit seinen Mönchen dem Zug folgen und wohl erst spät ankommen, eine Wallfahrt zu den Gräbern der Heiligen auf dem Rupertsberg sei es. Kraffto war ebenfalls ein Sohn des verstorbenen Meinhard und somit ein Neffe der seligen Jutta. In einem Handwagen, den einer der Mönche hinter sich herzog, lagen Getreidesäcke als Gabe für das neue Kloster.

Sie werde ihm eine Reliquie des heiligen Rupert für Kloster Sponheim überlassen, versprach Hildegard.

»Vielleicht einen Arm«, schlug Kraffto vor.

»Ja, einen Arm.« Einen Arm, der Kloster Sponheim hilfreich beistehen werde.

»Es ist der Auszug aus Ägypten«, flüsterte Richardis Hildegard zu.

Die Markgräfin lenkte ihren Rappen heran und stieg ab. Ehrerbietig bot sie Hildegard an, darauf zu reiten. Mit Mühe gelang es, die Magistra in den Damensattel zu heben. Die Markgräfin selbst schritt neben ihrem Pferd, um Hildegard behilflich zu sein. Das Lächeln schien nicht mehr aus Hildegards Gesicht weichen zu wollen. Alle konnten sehen, dass sie sich freute, als das Pferd sich in Bewegung setzte. Schleier und Kopfgebinde verrutschten im Wind während des stundenlangen Ritts. Trotz der Wärme des Tages und der Anstrengung, mit der sie sich im Sattel hielt, fühlte sie sich wunderbar erfrischt und lächelte Richardis zu.

In Bingen wurden die Reisenden und ihre Begleitung mit Lobgesängen, Jubel und Musik von der ganzen Bürgerschaft empfangen. Festlich gekleidet stand die Menge vor den Stadttoren. Tische waren aufgestellt, an denen Hildegard und ihre Klostergenossinnen verköstigt wurden. Die Stadträte schenkten Hildegard persönlich Wein in ihren Becher und legten ihr Rheinlachsstücke auf den Brotteller. Die Magistra spürte auch jetzt keinerlei Müdigkeit. Ihren Begleiterinnen ging es ebenso. Kaum eine konnte viel zu sich nehmen, nur durstig waren alle. ' Gesicht glühte vom ungewohnten Sonnenlicht. Die Markgräfin Rikkar betrachtete sie sorgenvoll. Es lag kein Segen auf der Nordmark. Udo, ihr Ältester, und, Jahre später, noch schrecklicher, Rudolf, der Nachfolger ihres Mannes, Graf von Frekenleve, Stade und Dithmarschen – beide getötet. Vor drei Jahren hatten nach Jahren der Dürre Bauern in Dithmarschen den jüngeren Rudolf und seine Frau erschlagen, als er auf der Abgabe des Zehnts bestand. Schon lange schlief sie nicht mehr ruhig, in allen ihren Träumen erschienen ihr die erschlagenen Söhne und die Schwiegertochter mit dem blutgetränkten Kleid. Klagend erhoben sie die Hände. Wortlos erflehten sie Gebete und fromme Werke für ihr Seelenheil. Die Toten sprachen nicht mehr, wie es die Lebenden getan hatten. Rikkar sorgte sich nun umso mehr um ihre lebenden Kinder, den Bischof Hartwig, Liutberga mit Hermann von Winzenburg und die zarte, blonde Richardis. Die Markgräfin wollte diesem, ihrem jüngsten Kind, nicht von der Seite weichen und war doch gezwungen, es immer wieder zu verlassen und in die Nordmark zu Hartwig und Liutberga zu reisen.

Was immer in ihren Kräften lag, war Rikkar entschlossen zu tun, zum Wohl des neuen Klosters ihrer Freundin Hildegard. Mit ihrem Verwandten Graf Gottfried hatte sie Transporte von weit her veranlasst. Bauhölzer und Steinquader waren auf Fuhrwerken herangeschafft worden. In diesem Kloster würden die Nonnen für alle Zeiten für das Seelenheil ihrer lieben Söhne und ihres verstorbenen Gemahls beten. Und wenn es Gott gefiel, würde die junge Richardis der kranken Äbtissin Hildegard nachfolgen und eines Tages Kloster Rupertsberg leiten. Denn eine Äbtissin musste sie werden, stammte sie doch von zweien der edelsten Geschlechter ab. Schon deshalb musste Rupertsberg ein vornehmes, würdiges Kloster werden mit einer prächtigen

Kirche, in der vielleicht sie, die Markgräfin Rikkar, dereinst an der Seite der Heiligen Rupert, Bertha und Wigbert die ewige Ruhe finden würde, bedeckt von einer kühlen Steinplatte.

Hildegard dachte nicht an Tod und Grabplatten während der letzten Wegstrecke, sondern an das Kloster, das mitsamt einer neuen Kirche auf der ihr von Gott gezeigten Stätte wachsen sollte. Volmar war schon einige Male auf der Baustelle gewesen, um die notwendigsten Bauarbeiten anzuweisen. Es war immer noch hell und warm, als die Prozession der Nonnen mit ihrer Begleitung die Nahebrücke überschritt und schließlich den Rupertsberg erreichte.

EINÖDE

Hildegard erkannte sofort alles wieder. Die alte Brücke, die Straße, die beiden Flüsse, die Nahe und den Rhein. Ihr kamen die Tränen. Gott hatte ihr diese Stätte gezeigt und sie durch alle Gefahren bis hierhin geführt.

»Auf diesen Felsen will ich meine Kirche bauen«, murmelte sie.

Der Ort war, wie sie ihn geträumt hatte, wie die Markgräfin, Gottfried und Hugo ihn ihr beschrieben hatten. Da war die Kapelle des heiligen Nikolaus, eingebaut in die Umfassungsmauer, von außen für die Schiffer zugänglich, von innen für die zukünftigen Bewohnerinnen des Klosters. Die Brombeerhecken, das hochgeschossene Unkraut, Disteln und Brennnesseln, weidende Ziegen und herumlaufende Hühner. Ein holpriger Steinweg führte hinauf zu der verfallenen alten Kirche der dort begrabenen Heiligen Rupert und Berta. Baumaterial, Steine und Hölzer lagen bereits aufgeschichtet. Sie hatten das gelobte Land erreicht, die neue Klosterheimat, die das Lebendige Licht ihnen angewiesen hatte.

»Das Land der Väter«, murmelte Volmar.

Hildegards Augen liebkosten das Blau der Distelblüten und das Grün des sprießenden Giersch. Gott hatte das Unkraut ebenso wie die Lilien und Rosen erdacht und erschaffen. Gott liebte den unverwüstlichen Giersch im Schatten der Mauer. Der Giersch war das große Grün. Der Giersch stand bereit für sie, die neu hier her Gekommenen.

»Morgen essen wir Gierschsuppe«, rief Hildegard.

»Da ist der Brunnen«, sagte Richardis.

»Man kann noch kein Wasser daraus holen«, erklärte Volmar. Er sei ganz verfallen und zugeschüttet mit Unrat. Man müsse ihn bis auf den Grund ausräumen, säubern und die Bruchstellen ausbessern. Das werde noch Tage, vielleicht Wochen dauern. Die Markgräfin stimmte ihm zu. Ganz gewiss werde man auf Wasser stoßen. Das fehlende Wasser sei für die nächsten Tage die größte Schwierigkeit. Sicherlich werde bald schon Regen fallen, den man in Tonnen sammeln könne.

»Das Wohngebäude für euch alle hat ein Dach«, erklärte die Markgräfin. »Und in der Kirche werden wir heute den ersten Gottesdienst feiern.«

An diesem ersten Tag litten die Nonnen keinen Mangel. Die Bewohner des Städtchens Bingen hatten frisches Brot, Gemüse und Obst, gebratene Hühnchen und Fische aus dem Fluss mitgebracht.

»In den beiden Flüssen am neuen Kloster gibt es mehr Fische als Wasser!«, rief Sniwindis begeistert.

Auf Kohlefeuern wurde das Abendessen erwärmt und an alle ausgeteilt. Arme und Reiche teilten Brot und Wein miteinander im Gras und auf dem Steinweg zwischen den verfallenen Gebäuden zu Füßen der neuen Äbtissin und ihrer Nonnenschar, die an einem langen Holztisch speisten. Kinder und Hunde tobten im Sonnenschein und genossen das Spektakel. Die Reittiere der vornehmen Gäste standen etwas abseits auf einem abgetrennten Wiesenstück. Spielmänner waren mit ihren Lauten und Trommeln gekommen und spielten auf.

Hildegard und ihre Nonnen betraten die Rupertskapelle, die ganz oben auf dem Gelände stand. Volmar mit zwei jungen Mönchen, die ihre Weihrauchgefäße schwenkten, schritt zum Altar. Die Menge kam hinterher, und alle zusammen stimmten das »*Te deum laudamus*« an. Nach dem Gottesdienst führte Volmar die neuen Bewohnerinnen der Einöde zu einem früheren Stallgebäude neben dem Brunnen, das ein neu eingedecktes Dach hatte und zwei getrennte Räume.

»Hier sollen wir leben?«, rief Clementia erstaunt und Odilia brach in Tränen aus.

Für den Anfang sei es doch gar keine schlechte Wohnung, versuchte Sniwindis zu beruhigen. Die Bauleute kämen ja schon morgen. Jeden Tag werde es hier wohnlicher werden. Die Markgräfin hätte sogar Betten aufstellen lassen, und sie hätten doch von Disibodenberg alle ihre Strohsäcke, Kochgeschirr und Essensnäpfe mitgenommen. Auch Wasser stehe in Krügen bereit für den heutigen Tag. Und morgen werde man eben vom Hügel herabsteigen und neues holen.

»Aber der Wagen mit unserem Bettzeug ist noch unterwegs!«, jammerte Clementia. Man könne nicht fromm sein in einer solch armseligen Unterkunft.

»Genug«, herrschte Hildegard sie an. »Unser Herr Jesus kam als Kind in einem Stall zur Welt und es war sogar Winter.«

Aber sie seien allesamt Töchter aus vornehmsten Häusern, gewohnt, auf sauberem Linnen zu schlafen.

»Es gibt hier kein Ungeziefer. Drutwin und die Markgräfin haben dafür gesorgt, dass die Gebäude und die Kirche ausgeräuchert wurden«, sagte Sniwindis. Doch weder Mücken noch Ameisen scherten sich um Sniwindis' Worte. Auch Asseln liefen über den Boden des Schlafraums.

Eine Dienerin der Markgräfin schleppte wollene Decken und Kissen herbei, sodass die Nonnen es sich auf den ungewohnten neuen Betten auch ohne ihre Strohsäcke etwas bequem machen konnten. Noch lange wurde miteinander getuschelt über die neue Wohnsituation.

»Ich glaube, ich werde nicht hierbleiben«, seufzte Hiltrud auf.

»Ich auch nicht«, sagte Rulindis. »Überall krabbeln Spinnen.«

Getrennt von den anderen lag Hildegard auf ihrem Bett, ohne Decke, nur ein Kissen im Nacken. Das Lebendige Licht erschien nicht. Sie überlegte, ob Hiltrud wirklich ernsthaft daran dachte, die Gemeinschaft zu verlassen. Auch das Jammern ihrer Schwester Clementia ärgerte sie. Die Nonnen mussten doch verstehen, dass die Anfangszeit in der neuen Klosterheimstatt mühselig war. Auch das Volk Israel hatte sich nach der Ankunft im gelobten Land langsam einrichten müssen. Ihre Töchter waren ungerecht. Hildegard schüttelte den Kopf. Es war ein großartiger Tag gewesen. Mit so vielen Menschen, die sie willkommen geheißen hatten, hatte sie nicht gerechnet. Und alle hatten sie Geschenke für das neue Kloster mitgebracht: Lebensmittel, Wein, Leinentücher. Sie mussten dankbar sein für diesen Empfang. Und bald würde es regnen. Dann hatten sie Wasser in Hülle und Fülle. Der Herr ließ seine Getreuen nicht im Stich. Vielleicht aber ließ er es auch jetzt nicht regnen, um sie alle zu prüfen. Das Leben auf der Erde war kein bequemer Ruheplatz. Standhaft mussten sie sein, gerade dann, wenn der Herr sie prüfte.

»Den Sieg erzielt der Mensch erst, wenn er alle Hoffnung aufgegeben hat und dennoch weiterkämpft«, versuchte Hildegard, Richardis die Lage zu erklären. »So erging es auch Jesus Christus am Kreuz. Er glaubte sich von Gott verlassen. Doch dann gab er den Geist auf und hat uns alle erlöst.« Warum verstanden ihre Nonnen nicht, dass der Herr sie prüfte?

Richardis saß ihr gegenüber im Korbsessel der Magistra, den sie aus Disibodenberg mitgenommen hatte. Draußen sangen noch Vögel. Pferde wieherten, Stimmen waren zu hören.

»Mir gefällt es hier, Magistra«, sagte Richardis leise in die Dunkelheit hinein.

Wenigstens Richardis hielt zu ihr. Wenigstens eine, von der sie sicher war, dass sie sie nie verlassen würde.

»Ach, mein guter Timotheus«, murmelte Hildegard. Der heilige Paulus hatte Timotheus als Freund und Helfer an seiner Seite gehabt, niemand hatte den Apostel so verstanden wie er. Gott aber hatte ihr als ihren Timotheus die blonde Richardis geschickt. »*Mein geliebtes und treues Kind im Herrn* …« Mit einem Lächeln versank sie in tiefen, langen Schlaf.

In diesen ersten Tagen auf dem Rupertsberg, als sie ihn so dringend gebraucht hätten, fiel kein Regen. Die Luft war trocken und staubig. Menschen und Tiere verlangten nach Wasser, zum Trinken und zur Abkühlung. Es war nicht so leicht, wie sie auf Disibodenberg geglaubt hatte. Hildegard überkam der Gedanke, dass die Bedenken von Abt Kuno und selbst Volmar ihre Berechtigung gehabt hatten.

Die Tagelöhner plagten sich damit, den zugeschütteten alten Brunnen wieder herzurichten und einen neuen zu graben. Sie arbeiteten und fluchten, weil sie kein Wasser am Fuß des Schachts fanden. So musste weiter jegliches Nass vom Fuß des Berges herbeigeholt werden. Die Esel, begleitet von den Konversinnen, schleppten es in Lederschläuchen unverdrossen den steilen Pfad herauf. Doch die Grautiere wurden auch benötigt, um Arbeitsmaterial für die Bauarbeiten zu

Kloster Rupertsberg, Zustand um 1620, 12 Jahre vor der Zerstörung durch die Schweden (Umzeichnung nach dem Stich von Meissner von 1620)

tragen, und so ging die Arbeit nur langsam in der trockenen, staubigen Hitze voran. Hildegard teilte ihren Töchtern Aufträge zu. Hiltrud und Richardis sollten in der Kapelle die Bilder des heiligen Nikolaus, der heiligen Berta und des heiligen Rupert mit Farbe auffrischen, Clementia und Vera den Boden schrubben und fegen. Sniwindis fiel die Aufgabe zu, mit den beiden Juttas das Essen für die Gemeinschaft zu kochen. Geflügelfleisch war nicht genug vorhanden. Hildegard entschied, dass das noch vorhandene Hammelfleisch verwendet werden solle. Alle arbeiteten so hart, dass sie kräftigere Nahrung zur Stärkung benötigten. Auch auf Reisen erlaubte die Regel schließlich das Fleisch vierfüßiger Tiere.

»Warum lassen wir uns keine Fische holen?«, begehrte Hiltrud auf.

Das Hammelfleisch müsse verzehrt werden, weil es in der Wärme sonst verderbe. Hiltruds Blick verriet ihr Entsetzen. Die Äbtissin verlangte tatsächlich, dass die Regel des heiligen Benedikt außer Kraft gesetzt wurde.

Wieder erhob sich unwilliges Murren. Sie wolle nichts mehr hören, keine Widerworte. Hildegard wendete sich um. Richardis stand bereit, um ihr behilflich zu sein.

Zum Stehen musste Hildegard sich auf Richardis stützen, die sie begleitete wie ein Schatten. Stehen war mühsamer als Gehen, an einer Stelle aufrecht allein zu stehen, war das Schwerste überhaupt. Sich auf den Abtsstab zu stützen, genügte nicht. Richardis musste ihren Stand zusätzlich sichern und tat es so diskret, dass ihre Hilfe fast unauffällig blieb. Hildegard liebte es, umherzugehen. Es war ihre Aufgabe, das entstehende Kloster und seine Gebäude zu beaufsichtigen und im Auge zu behalten. Dank der Schenkungen ihrer adligen Gönner und Gönnerinnen konnte der Bau der Klosterkirche unverzüglich in Auftrag gegeben werden. Die hölzernen Lastkräne quietschten auf dem Gelände und die Tagelöhner schleppten Steine herbei. Im Schatten der Mauer wuchs Giersch. Die beiden blieben stehen und freuten sich am kräftigen Grün der Unkrautpflanze.

»Im Norden nennen wir sie Geißfuß, nach der Form der Blätter«, sagte Richardis.

»Aus den zarten jungen Blättern könnte Sniwindis einen Salat für den Abend bereiten«, schlug die Magistra vor. »Die Lebenskraft des Geißfuß überträgt sich auf die, die von ihm essen.« Täglich davon zu essen, sei auch hilfreich gegen das Gliederziehen, das man in feuchten Gemäuern leicht bekäme.

DÜRRE LUFTGEISTER

Wochen später war kaum etwas besser geworden. Immer noch waren die Tagelöhner nicht auf Wasser gestoßen. Es hatte nicht geregnet. Die Essensvorräte wurden knapp. Vorwurfsvoll sahen die Nonnen ihre Magistra an, als sie ihnen verkündete, die Getreidevorräte seien verbraucht.

»Es gibt ja Fisch genug, der euch sättigt. Brot kann nur noch wenig gebacken werden. Jede von euch muss sich für einige Zeit mit der Hälfte der täglichen Ration begnügen.«

»Wir haben Bauchschmerzen von der Gierschsuppe, die wir jeden Mittag essen müssen«, sagte Rulindis. Ihre Stimme war zu laut.

»Wir wollten nicht hierher, Mater«, fügte Gothwalda hinzu. »Lass uns zurückkehren.«

»Wohin denn? Die Frauenklause auf dem Disibodenberg ist aufgelöst«, sagte Sniwindis.

»Das Lebendige Licht hat mir mitgeteilt, dass wir gemahlene Baumrinde unter das Mehl mischen sollen«, erklärte Hildegard. Doch statt Beifall erntete sie zornige Blicke. Auch Ida, Clementia und die beiden Juttas kamen ihr nicht zu Hilfe. Mit gesenkten Blicken starrten sie auf den Lehmboden des vorläufigen Kapitelsaals. Hildegard griff nach Richardis' Hand.

»Auch Richardis hält es nicht mehr auf dem Rupertsberg aus«, ließ sich wieder Rulindis vernehmen mit ihrer vorlauten, frechen Stimme. »Wenn du es nicht siehst, Mater, weint sie vor Hunger. Sie hat Angst, dass sie hier in der Einöde stirbt.«

»Ja, das hat sie gesagt, ich war dabei«, pflichtete Gothwalda ihr bei.

»Es wird ungefähr zwanzig Jahre dauern, bis hier eine richtige Kirche steht. Zwanzig Jahre, in denen wir darben und frieren müssen. Hast du das bedacht, Mater?«, sagte Margarethe.

Vor Schmerz konnte Hildegard nicht antworten. Richardis neben ihr schluchzte, weil Rulindis und Gothwalda ausgeplaudert hatten, was sie ihnen anvertraut hatte.

»Das Lebendige Licht hat mir die vollendete Kirche gezeigt. Im Mondlicht stand sie erleuchtet auf der Höhe, ein prächtiger Anblick«, begann Hildegard nach langem Schweigen. Gothwalda lachte höhnisch auf. Sie lachte über die Worte des Lebendigen Lichts. Hildegard begriff in diesem Augenblick, dass sie handeln musste.

Der Streit setzte sich fort. Die Aufwieglerinnen ließ Hildegard diesmal durch Ida mit der Rute schlagen. Sie waren respektlos und übermütig gewesen, jedenfalls Gothwalda, Rulindis und Margarethe. Nein, Richardis, Adelheid und Clementia sollten keine Schläge erhalten, versicherte sie Ida.

Die Bestrafung zeigte wenig Wirkung. Einige Tage später stürmte Rulindis mit Gothwalda ohne anzuklopfen in Hildegards Arbeitszimmer, wo die Magistra gemeinsam mit Richardis gerade die Wörter der geheimen Schrift notierte, die ihr das Lebendige Licht offenbart hatte. Zusätzlich hatte es ihr auch geheime Schriftzeichen gezeigt. Nützlich war dies, um Botschaften an andere Klöster zu schicken oder an Vertraute, die der Schrift und der Buchstaben ebenfalls kundig waren. In den letzten Wochen war Hildegard zu der Meinung gekommen, dass es Dinge gab, die sie in Geheimschrift niederschreiben sollte. Zum ersten Mal in ihrem Klosterleben hatte sie Mitbewohnerinnen um sich, denen sie nicht mehr vertraute.

Die Getreidepreise auf dem Markt in Bingen stiegen jeden Tag weiter, wusste Volmar zu berichten. Die Menschen in der Stadt litten ebenfalls Hunger. Die große Dürre hatte das Korn auf den Feldern verdorren lassen. Überall im Land, rheinauf und rheinabwärts gab es nur geringe Ernteerträge. Es war nicht Hildegards Versagen, dass die Nonnen auf dem Rupertsberg kaum noch Brot hatten.

»Sieben magere Jahre hat mir das Lebendige Licht angekündigt«, sagte Hildegard, als Rulindis wieder ihre Vorwürfe erhob. Sie spreche im Auftrag der jüngeren Nonnen, sagte Rulindis.

Welcher jüngeren Nonnen denn? Hildegards Hände zitterten. Was ging hier überhaupt vor, unter ihren Augen, in diesem neuen Kloster, das sie mit so viel Mühe bezogen hatten? Sie hatten es schwer und mussten zueinander halten und einander helfen. Jede Einzelne wurde gebraucht. Nichts war in der schwierigen Lage, in der sie sich gemeinsam befanden, sinnloser als dieser unnötige Streit.

LEGE DENEN, DIE HARTE ANSTRENGUNGEN AUF DEM WEG NICHT ERTRAGEN KÖNNEN, EIN LEICHTERES JOCH AUF, DAS SIE ZU TRAGEN VERMÖGEN

»Es ist nicht Gott, der mit dir spricht, Mater«, schrie Rulindis.

»Wer sonst, liebes Kind?«

»Dürre Luftgeister trügen dich! Und jetzt müssen wir hier in der Öde ausharren.« Schon Herbert hätte diesen Verdacht gehabt, dass die Magistra von Luftgeistern genarrt werde. Einige Mönche seien zu dieser Meinung gekommen, nicht nur er. Auch in den anderen Klöstern der Umgebung teile man nicht alle Meinungen Hildegards.

Wer die Stimme gegen das Lebendige Licht erhebe, werde seine Strafe finden, versicherte die Magistra und verzog keine Miene.

»Du musst nicht bei mir ausharren, Rulindis, wenn du nicht willst.« Es stehe ihr frei, in ein anderes, besser ausgestattetes Kloster zu gehen. Sogar ihre Mitgift werde sie zurückerhalten. Jedenfalls, hier seufzte Hildegard, den Teil, den Abt Kuno dem Rupertsberger Kloster davon gelassen hatte.

»Zu Tenxwindis nach Andernach?«, fragte Rulindis.

Tenxwindis. Hildegard zuckte zusammen. Schon wieder diese Leute niederer Abkunft. Texwindis war Tochter eines Ministerialen. Nach seinem Tod hatte die Mutter vor längerer Zeit mit ihren beiden Kindern ein Kloster in Springiersbach im Hunsrück gegründet. Sehr streng hatten sie dort mit ihrer Gemeinschaft aus Nonnen und Mönchen gelebt, gefastet und gebüßt, wie es ja überall zur Mode geworden war. Doch Tenxwindis war schließlich mit ihren geistlichen Töchtern nach Andernach gezogen in ein eigenes Kloster. Das Zusammenleben mit der Männergemeinschaft hatte auch in ihrem Fall nicht funktioniert, obwohl der Abt ihr Bruder Richard war, ein fähiger Mann trotz seiner niederen Abkunft, der öfter schon ehrfürchtige Briefe an Hildegard gesandt hatte.

Tenxwindis lehne keine Mädchen ab, weil sie nicht von Adel seien. Alle, die guten Willens seien, heiße sie willkommen.

»Gott hat verschiedene Stände geschaffen, im Himmel wie auf Erden«, erwiderte Hildegard. »Und es führt nur zu Unfrieden, wenn Rinder und Schafe in einem gemeinsamen Stall gehalten werden.«

Sie werde ihr sogar ein Empfehlungsschreiben für Tenxwindis mitgeben, versicherte sie. Und es werde nur Gutes und Lobendes über Rulindis darin enthalten sein. Zweifellos würden Gothwalda und Rulindis dann ihre Greifvögel abgeben müssen, überlegte Hildegard. Und ihren Schmuck würden sie ebenfalls ablegen müssen. Tenxwindis bestand auf völliger Armut ihrer Töchter in Christo. Sogar barfuß mussten sie bei ihr gehen. Zumindest wurde das erzählt. Hildegard verstand nicht, warum die beiden Aufrührerinnen so begierig waren, in die Andernacher Gemeinschaft zu ziehen.

»Jesus hat sich mit Fischern umgeben, obwohl er Gottes Sohn war«, begann Rulindis erneut. Hildegard ging nicht mehr darauf ein. Vielleicht war es besser, sie zu entfernen. Den faulenden Arm musste man abhacken, bevor der gesamte Körper von der Fäulnis erfasst wurde.

Wann sie gehen wolle?

»Morgen, sobald es hell ist.«

»Willst du auch gehen, Richardis?«

Richardis zuckte zusammen.

»Mit Rulindis nach Andernach. Du stehst ihr doch nahe.«

»Niemals würde ich Kloster Rupertsberg verlassen. Bis zum Tod will ich bei dir bleiben, Mutter.«

»Schwester, du solltest mitkommen«, sagte Rulindis. »In Andernach steht uns Tenxwindis vor, eine einfache, gottgefällige Frau.«

»Genug«. Hildegard ließ sich auf ihrem Schreibsessel nieder und winkte Richardis, sie solle einen Bogen Pergament und ihr Schreibzeug zur Hand nehmen.

Die Botschaft an Tenxwindis erließ Hildegard ohne zu zögern, während Rulindis sich unter Tränen von ihren Mitschwestern verabschiedete. Volmar und Ida, bestimmte Hildegard, sollten sie hinüber nach Andernach bringen.

Auch Gothwalda und Guda waren entschlossen, den Rupertsberg baldmöglichst zu verlassen, wollten aber die Entwicklungen erst abwarten und mit ihren Verwandten am nächsten Besuchstag sprechen.

Richardis hatte den Brief an die Äbtissin des Nachbarklosters fertig geschrieben, und Hildegard setzte ihren Namen und ihr Siegel persönlich darunter. Beide waren sie aufgewühlt von Rulindis' zornigen Worten.

Ja, sie hätte schon länger vom Aufstand der Rulindis und ihrer Freundinnen gewusst, gestand Rikkars Tochter dann noch. Ob Hildegard ihr verzeihen könne, dass sie es ihr nicht gleich mitgeteilt hatte? Begonnen hätte es eigentlich an dem Tag, an dem die Magistra das einfältige Bauernmädchen abgewiesen hatte. Wieder zuckte Hildegard zusammen. Trautwald. Sie sah das Mädchen plötzlich vor sich. Es hörte sich an, als billigte Richardis, dass Rulindis damals Trautwald ermuntert hatte, um Aufnahme im Kloster zu bitten. Es war unbedingt richtig gewesen, Trautwald fortzuschicken. Hochmütig und stolz war sie gewesen, wie es ihr keinesfalls zukam.

In Hildegard stieg Enttäuschung auf über die junge Sekretärin, der sie sich doch immer wieder rückhaltlos anvertraut hatte.

»*Wir haben immer den Geschmack des Paradiesesapfels im Mund, und er schmeckt uns besser als die Tugend*«, sagte sie schließlich. »*Unsere Ausreden vor Gott sind immer die gleichen: Ich kann nicht gegen mich kämpfen, ich habe nicht die Kraft, Gutes zu tun. Ich mag nicht. Doch Gott antwortet: Du kannst es dennoch. Höre mir zu, wenn dich das Böse überlisten will und du nicht weißt, wie du es abschütteln kannst, dann schreie, bete und weine, dass ich dir zu Hilfe komme. Dein Vertrauen wird die Hilfe von mir erlangen. Ich werde das Böse von dir nehmen, doch nicht ohne Kampf, denn du bist Fleisch. Aber gerade darin wirst du mein Kreuz tragen und mein Leiden nachahmen. Und so wirst du dich durch mich besiegen.*«

Richardis nahm jetzt die Wachstafeln und ihren bronzenen Griffel zur Hand und sah die Klosterherrin auffordernd an.

»Mater, aber du könntest doch auch manchmal irren«, sagte sie leise. »So, wie jeder Mensch sich auf Erden irrt, auch wenn er glaubt, im Recht zu sein.«

Verstand ihr Timotheus denn nicht, dass sie wie der Apostel Paulus tagtäglich von Gott selbst belehrt wurde? Dass das Lebendige Licht in den Schauungen und Verkündigungen ihr die Wahrheit offenbarte?

»Es sind nicht dürre Luftgeister«, brach es aus Hildegard hervor. »Es ist das strahlende Licht und das Wort Gottes.«

»Sprich es aus, Mater, so wie du es vernommen hast. Ich werde es niederschreiben, ohne jeden Zusatz.«

»Was würde ich ohne dich tun, mein Timotheus? Gott hat dich zu mir geschickt, mir zu helfen. Keine versteht mich so wie du. Keine unterstützt mich so wie du.«

Richardis senkte den Kopf. Ein Gedanke ging ihr durch den Kopf, den Hildegard diesmal nicht lesen konnte wie sonst so oft.

»Auch die anderen helfen dir, Mater. Und du hast Volmar«, sagte Richardis nach einer Weile.

Der erste Winter auf dem Rupertsberg war lang und hart. Von der Kirche existierten nur die Fundamente. Die Bauarbeiten ruhten, während der Schnee fiel. Viele Nonnen erkrankten in dem zugigen Gebäude, das sie bewohnten. Doch am schlimmsten traf es die zarte, blasse Richardis. Hustend lag sie auf ihrer Liege. Hildegard ließ ihren Sessel in die Zelle ihrer Sekretärin tragen und harrte neben der Kranken aus.

»Lass sie nicht sterben, Herr«, flehte sie und horchte auf die Atemzüge der jungen Nonne, die wie leblos in ihren Decken lag. Das Talglicht auf dem Nachttisch flackerte unruhig. Hildegard griff nach Richardis' Hand und tastete nach der Schlagader. Ganz schwach, kaum fühlbar pulste das Blut in der Ader.

»Das Leben ohne sie bedeutet nichts mehr«, flüsterte Hildegard dem Lebendigen Licht entgegen. »Ohne sie wäre alles sinnlos.«

Keine Stimme ließ sich als Antwort vernehmen. Die Wärme des Lebendigen Lichts verschwand aus dem Raum.

»Lass sie mir. Ich brauche sie.«

Hildegard wich nicht von Richardis' Seite, sogar den Gottesdienst versäumte sie, bis es der jungen Nonne endlich besser ging.

Ohne vorherige Ankündigung war Hermann von Stahleck mit seiner Gemahlin Gertrud auf dem Rupertsberg eingetroffen. Zwei Edelknaben, Bewaffnete und die Bedienung der Gräfin begleiteten die Reisenden. Der Pfalzgraf hatte vor Kurzem, so hieß es, den jungen Grafen Otto von Rineck, mit dem er in Fehde lag, eigenhändig erwürgt oder erstochen, genau wusste man es nicht, wie überall erzählt wurde. Der junge Rineck war im Land zwischen Nahe und Rhein beliebt und geschätzt, der düstere Hermann von Stahleck hingegen verhasst wegen seiner Grausamkeit und Habgier.

Sniwindis führte das hohe Paar mit seiner Begleitung in das provisorische Gästehaus und ließ Hildegard herbeirufen. Als Nachbar habe er sich vorstellen und endlich die berühmte Mater des neuen Klosters kennenlernen wollen, begrüßte der Pfalzgraf Hildegard. Ob sie ihn überhaupt als Gast empfangen wolle, ihn, der mit dem Kirchenbann bestraft sei. Ein Gast sei ein Gast, erwiderte Hildegard. Wer an die Tür klopfe, dem werde aufgetan. Gertrud, mit schwerem Goldschmuck um Hals und Armgelenke, eine frühzeitig gealterte, schmächtige Frau, war niedergekniet und küsste Hildegards Hände. Ihre dunklen Augen lagen in tiefen Höhlen und blickten der Magistra erwartungsvoll entgegen. Es war eigenartig still in dem großen leeren Raum mit den ungetünchten Wänden. Hildegard bat die beiden, sich wieder auf der Bank am Esstisch niederzulassen. Sniwindis gab ihr hinter dem Rücken des Grafenpaars Zeichen. Es sei heute kein Brot mehr im Kloster wegen des allgemeinen Mangels. Gertrud wischte sich verstohlen die Augen, und Hildegard überlegte, was Hermann wohl veranlasst hatte, sie aufzusuchen. Die Konversschwestern kamen mit dem Topf Suppe, der für die Abendmahlzeit am Haken über dem Feuer hing, und stellten die Essensschalen auf den Tisch. Sniwindis kam wenig später mit dem letzten Schinken aus dem Kellergewölbe und schnitt ihn großflächig ab für die Gäste.

»Greift zu«, ermunterte Hildegard die Gäste und schluckte beim Gedanken an die täglich schwindenden Vorräte.

»Es geht euch gut im Kloster.« Der Pfalzgraf hatte eine eigenartig schnarrende Stimme. Spott lag in ihr, Geringschätzung. »Und das in Zeiten allgemeiner Hungersnot.«

»Ihr habt gewiss reiche Gönner, die euch wohltun«, ließ sich die Gräfin vernehmen.

»Nicht genug«, erwiderte Sniwindis.

»Gott gibt und Gott nimmt«, sagte Hildegard. »Nonnen benötigen nur wenig Nahrung. Wir leben in diesen Tagen von Wurzelgemüse und Kräutern. Das Fleisch vierfüßiger Tiere ist den Geweihten ohnehin untersagt.«

»Ein schlimmes Jahr«, nickte der Graf. »Ich habe euch einige Säcke Getreide mitgebracht. Gebt acht, dass die Mäuse nicht darüber herfallen.« Er lachte über seinen eigenen Witz.

Von den hungernden Bauern erpresst, durchfuhr es Hildegard. Die Hände des Grafen waren eigenartig gerötet. Das Blut des jungen Otto, das immer noch daran klebte. Sie konnte den Blick nicht abwenden, während Hermann dem Schinken zusprach.

»Ihr seid nicht dankbar, Mater?«

Hildegard dankte ihm für das Getreide. Tatsächlich fühlte sie sich erleichtert. Noch heute konnten die Mägde neues Brot backen.

Auch Bücher habe er für ihre Bibliothek mitgebracht. Die Hymnen des Ambrosius und eine Sammlung von Lehrweisheiten der Wüstenväter. Nein, sie solle sich den Dank dafür sparen. Was seien diese Folianten schon gemessen an den göttlichen Worten ihres göttlichen Bräutigams, die sie täglich vernehme?

Hildegard sah ihm in die Augen. Sie blitzten spöttisch. Er nahm sie nicht ernst. Aber was hatte ihn zu ihr geführt?

»Nun sprich du, ehrwürdige Mater«, schnarrte er. »Lass uns göttliche Weisheit vernehmen.«

»Ich bin eine armselige Frau, kraftlos, ohne Bildung. Ich weiß nichts.«

»Es gibt Schriften von dir. Sogar der Papst hat darin gelesen und sie gelobt.«

»Sie sind nicht von mir. Alles, was ich geschrieben habe, hat das Lebendige Licht mir diktiert. Ich habe nichts hinzugefügt und nichts verändert.«

Hermann lachte hell auf.

»Hört auf zu lachen, Herr Gemahl«, sagte Gertrud.

Er lachte noch mehr.

Das Paar blieb tagelang auf dem Rupertsberg, Gertrud und ihr Gemahl beteiligten sich am Gottesdienst, auch wenn sie die nächtliche Vigil und die frühmorgendlichen Laudes ausließen. Den Tag über las der Pfalzgraf in Hildegards Schrift *Scivias*. Beim abendlichen Mahl mit der Magistra, Ida und Richardis stellte er ihr Fragen dazu. Er hatte als Knabe verschiedene Domschulen besucht und kannte die Werke des

Augustinus und die Hymnen des Ambrosius. Die Heiden Cicero und Vergil zitierte er auswendig.

»Dann bist du ein Philosoph«, sagte Hildegard. »Ein Schriftkundiger.« Bisher hatte sie ihn für einen mächtigen Herrn, einen Krieger gehalten. Nun war er also beides, ein mächtiger Herr, der über viele Burgen und Dörfer gebot, und ein Philosoph.

An den ersten Tagen hatte Hildegard sich verhöhnt gefühlt, doch der Graf wurde von Tag zu Tag nachdenklicher und ernster.

Im Infirmarium ließ er sich von Sniwindis Blutegel und Schröpfkellen gegen seine Gichtanfälle ansetzen. Außerdem nahm er ein Pulver aus Bertram, Ingwer und Pfeffer zusammen mit Wein auf Hildegards Rat ein. Seine Beschwerden besserten sich von Tag zu Tag unter der Behandlung der Klosterfrauen.

»Seltsam«, sagte Ida, »er ist ganz verändert.«

Der Herr habe ihnen Kinder versagt, gestand Gertrud Hildegard in diesen Tagen. Warum er das trotz all ihrer Gebete und Stiftungen für Kirchen und Klöster getan habe?

»Es geschieht auf Ratschluss Gottes vielfach, dass den Menschen die Zeugungsfähigkeit genommen wird«, erklärte Hildegard. Insofern könnten auch die Rezepte und Kräutertränke der besten Medici manchmal nicht helfen.

»Aber du hast Rezepte gegen Unfruchtbarkeit?«

»Sie werden nicht helfen, wenn Gott nicht will. Du kannst ihn nicht überlisten.«

»Aber du könntest deinen himmlischen Bräutigam bitten, dass er uns Nachwuchs schenkt. Auch Sarah und Abraham bekamen noch in hohem Alter einen Sohn.«

Sie werde die Angelegenheit dem Lebendigen Licht vortragen, versprach Hildegard.

Am letzten Tag seines Besuchs fragte Hermann Hildegard, ob er und Gertrud wohl einen Grabplatz in der Kirche haben könnten, wenn eines Tages der Kirchenbann gelöst sei. Mit einem Seufzer fügte er hinzu, dass er sich, wenigstens für kurze Zeit, auf den Kreuzzug gegen die Wenden im Osten jenseits der Elbe begehen werde, um wieder die Kommunion und die Sakramente empfangen zu dürfen.

»Auch der Sünder sehnt sich nach Erlösung«, sagte er.

»Wir sind alle Sünder bis zur Stunde unseres Todes«, erwiderte Hildegard.

»Bete für uns«, bat Gertrud leise.

Eine Gruppe Tagelöhner war an der Pforte erschienen. Diese Bauleute schicke er ihr, damit es mit dem Kirchenbau endlich vorangehe, sagte Hermann. Auch weiteres Getreide habe er an sie senden lassen. Es werde in den nächsten Tagen eintreffen. Nur einige Säcke wegen der Schwierigkeiten durch die Hungersnot, entschuldigte er sich.

Er und Gertrud waren zu Wohltätern des Klosters geworden. Auch Bücher aus seiner Bibliothek würden demnächst eintreffen. Sicher könnten sie sie auf dem Rupertsberg gebrauchen.

DER BRUNNEN

Das Frühjahr brachte sprießendes Grün, junge Lämmer und sanften Wind. Die neu gepflanzten Birnbäume vor dem Kloster blühten zur Osterzeit, doch die Apfelbäume blieben blütenlos.

»Apfelbäume brauchen viele Jahre, bis sie Blüten und Früchte tragen«, erklärte Hildegard ihren Schülerinnen. »Erst wenn sie ausgewachsen sind, tragen sie Äpfel. Man muss Geduld mit ihnen haben und sie in jedem Jahr beschneiden.«

Sniwindis stand beglückt im Kräutergarten, den sie angelegt hatte. Galgant, Quendel und Bertram sprossen dort in langen Reihen und in einem von Brettern umrahmten Quadrat blühte der Lavendel. Richardis begleitete Hildegard ein Stück den Berg hinunter zu einer kleinen Laube unter einem schiefen Holunderbaum, wo sie, umgeben von Grün, ungestört Briefe und Botschaften aus den Nachbarklöstern lesen und beantworten konnte.

»Hörst du das Geräusch?«, fragte Richardis eines Nachmittags.

Hildegard erhob sich und ging, auf ihren Stock gestützt, voran. Nur wenige Schritte unterhalb der Laube war das Wasserplätschern zu vernehmen.

Richardis bückte sich nieder und griff in das Gras zu ihren Füßen. Wasser quoll aus dem Felsen unter der Grasnarbe und lief als Rinnsal den Hügel hinab.

»Wir haben eine Quelle gefunden, Mater!«

»Im letzten Jahr gab es sie noch nicht«, stammelte Hildegard. »Die Männer haben alles abgesucht und nichts gefunden.«

»Gott hat sie uns geöffnet«, stellte Richardis fest. Ihre Augen leuchteten.

Lachend umarmten sie sich. Endlich hatten sie einen Brunnen für das Kloster nahe bei den Wohngebäuden auf dem Rupertsberg gefunden. Das Leben war von einem Tag auf den anderen leichter geworden. Zusätzlich hatten sie zwar aufgefangenes Regenwasser aus den Dachtraufen in Steintrögen und Zisternen, doch Brunnenwasser, unabhängig von Regenfällen, bot Sicherheit.

Bald darauf ließ Hildegard die Quelle mit Steinen umranden. Gertrud von Stahleck ließ dem Kloster eine Wagenladung mit durchbohrten Baumstämmen und tönernen Rohren zukommen, nachdem sie die frohe Kunde gehört hatte.

Hildegard war selbst fassungslos vor Freude, als die erste Wasserleitung in das steinerne Arbeitsgebäude ihres Klosters eingefügt wurde. Sie hatten jetzt Wasser da, wo sie es brauchten, ein Luxus, über den nur wenige Burgen im Rheintal verfügten.

Damit nicht genug: Angefüllt durch das Schmelzwasser im Frühling und die starken Regenfälle des Winters stand auch in dem alten Brunnen im Klosterhof, den die Tagelöhner in den Wochen nach dem Einzug der Nonnen wieder hergerichtet hatten, bis zur halben Höhe das Wasser.

Die jüngeren Nonnen waren immer noch nicht zufrieden mit der neuen Wohnstätte. Sie vermissten die Mönche. Auf dem Rupertsberg gab es nur noch Volmar, der die Messe las, die Sakramente spendete, Unterricht hielt, der Magistra half, ihre Schriften zu verfassen, und außerdem das Amt des Klosterpropstes versah. Er nahm Waren und Baumaterial entgegen, verhandelte mit den Arbeitern und unterschrieb Verträge. Für ausführliche Beichten der Nonnen hatte er kaum noch Zeit. Sogar die beiden Juttas, Ida und Sniwindis klagten, sie benötigten einen weiteren Seelsorger.

Das Öl aus Apfelblütenknospen wird auf die Schläfe gerieben und hilft gegen Kopfschmerzen

»Nimm dir mehr Zeit für Ida«, bat Hildegard Volmar. »Sie gefällt mir gar nicht. Sie isst kaum mehr etwas und weint viel.«

Er sei sehr beschäftigt. Die Überwachung des Kirchenneubaus sei keine Kleinigkeit, entschuldigte sich Volmar. Ein paar Löwen für das Innere des Gebäudes müssten sein. Es fehle an Geld. An Rikkar und den Grafen von Stahleck wolle er nicht schon wieder schreiben.

»Vergiss die Löwen. Kümmere dich um meine Tochter Ida.«

Er sah sie verzweifelt an.

»Idas Seelenheil ist wichtiger als der Schmuck der Kirche.«

»Der Frühling bringt uns alle durcheinander«, murmelte Volmar. Sie solle ihn nicht drängen. Er wisse schon, was er tun werde.

Mit schweren Schritten ging Rikkar durch das Eingangsportal des halbfertigen Kirchenbaus.

»Was sagst du?«, fragte Sniwindis. »Damals, als wir auf den Rupertsberg kamen, war hier nur der Felsen.«

»Meine Schmerzen haben sich in eine Kirche verwandelt«, sagte Rikkar und lächelte das erste Mal seit langer Zeit wieder. Sie hatte Geschenke für das Kloster und die Äbtissin dabei, die die Nonnen alle bestaunten: Gewürze, gläserne Trinkpokale und einen leichten orientalischen Webteppich mit eingewebten Falken auf rotem Grund, Kostbarkeiten aus Outremer, die ein verwandter Kreuzfahrer ihr für Hildegards Kloster übergeben hatte. Auch eine Rolle weiße Seide schleppten die Konversen in Hildegards Abtszimmer. Vorher war Rikkar mit ihrem Gefolge auf dem Disibodenberg bei Abt Kuno gewesen, der seit dem Auszug der Nonnen kränkelte und sichtlich gealtert war. Einen Brief an Hildegard hatte er ihr mitgegeben, den Richardis, die von ihrer langen Krankheit immer noch nicht ganz genesen war, mit zitternder Stimme vorlas.

Sie, Hildegard, solle der Benediktregel eingedenk sein. Keinesfalls werde er dulden, dass sich in Abwesenheit der geistlichen Väter im neuen Kloster auf dem Rupertsberg lockere Sitten einschlichen. Wichtig sei es, die Gebetszeiten einzuhalten wie zur Zeit auf dem Disibodenberg. Sie solle sich auch der verstorbenen Magistra Jutta erinnern und ihres Vorbildes. Unablässig habe Jutta gebetet und sich kasteit. Demütig sei sie gewesen und habe niemals auch nur das Geringste für sich verlangt. Die Besitzungen des heiligen Rupert werde er auch in Zukunft zum Besten beider Klöster, des Mönchsklosters auf dem Disibodenberg und des Jungfrauenklosters auf dem Rupertsberg, sachkundig verwalten und die Erträge, gerecht wie ein Vater, denen zuteilen, die der Güter gerade bedürften.

Rikkar sprach aus, was Hildegard dachte. »Väter können sehr ungerecht sein, wenn es um den Besitz ihrer Töchter geht.«

»Mater, solche Briefe lese ich dir ungern vor. Ich weiß, wie weh dir die Worte tun.« Richardis legte das Pergament nieder und bedeckte Hildegards Schultern mit dem orientalischen leichten Wollteppich, den ihre Mutter Hildegard mitgebracht hatte.

»Es ist genug«, sagte Hildegard und schlug die geballte Faust auf den Schreibtisch.

»Du brauchst eine Urkunde«, sagte Rikkar und setzte sich in den Lehnsessel, in dem sonst Volmar zu sitzen pflegte.

»Eine Verzichtserklärung des Abtes«. Richardis zog den wollenen Teppich enger um Hildegards Oberkörper.

Sniwindis, die mit einem Krug und frischem Brot gekommen war, ließ sich auf der Truhe nieder, nachdem sie für alle Wein in die orientalischen Pokale gegossen hatte. Besorgt tauschte sie Blicke mit Richardis.

»Es darf nicht so weitergehen wie in der Klause auf dem Disibodenberg«, murmelte Hildegard. Alle außer ihr sprachen dem Wein und dem Brot zu. Hildegard zerkrümelte ein kleines Stück davon und spürte Krämpfe in den Waden und in den Fingern.

»Es wird nicht so weitergehen. Du, Mater, wirst mit dem Abt sprechen und eine Lösung finden«, sagte Sniwindis.

»Ich bin viel zu schwach, um gegen ihn zu kämpfen.«

Dann werde sie nach Mainz zu Erzbischof Heinrich reisen und ihm alles vortragen, bot Rikkar an. Hildegards Hände umklammerten die Lehne ihres Sessels. Das Glöckchen läutete zum Gebet. Alle erhoben sich. Sniwindis und Richardis trugen Hildegard, die am ganzen Körper zitterte, im Sessel hinüber zu ihrer Schlafstätte und zogen sie behutsam auf ihr Bett. Sie versuchte etwas zu sagen, brachte aber kein Wort mehr hervor.

»Bald wird es besser«, flüsterte Richardis.

Sie wussten alle, dass es erst einmal für längere Zeit schlechter werden würde, wie immer, wenn die Krankheit ausbrach, die Hildegards Mark austrocknete und alle Kraft aus ihren Beinen und Armen nahm.

Hildegards Körper lag schwer und unbeweglich auf dem Bett ausgestreckt, nicht einmal in den Tragstuhl war sie zu heben, obwohl Richardis und Sniwindis es mehrere Male versucht hatten, damit sie am Gottesdienst in der Kirche teilnehmen konnte.

»Warum geißelt Gott dich so grausam, Mater?«, fragte Richardis.

»Wenn Gott seinen Geist im Dienst von Prophetie, Weisheit oder Wundern in einen Menschen schickt, dann fügt er dessen Fleisch häufig Schmerzen zu, damit der Heilige Geist dort wohnen kann.« Hildegard versuchte zu lächeln. *»Wenn er das Fleisch nicht durch Schmerzen bindet, dann wendet es sich leicht weltlichem Wandel zu, wie es Simson und Salomon geschah, die vom Aufseufzen des Geistes abließen und sich der Fleischeslust zuneigten, weil Prophetie, Weisheit und Wunder angenehm und erfreulich sind.«*

Richardis weinte.

»In der wahren Schau habe ich die Gestalt des Menschen gesehen«, fuhr Hildegard leise fort. »Sie ist, obwohl sie aus den zwei Naturen von Körper und Geist besteht, dennoch ein Gebäude, so wie der Mensch, wenn er ein Haus aus Steinen erbaut, es auch mit Mörtel abdeckt und befestigt, damit es nicht einstürzt und zerfällt.«

GOTT SUCHT NACH DIR, WEIL ER VON JEHER DARAUF BEDACHT IST, DAS VERIRRTE SCHAF ZURÜCKZUFÜHREN

Der Mensch sei das Werk Gottes. Aber das Werk des Menschen, ein lebloses, sei nicht gleich dem Werk Gottes, so wie das Werk des Töpfers nicht mit dem des Schmieds vergleichbar sei. Die Natur der Seele aber blicke auf zum unendlichen Leben, während der Körper nur das vergängliche Leben umfasse. *»Und die beiden sind nicht einmütig«*, schloss Hildegard, *»weil sie zwar zugleich im Menschen existieren, doch in zwei aufgeteilt werden.«*

Ihre zitternden Hände lagen auf der Bettdecke, und Richardis überlegte, ob die Meisterin starke Schmerzen hatte.

RÜCKKEHR ZUM DISIBODENBERG

Hildegard spürte ihre Zehen wieder, als sie aufwachte. Sie setzte sich auf. Die Glocke läutete zum Gebet. In ihren Armen prickelte es. Ihr Körper belebte sich. Helles Licht umgab sie. Die Stimme darin sprach ihr Mut zu.

»Zögere nicht, Klein Arm«, sagte sie.

Sniwindis trat mit der Waschschale ein und wusch Hildegards Gesicht und Hände. Hildegard lächelte.

»Richtet mir den braunen Zelter her.« Hildegard sah das Pferd in dem Moment, in dem sie es erwähnte, wie es schnaubend im Stall stand, und sie lächelte ihm zu.

»Magistra«, sagte Sniwindis vorwurfsvoll.

»Ich will nach Disibodenberg reiten.«

»Magistra, leg dich zurück und werde gesund.«

Mit einem Ruck schob Hildegard die Beine zum Boden und richtete sich langsam auf. Sniwindis führte sie in den Lesesessel. Draußen schien die Sonne.

»Heute ist der Tag«, sagte Hildegard. »Ich werde zum Disibodenberg reiten. Es gibt Dinge, die gesagt werden müssen.«

Richardis, Ida und Sniwindis jammerten und klagten. Doch nach dem Gebet in der Kirche war Hildegard nicht mehr zu halten. Ida und Sniwindis begleiteten sie, ebenso wie Volmar.

Der Pförtner im Pfortenhaus auf dem Disibodenberg war fassungslos, als er Hildegard erblickte. »Sie haben gesagt, du lägest im Sterben«, stammelte er. Ob er den Abt herbeirufen solle? Abt Kuno befinde sich im Kapitelsaal mit den Mönchen. Die Gäste sollten sich erst verköstigen lassen. Hinterher werde der Abt sicherlich…

Hildegard, auf ihren Abtsstab gestützt, schritt langsam an ihm vorbei, und Volmar, Ida und Sniwindis folgten ihr.

Der Konversbruder blieb kopfschüttelnd stehen. Gegen Hildegard konnte man nicht an, wenn sie etwas durchsetzen wollte. Er lief ein paar Schritte hinter den Ankömmlingen her. Türen flogen auf und zu, dann hörte er eine schrille Frauenstimme und die brüllende Stimme des Abts.

Habgierig seien die Mönche, schrie Hildegard.

»Ihr seid die schlimmsten Räuber. Wie die Söhne Belials seid ihr und habt die Gerechtigkeit Gottes nicht vor Augen. Deshalb wird Gottes Strafgericht euch vernichten!«

Die Dörfer, die Wälder, die Viehherden und Fischteiche, die sie und ihre Mitschwestern als Mitgift dem Kloster eingebracht hatten, wolle sie zurück. Kloster Disibodenberg könne unmöglich sämtlichen von den Nonnen eingebrachten Besitz auf immer für sich beanspruchen.

»Wollt ihr aber in eurem Widerstand verharren und gegen uns mit den Zähnen knirschen, so werdet ihr den Amalekitern gleichen und dem Antiochus, von dem geschrieben steht, dass er den Tempel des Herrn beraubt hat.«

Abt Kuno hob hilflos die Arme. Einige der Mönche begannen zu schreien.

Undankbar sei Hildegard. Was man ihr auch zugestehe, es sei ihr nie genug. Die Konversbrüder von Disibodenberg hätten beim Bau des neuen Klosters geholfen, die Weinreben gerodet, damit überhaupt gebaut werden konnte. Was Hildegard wolle mit ihren törichten Forderungen.

»Unheil wird über euer Kloster bekommen, wenn ihr uns beraubt«, sagte Hildegard. »Das Lebendige Licht wird euren Übermut brechen.«

Zorniges Murmeln erhob sich.

»Genug«, entschied Abt Kuno. »Wir werden eine Regelung finden, bei der die Nonnen von Rupertsberg nicht zu kurz kommen sollen. Lasst uns jetzt das gemeinsame Mahl einnehmen. Hinterher werden wir darüber sprechen.«

»Eine Urkunde sollte ausgefertigt werden«, schlug Volmar vor.

Tatsächlich geschah es so zur Zufriedenheit beider Seiten.

Das Jahr des Herrn 1151 war angebrochen. Inzwischen war das Gebäude mit den einzelnen Zellen für die Nonnen fertiggestellt. Hildegard hatte einen Arbeitsraum für sich, in dem sie mit Richardis und Volmar an *Scivias* weiterarbeiten konnte. Das Werk war jetzt fast vollständig. Es enthielt Hildegards große Visionen. Volmar hatte Hildegards erste Version in grammatisch richtiges Latein übertragen, manchmal einen Ausdruck durch einen besseren ersetzt, während Clementia und Ida nach Hildegards Anweisungen die Illustrationen der Visionen besorgten. Beide besaßen sie geschickte Hände, sodass es nicht nötig war, einen oder mehrere Mönche aus Disibodenberg für diesen Zweck einzusetzen, was Volmar zunächst vorgeschlagen hatte. Hildegard fiel auf, dass Volmar ständig um weitere Mönche aus Disibodenberg bat zur Unterstützung seiner seelsorgerischen Arbeit. Sie war streng dagegen. Jeder weitere Mönch bedeutete Kontrolle durch den Abt von Disibodenberg.

Täglich trafen Boten von weit her ein und brachten an Hildegard gerichtete Briefe. Sie hatten auch Geschenke ihrer Auftraggeber für das Kloster dabei, Schinken, Wein, Käfige mit lebenden Hühnern oder ein paar Schweine. Hildegard verbrachte viel Zeit damit, sich die Briefe anzuhören und sie zu beantworten. Der Abt beklagte seine schweren Sünden. Richardis seufzte auf, während sie seinen Brief verlas. Ihre Heiligkeit, Hildegard, sei seine Hoffnung. Sie möge bei ihrem himmlischen Bräutigam für ihn bitten. Einen Rat des Lebendigen Lichts brauche er. Er sei seines harten Amtes müde und wolle es aufgeben. Und krank sei er auch, ein lästiger Ausschlag am ganzen Körper plage ihn, las Richardis weiter vor. Wenn sie, die hochverehrte Magistra, wieder mit dem Bräutigam im Brautgemach ruhe und er ihr seine Geheimnisse anvertraue, so möge sie bitte nach einem Heilmittel für sein Leiden fragen. Von anderen habe er erfahren, dass der himmlische Bräutigam seine Braut vom Rupertsberg so sehr liebe, dass er ihr jede Bitte gewähre.

Hildegard bei der Niederschrift eines ihrer Werke während einer Vision, ihre Nonnen stehen im Hintergrund (Holzschnitt von 1524, der Zeit Luthers)

»Er will seine Laster nicht aufgeben und bereuen, er will nur Absolution«, murrte Hildegard.

»Der Heilige Geist wohnt in dir, Mutter, wie alle wissen. Du bist ein lebendiger Tempel, aus dem das Wort Gottes hinausdringt«, erwiderte Richardis.

Hildegard lehnte sich zurück und überlegte. Nicht nur in Disibodenberg herrschten Mißstände. In vielen Klöstern gab es ähnliche Probleme. Zu oft hörte sie Klagen dieser Art aus anderen Klöstern. Erstaunlich, wie ähnlich es in den weit verstreuten Klöstern zuging. Aufsässige Mönche, die ihrer Obrigkeit den Gehorsam verweigerten, die die Regeln missachteten. Mehr Bequemlichkeit verlangten sie, mehr Kontakt mit der Welt vor den Klostermauern. Äbte, die sich über Jahre Ausschweifungen hingegeben hatten und in den Augen der Mönche kein Vorbild mehr waren, die immer wieder gegen ihr Gelübde, keusch zu leben, verstießen. Enthaltsamkeit fiel den meisten schwer. Und hatten sie erst einmal begonnen zu sündigen, fanden sie Gefallen an der Sünde. Die sündige Natur hatten sie alle von Adam geerbt. Die Bereitschaft zu sündigen steckte in einem jeden und einer jeden. Nein, nicht in Richardis. Hildegard lächelte. Dieses zarte Mädchen, wohlerzogen, von edelster Abkunft, war die Reinste von allen, die sie je gesehen hatte. Unfähig zu lügen, unfähig zu betrügen.

»Hätte ich nicht dich, meinen lieben Timotheus, ich müsste an der Welt verzweifeln.«

Richardis sah erstaunt auf.

»Auch ich bin nur ein schwacher Mensch, liebste Mater«, sagte sie leise.

»Mein lieber, lieber Timotheus«, murmelte Hildegard.

EINE HOHE EHRE

»Mein Timotheus«, sagte Hildegard und legte den Kopf auf Richardis' Schulter.

»Mein Paulus«, antwortete Richardis.

»Unsere Liebe ist vollkommen.«

»Ist sie nicht eher Sünde? Eine Versuchung Satans?«

»Nein, mein Kind. Unsere Liebe besteht vor dem Angesicht des Lebendigen Lichts. Sie muss das Tageslicht nicht scheuen.«

Es hatte geklopft, dann war Gerlindis mit Briefrollen eingetreten, die sie auf das Lesepult der Magistra legte. Eine Rolle fiel ihr aus dem Arm, direkt vor die Füße der Äbtissin, die kurz darauf niederblickte.

»Das Wappen deiner Mutter«, sagte sie, an Richardis gewandt. Richardis lächelte. »Was schreibt meine Mutter?«

Sie solle Rikkars Brief vorlesen, bat Hildegard. Nichts auf Erden war süßer als die Stimme ihrer jungen Gefährtin. Die Äbtissin saß jetzt auf ihrem Schreibstuhl und um sie war überirdisches Licht, das sich auf Richardis' Blondhaar spiegelte, und zugleich spürte sie, stark und deutlich wie selten, die lebendige Grünkraft. Sie fühlte sie in sich, während ihr Herz klopfte und um sich herum. Auch in Richardis, deren Wangen sich lieblich röteten, war sie sichtbar. Hildegard schloss die Augen und bat Gott, er möge diesen Augenblick ewig ausdehnen. Die Sonnenstrahlen, die Richardis' hervorgerutschtes Haar aufleuchten ließen, die Wärme im Raum und das Singen einer Amsel draußen machten den kurzen Moment so kostbar, wie es sonst nur der Gottesdienst war, der Moment, in dem der Priester Brot und Wein mit seinen Worten zur Eucharistie verwandelte und Christus gegenwärtig war.

Sehr krank sei sie, schrieb die Markgräfin, und sie habe sich in das Stift Bassum begeben. Hildegard nickte, eine weise Entscheidung ihrer Freundin. Doch der eigentliche Grund ihres Schreibens sei die gute Nachricht, dass die Schwestern des Konvents die jüngere Richardis zur Äbtissin des Klosters erwählt hatten. In Demut bäten sowohl sie, die kranke Mutter, wie der Konvent von Bassum darum, Richardis abholen zu dürfen, auf dass sie ihr hohes Amt unter ihnen antreten könne. Weitere Briefe in dieser Angelegenheit habe sie, Rikkar die Markgräfin, auch an Kloster Disiboden und Erzbischof Heinrich von Mainz gesendet.

Hildegard zuckte zusammen. Welch ein Unsinn, die Markgräfin wusste doch, dass ihre Tochter jetzt die geistliche Tochter Hildegards war.

»Eine hohe Ehre«, sagte sie. »Ich werde deiner Mutter und dem Stift Bassum noch heute antworten und danken.«

»Ich freue mich«, stammelte Richardis, den Brief in den zitternden Händen. »Ich werde die Nordmark wiedersehen. Ich freue mich auf den Wind, den weiten Himmel und die Ebene.«

»Du wirst niemals dorthingehen«, sagte Hildegard, erstaunt über den Gefühlsausbruch der jungen Nonne. »Ich brauche dich hier im Kloster. Du bist mein Timotheus. Ohne dich ...« Sie brach ab. Ohne Richardis konnte sie nicht leben. Es war unnötig, dies auszusprechen, Richardis wusste, dass es so war. Schließlich war sie, Hildegard, sehr krank. Viele Qualen litt sie während der Wochen, in denen sie, gelähmt und von Krämpfen gepeinigt, im Bett liegen musste.

»Meine Mutter liegt im Siechenbett«, wendete Richardis ein. Sie wolle sie sehen. Auch sei es die größte Freude Rikkars, dass die Tochter nun dem Kloster Bassum vorstehen werde. Ihr Bruder, inzwischen Erzbischof, habe sich dafür verwendet, dass die Ehre des Vorsteheramtes an seine Schwester verliehen werde. Könne man denn nach der Wahl ein solches Amt überhaupt ausschlagen? Dies wäre ja Ungehorsam gegenüber der Mutter und dem Bruder. »Gegen Gott«, sagte Richardis und sah Hildegard an aus ihren leuchtenden blauen Augen. »Gott hat durch die Wahlstimmen der Konventsnonnen gesprochen.«

»Nein«, fuhr Hildegard auf. Nie und nimmer. Das Lebendige Licht, der rauschende Quell und das leuchtendste Grün seien anderer Meinung. Weltliche Ehren, um die ginge es nicht vor Gott.

»Mein liebes Kind, du wirst einen Brief schreiben und das Amt ablehnen.«

Richardis senkte den Kopf und schwieg. Hildegard wendete den Blick von ihr ab, um ihre Tränen nicht zu sehen.

Es gelüstet sie nach weltlichen Ehren, nach hohem Ansehen, durchfuhr es Hildegard, als Richardis gegangen war. Nicht nur Rikkar in ihrem der Welt verhafteten Ehrgeiz stand dahinter. Richardis wollte selbst schon seit längerer Zeit als Äbtissin einem Kloster vorstehen. Erhöht wollte sie sein in jungem Alter. Der falsche Weg war das. Sich selbst nach einem solchen Amt drängen durfte man nicht. Ihr Herz klopfte ungestüm, vor Zorn, vor Trauer, vor Sorge um die junge Nonne mit ihrem Husten, der nicht wich.

»Niemals, Richardis«, flüsterte sie. »Niemals darfst du mich verlassen.«

EIN ENTSETZLICHER MANN

Einige Wochen später war Hildegard wieder ruhiger. Sie hatte das Äußerste getan, um Richardis bei sich im Kloster zu behalten. Sie hatte Briefe an den Erzbischof Heinrich in Mainz geschrieben und einem Boten das Schreiben an Papst Eugen mitgegeben. Den Papst nämlich flehte Hildegard an, ihr Richardis zu lassen, nachdem, merkwürdig genug, wie Hildegard fand, der Erzbischof von ihr verlangt hatte, Richardis nach Bassum ziehen zu lassen, um ihr Äbtissinnen-Amt anzutreten. Heinrich hatte ihre Anliegen doch früher immer unterstützt. Er hatte ihre *Scivias*-Schriften ganz zu Anfang gelobt und dem Papst vorgelegt. Richardis sah ja selbst ein, dass es nur um den Ehrgeiz ihrer ruhmsüchtigen Familie ging. In ihrer Unschuld wollte sie die Wünsche ihres Bruders und ihrer Mutter erfüllen und Hartwig und Liutgard mit ihrer Familie näher sein. Im Hof vor dem Kloster wieherten die Pferde der Besucher aus dem Norden. Liutgard, inzwischen zweimal geschieden, war mit ihrem dritten Mann und den Kindern gekommen. Richardis' ältere Schwester, wieder schwanger, war eine schöne Frau um die vierzig, mit dem gleichen kräftigen Blondhaar wie Richardis. Ihre Stimme klang ähnlich wie die ihrer Schwester, doch kräftiger und selbstbewusster. Sie wollte ihre Tochter Adelheid besuchen und mit der Schwester Richardis zusammentreffen. Die Markgräfin werde hoffentlich bald wieder reisen können. Derzeit sei sie sehr krank und liege in Stift Bassum darnieder. Hildegard möge sie in ihre Gebete einschließen. Liutgard lag daran, die guten Beziehungen ihrer Familie zu Kloster Rupertsberg zu erhalten. Und auch dafür möge Hildegard beten, dass das Kind ein Knabe werde, bat sie. Dies sei wichtig, denn noch habe ihr Mann keinen männlichen Erben. Ohne einen solchen, erklärte sie, würden seine Lehen wieder an Erzbischof Bernhard zurückfallen, seinen Feind, der sie seit Langem verfolge.

Das Kind werde niemals zur Welt kommen, Hildegard wusste es in dem Moment, als Liutgard, glücklich lächelnd, von ihm sprach.

»Vor Gott gibt es weder Knaben noch Mädchen«, murmelte Hildegard, selbst erschrocken über die klare Auskunft, die das Lebendige Licht über sie ergoss.

Liutgards Mann, Graf Hermann von Winzenburg, war ein finsterer Recke, großgewachsen und knochig. Er wich Hildegards Blick aus, als sie ihn begrüßte. Schwarz umgab ihn. Hildegard sprach nicht aus, was sie deutlich spürte. Der böse Feind stand dicht hinter ihm. Der Graf dachte an die Eroberung feindlicher Burgen, seine Jagdstiefel hatten dunkle Flecken vom Blut erschlagener Gegner. Seine Gedanken waren weit entfernt von Gott. Das, was er im Sinn hatte, war nicht gut. Schon wegen dieses Schwagers durfte Richardis nicht nach Bassum ziehen. Hier auf dem Rupertsberg hatte sie Frieden, göttlichen Frieden. Dort oben im Norden warteten Fehden und grausame Händel auf sie. Am Ende würde der Winzenburger die Schwägerin noch aus dem Kloster entfernen und mit einem seiner Kumpane verehelichen. Hildegard glaubte, ihn zu durchschauen.

»Warum blickst du mich so mürrisch an?«, fragte Hildegard Sniwindis, die vor ihr stehengeblieben war.

Graf Hermann werde Richardis entführen, sagte Sniwindis. Nur deshalb sei er mit seinen Bewaffneten gekommen. »Mach dir nichts vor, Mater.«

Das werde er nicht wagen. Auch die Markgräfin und ihr Sohn Hartwig würden eine Gewalttat dem Kloster gegenüber niemals vollbringen, widersprach Hildegard. Und niemals würde Richardis gegen ihren Willen mit Graf Hermann das Kloster verlassen. »Sie werden

Die Äbtissin Hildegard vor Kloster Rupertsberg mit ihrem Werk *Scivias*
(Gemälde von 1920)

sich nicht der Stimme des Lebendigen Lichts widersetzen.« Hildegard erhob sich von ihrem Lesestuhl. Vor allem aber war Richardis, ihr lieber Timotheus, ganz unfähig zu Lug und Trug.

»Ich habe dich gewarnt, Mater«, gab Sniwindis zurück.

Im Winter könne die zarte Richardis unmöglich die lange Reise riskieren. Ihre Verwandten wüssten doch, dass sie kränkelte. Hildegard fühlte sich unwohl. Feine Fieberschauer deuteten eine kommende Krankheit an.

Das Fieber war stärker geworden. Hildegard lag schwitzend im Bett. Ihre Beine waren zu schwach. An den nächtlichen Vigilien hatte sie nicht teilnehmen können. Und auch die morgendlichen Laudes musste sie ausfallen lassen. Es klopfte an der Tür der Zelle, zweifellos Richardis, die sich um sie sorgte. Doch es war Hiltrud und Hildegard verstand nicht, warum ausgerechnet Hiltrud um diese Stunde zu ihr kam.

»Sie ist fort!« Hiltruds Schleier war verrutscht. Hildegard begriff nicht.

»Richardis ist mit Graf Hermann und ihrer Schwester gegangen.«

»Sie haben sie geraubt!«

Die Mater sei im Irrtum, unzweifelhaft habe Richardis freiwillig die Klausur verlassen. Sniwindis trat hinzu. Die Gäste hätten bei Nacht das Kloster zu Pferd verlassen. In der Dunkelheit konnte der Stallknecht nicht erkennen, dass eine Nonne aus dem Kloster bei ihnen war, Richardis. Auch an der Pforte wurden die abreisenden Gäste nicht überprüft. Die alte Nonne reichte der Magistra eine Schreibtafel.

Es war eine Nachricht von Richardis. Durch ihre Tränen hindurch las Hildegard den einen Satz, den ihre Sekretärin ihr zum Abschied geschrieben hatte: »Ich verlasse dich, Mater, um mein Amt in Bassum anzutreten. Bete für mich.«

HILDEGARD AN DIE ÄBTISSIN RICHARDIS ZU BASSUM

Tochter, höre mich, deine Mutter, die zu dir im Geiste spricht: Schmerz steigt auf. Der Schmerz tötet das große Zutrauen und den Trost, den ich an einem Menschen besaß.

Von nun an will ich sagen: »Besser ist es, auf den Herrn zu hoffen, als auf Fürsten Hoffnung zu setzen« (Ps 117,9). *Das heißt, der Mensch soll auf den erhabenen Lebendigen blicken, ohne irgendwelche Überschattung der Liebe und des gebrechlichen Vertrauens, das die nebelhafte Feuchtigkeit der Erde für kurze Zeit hat. Ein Mensch, der so auf Gott schaut, heftet sein Auge wie der Adler auf die Sonne. Und darum soll der Mensch sich nicht nach einer hochgestellten Persönlichkeit richten, die vergeht, wie eine Blüte abfällt. Das habe ich aus Liebe zu einem edlen Menschen außer acht gelassen.*

Nun sage ich dir: Sooft ich auf diese Weise sündigte, wies mich Gott durch irgendwelche Ängste oder Schmerzen auf diese Sünde hin. So geschah es, wie du selbst weißt, auch jetzt um deinetwillen.

Und nochmals sage ich: Weh mir Mutter, weh mir! Warum hast du, Tochter, mich wie eine Waise zurückgelassen? Ich habe den Adel deiner Sitten, die Weisheit und Keuschheit, deine Seele und dein ganzes Leben geliebt, sodass viele sagten: Was tust du?

Nun sollen alle mit mir klagen, die Schmerz erleiden, der meinem Schmerz gleicht, die aus Gottesliebe solche Liebe im Herzen und in ihrem Gemüt zu einem Menschen trugen, wie ich sie dir gegenüber hegte. Er wurde ihnen in einem Augenblick entrissen, wie auch du mir abwendig gemacht wurdest. Doch der Engel Gottes gehe dir voran, es beschütze dich der Sohn Gottes und seine Mutter behüte dich.

Gedenke deiner unglücklichen Mutter Hildegard, damit dein Glück nicht versiege.

Die Nachricht vom Tod der jungen Äbtissin in Bassum erreichte Hildegard wenige Tage später. Vera las ihr das Schreiben Hartwigs vor, in dem er sich entschuldigte und um Nachsicht bat. Der letzte Wunsch seiner Schwester Richardis auf dem Krankenbett war gewesen, zurückzukommen zu Hildegard auf den Rupertsberg.

»Gott hat sie noch mehr geliebt als ich«, murmelte sie. »Und er hat sie zu sich geholt.«

DIE SIEBEN LASTER

Nichts half besser gegen großen Schmerz, als andere zu trösten. Das hatte Hildegard oft genug erfahren. Der Schmerz um die verlorene Tochter überkam Hildegard immer dann, wenn sie glaubte, ihn endlich überwunden zu haben. Er war ein wütendes Raubtier, das über sie herfiel, wenn sie ihn einmal vergessen hatte. Sie ließ den Tränen ihren Lauf und wendete sich den Briefen der Bittsteller zu, die ihr jetzt Hiltrud vorlas.

Er war schlimmer als Zahnschmerz. Er durchdrang ihren ganzen Körper und ihre Seele. Aber sie wusste, er würde sie nicht vernichten. Richardis war bei Gott, wo sie gut aufgehoben war. Hildegard hörte die Stimme ihrer einstigen Sekretärin überall, ohne dass sie die Worte verstand. Sie hörte ihre Schritte und das Rascheln ihres Gewands. Unauslöschlich schwebte der Duft ihres Körpers in Hildegards Arbeitsstube. Es war, als bewege sich Richardis immer noch durch die Räume des Klosters, durch die Kirche, den Kreuzgang, den Garten.

Hildegard schloss die Augen und lauschte den Worten Hiltruds. Mitten im Satz brach die neue Sekretärin ab.

»Du weinst, Mater.«

»Lies weiter. Das Leben geht weiter.«

Verula, die Äbtissin von Kloster St. Glodesindis, war aus Metz zum Rupertsberg gekommen, um Rat von Hildegard zu erhalten. Mit ihrem Beichtvater und zwei Nonnen war sie angereist. Sie war erstaunlich jung, erst seit drei Jahren stand sie den Nonnen ihres Klosters vor und war doch schon des schweren Amtes müde. Über fünfzig Schwestern lebten im Kloster in Metz, viele unter diesen älter als sie, die Vorsteherin. Weinend warf sich Verula in Hildegards Arme.

Sie wisse nicht mehr ein und aus. Ihre Kräfte reichten nicht mehr aus, um die Seelen ihrer Nonnen zu leiten. Es sei wohl besser, wenn eine ihrer Nonnen ihr folge und ihr Amt übernehme. Standhalten könne sie nicht mehr. Deshalb sei sie zu Hildegard geflüchtet wie zu einer Mutter. Auch die übrigen Nonnen brachen in Tränen aus. Verula, zart und von schwächlicher Gestalt, war ein Bild des Jammers. Sie sah Richardis erstaunlich ähnlich, hatte die gleichen dunkelblauen Augen unter den hellen Brauen und deren weiches blondes Haar. Später, beim gemeinsamen Mahl, sangen die Nonnen:

Alleluia!
O Reis, du Vermittlerin!
Dein heiliger Leib hat den Tod besiegt,
und dein Schoß erleuchtete alle Geschöpfe
durch die liebliche Blüte,
die der versiegelten Keuschheit dein
in zarter Unberührtheit entspross.

Die Abendsonne fiel durch die rundbogigen Fenster des Saals und brach sich auf den mit Rotwein gefüllten, orientalischen Gläsern. Zum ersten Mal seit ihrer Ankunft lächelte Verula. Sie lehnte an der Schulter Hildegards und hielt ihre Hand fest wie ein Kind, das endlich wieder seine Mutter gefunden hat.

»Lass mich bei dir bleiben, Mater«, flüsterte Verula. »Als einfache Nonne, ich kann nicht mehr Äbtissin sein. Mein Amt scheint mir zu schwer, und ich fühle mich ganz und gar unwürdig, meinen Nonnen vorzustehen.«

Einen Moment war es, als sei Richardis zurückgekehrt.

»Der Berg Sion ist hoch und sein Schatten erstreckt sich auf die Täler und zeigt so seine Höhe an«, begann die Äbtissin von Rupertsberg. *»Mit der Höhe des Berges Sion und der anderen Berge werden die Prälaten und Vorsteher, die eine*

Stütze der Kirche sind, bezeichnet. Die Jünger werden Töchter Sion genannt. Wenn dieser Berg aber einstürzen würde oder andere ihn zerstören würden, wäre das ein großer Schaden.«Die Nonnen am Tisch verstanden nicht sofort, worauf Hildegard hinauswollte, lauschten aber aufmerksam. Jeder, der ein Vorsteheramt ausübe, müsse verstehen, wie wichtig er in dieser Rolle sei. »*Denn wie Berge für viele eine Verteidigung vor ihren Feinden sind, so sind die Vorsteher durch ihre Lehre und den Gehorsam, der ihnen im Hinblick auf Gott erwiesen wird, für viele eine Verteidigung vor den Nachstellungen ihrer Feinde.*« Deshalb dürfe auch Verula die Zuchtrute, die sie aus der Hand Gottes empfangen habe, nicht wegwerfen. Nicht quälen lassen dürfe sie sich durch unruhige Jüngerinnen. Weder wegen der wechselhaften Stimmungen im Kloster noch aus Überdruss an der Schwierigkeit, ihre Herde zu leiten, dürfe Verula fliehen.

»Ich bin so matt«, klagte Verula. »Ich habe keine Kraft mehr, mein Amt auszuüben.«

»*Tochter Gottes*«, sagte Hildegard, an die Magistra des Metzer Klosters gewandt, mit ernster Stimme. »*Umgürte dich mit der Waffenrüstung der sieben Gaben des Heiligen Geistes, um die sieben Laster zu unterwerfen, damit du nicht von ihnen verwundet wirst.*«

Verula schluchzte erneut auf. Zurückzukehren und den Kampf wieder aufzunehmen, war nicht leicht.

Unbeirrt sprach Hildegard weiter. Der erste Fallstrick sei der eitle Ruhm, der an sich raffe, was er weder verdient noch gesät habe. Und was ihm von Gott nicht gegeben sei, das wolle er sich selbst verschaffen. So genau habe auch der erste Verführer gehandelt, und deshalb suche der eitle Ruhm nicht nach Gott. Der zweite bestehe darin, dass der Mensch fühle, dass er sündigen könne, und infolgedessen das Ergötzen des Fleisches als Schatz anhäufe. Den dritten Fehltritt begehe er durch seine wüsten Gewohnheiten. So lebe der Mensch, als wäre Gott tot und erwarte kaum, dass er um ihn wisse. »*Der vierte Fallstrick jedoch ist die Täuschung, in der der Mensch sich wegen der erwähnten Sünden entschuldigt und verteidigt, sie seien gar nicht so gefährlich. Und daher wird er so hasserfüllt gegen die Menschen, dass er keinem vertraut.*« Der fünfte seien der

Stolz und die Behauptung, der Mensch könne sich wegen seiner irdischen Menschennatur nicht der Sünden enthalten. Darum sei es nicht möglich, sich von den fleischlichen Begierden zu trennen.

An dieser Stelle seufzte auch Volmar tief.

»Doch es ist sehr wohl möglich«, erklärte Hildegard mit Leidenschaft. *»Der Stolz stellt sich selbst Gesetze verwegen auf, ohne Ehrfurcht vor Gott.«* Der sechste Fallstrick bestehe darin, dass der Mensch sein Heil beim Geschöpf suche und von ihm Erklärungen für jedwede Ursache erwarte. So spotte er seines Schöpfers und erbitte nichts von ihm, in der falschen Annahme, der Herr könne ihm nicht helfen. Der siebte Fallstrick schließlich sei der Götzendienst, der den Teufel anbete und Gott verachte.

»Die sieben Laster haben so etwas wie eine ihnen in allen Unternehmungen beistehende Kampfschar, zahlloser als die Zweige eines Baumes, weil sie alle in der Übertretung des Essverbotes – Adam aß ja den Apfel – verborgen lagen. Deshalb sprach Gott zu ihm: Zur Stunde, da du isst, wirst du des Todes sterben. Gott hatte Adam dieses Gebot aufgestellt, damit er nicht etwas Ähnliches wie der Teufel tue, nämlich, dass er nicht ohne Gebot sei, wie jener es sein wollte. Darum kann auch kein Mensch auf Erden wegen der ersten Einflüsterung des Teufels, die Adam aufnahm, in diesem Leben sicher sein.«

Alle schwiegen eine Weile und dachten über die Worte Hildegards nach.

Dann wurde entschieden, Verula solle ein paar Tage im Kloster Rupertsberg verweilen. Sehnsucht nach ihrem Kloster bei Metz, Heimweh, ihre geistlichen Töchter wiederzusehen, werde sie überkommen, und umgekehrt würden auch die Nonnen in Kloster Glodesindis ungeduldig auf ihre Äbtissin warten und sich freuen, sobald sie wieder bei ihnen eintreffe. Eine Herde ohne Hüterin seien sie derzeit. Verula solle sich ins Gebet vertiefen. Dann werde das Lebendige Licht ihr neue Kräfte schicken, sodass sie umso sicherer ihr Amt ausüben könne.

»Und wenn mich aber die Schwäche erneut überkommt?«, fragte Verula.

Dann werde sie wieder herzlich willkommen im Kloster am Rhein sein und könne dort eine weitere Zeit im Gebet und Studium in der Bibliothek zubringen. Es sei auch hilfreich, sich in das Leben der Heiligen aus früherer Zeit zu vertiefen. Diese hätten mit Verfolgung durch die Heiden, Hungersnöten und Seuchen zu kämpfen gehabt und doch tapfer ausgeharrt. Das Vorbild dieser frommen Menschen gebe Mut. Sie solle nur an den heiligen Disibod denken, der ganz allein Bäume und Sträucher gerodet habe, sich vor Bären und Luchsen schützen musste und doch den Heiden, die rundum lebten, das Evangelium gebracht habe.

Mandelkerne zu essen, helfe gegen Kopfschmerzen, glaubte Hildegard

»Durch den Anblick und die Schönheit der Heiligen und durch das Licht der göttlichen Lichter nehmen wir das Geschaute deutlich wahr und werden selbst leuchtend«, fügte Hildegard lächelnd hinzu.

In der Gemeinschaft der Nonnen auf dem Rupertsberg gewann Verula neue Kräfte und Einsichten. Als sie nach einigen Wochen mit ihrer Begleitung Abschied nahm, durfte sie ein Exemplar des *Scivias* mitnehmen, zahlreiche Gewürzpflanzen aus dem Klostergarten und junge Nuss- und Apfelbäume, von Sniwindis gut in Sackleinen verpackt. Und einen Jagdhundwelpen schenkte Hildegard ihr für ihr Kloster. Gott habe dem Menschen den Hund gegeben, damit er sich über dessen Treue freuen könne, eine Treue, an der es den Menschen oft genug fehle.

Mit Idas und Hiltruds Hilfe verfasste Hildegard inzwischen ein wichtiges Buch für die Arbeit im Infirmarium. Die Ursachen und Behandlungen von Krankheiten beschrieb sie darin, beraten von Sniwindis und Samarel, die täglich Kräuter vor dem Kloster an den Wegen und auf den Wiesen sammelte und Wurzeln ausstach. Denn es kamen immer mehr Kranke auf den Rupertsberg, darunter Epileptiker, Menschen mit der Wassersucht, von Würmern und Hautausschlägen Geplagte, kranke Kinder und die Fieberkranken. Volmar war noch mit den Berichtigungen der früheren Schriften Hildegards beschäftigt, was in seiner Amtsstube des Propstgebäudes stattfand. Doch im Fall des medizinischen Buches, einer Zusammenstellung von Krankheiten, Rezepten und Arzneimitteln, glaubte Hildegard auch ohne ihn alles Wichtige festhalten zu können, unterstützt von der Stimme des Lebendigen Lichts. Jeden Morgen zog Hildegard sich für eine Weile mit Ida oder Hiltrud zurück, um zu diktieren.

Allerdings war Ida in letzter Zeit eine unzuverlässige Helferin. Sie war jetzt eine Mittvierzigerin, lebhaft wie früher, und manchmal kritisierte sie die Magistra. So war sie immer gewesen, Hildegard hatte ihre offene Art immer gefallen. Neuerdings ließ die früher so aufmerksame Ida immer wieder den Griffel fallen und starrte gedankenverloren vor sich hin.

»Warum weinst du?«, fragte Hildegard. Ida schlug die Hände vors Gesicht und schluchzte leise vor sich hin.

»Ich bin die Mater. Hab Vertrauen zu mir. Sag mir alles.«

Aus Ida sprudelte es heraus. Es sei ein Fehler gewesen, dass sie damals nicht mit Rulindis und Gothwalda das Kloster verlassen hätte.

»Du hast also auch dazugehört?«

»Ich habe getan, was du gesagt hast. Ich habe sie mit der Rute geschlagen.«

»Aber du hast auf ihrer Seite gestanden, du, meine Stellvertreterin?«

Hildegard als Äbtissin und Ärztin
(Kupferstich von Jonas Umbuch um 1658)

Ida putzte sich die Nase. Dann, als Richardis geflohen sei, hätte sie zum zweiten Mal die Möglichkeit gehabt, aus dem Kloster hier zu entkommen, doch hätte sie der Mut im letzten Moment vcrlassen. Dabei wäre es der einzige, der letzte Ausweg gewesen. Jetzt sei alles zu spät. Daraufhin brach Ida völlig zusammen und angesichts ihres zuckenden Rückens und des nicht endenden Weinens bekam Hildegard es mit der Angst zu tun.

Für nahezu jedes Leiden, jede Krankheit kannte sie ein Kraut, einen Trank, eine heilende Wurzel. Aber im Fall Ida wusste sie keinen Rat.

Wie als Kind und junges Mädchen überkamen Hildegard auch jetzt als über fünfzigjährige Magistra die Schauungen fremder Menschen, die weitab wohnten, von Vorgängen in fernen Gegenden, die sie im Schein des Lebendigen Lichts erblickte, ohne dass sie es gewollt hätte. Auch die Gedanken von Besuchern konnte sie erkennen, als seien die Menschen aufgeschlagene Bücher. Seltsamerweise war es ihr kaum möglich, die Gedanken Hiltruds und Idas, ihrer engsten Mitarbeiterinnen, Volmars oder der anderen Nonnen und Frauen im Kloster zu lesen. Hildegard wunderte sich oft darüber, wie blind sie gegenüber den Vorgängen im eigenen Kloster war, während sie zugleich den Erzbischof auf seinem Pferd dahinreiten sah und die Prälaten in Mainz tuscheln hörte.

JEDE KREATUR HAT EINEN URTRIEB NACH LIEBENDER UMARMUNG

»Klein Arm«, sprach das Lebendige Licht, als sie um eine Erklärung bat, »das Nächste ist das Fernste.«

Ida war in letzter Zeit immer seltsamer geworden, ohne dass Hildegard verstand, was in ihr vorging. Sniwindis, inzwischen wacklig und auf einen Stock angewiesen, murmelte nur zusammenhanglose Sätze, wenn die Magistra sie auf Ida ansprach. Ida, abgemagert und blass, weigerte sich, zur Beichte zu gehen. Auch die Kommunion wollte sie seit einiger Zeit nicht mehr nehmen. Sie widmete sich der Krankenpflege und lehnte es ab, im Skriptorium die jüngeren Nonnen anzuleiten.

Hildegard klingelte mit der kleinen Bronzeglocke. Endlich kam Hiltrud herbei, gefolgt von Volmar.

»Sie ist krank«, sagte Hildegard. »Vielleicht ein Anfall von Wechselfieber.«

Hiltrud gab Volmar ein Zeichen mit der Hand, worauf er sich entfernte.

Nur langsam beruhigte sich Ida. Ihre Augen waren rot vom Weinen.

»Sag es ihr, Ida«, schlug Hiltrud vor. »Die Magistra muss es endlich erfahren.«

Dämonen, Luftgeister in einer ihrer Nonnen? In ihrer Stellvertreterin? Hildegards Hände waren jetzt eiskalt.

»Es ist alles wegen Magister Volmar«, stieß Ida hervor.

Volmar? Hatte er sich an ihren Nonnen versündigt? Das konnte nicht sein. Es durfte nicht sein. Volmar, die Mauer, an der sie sich jeden Tag anlehnte. Volmar, der Fels, auf dem sie stand. Volmar, den das Lebendige Licht zu ihr geschickt hatte. Hildegard umklammerte die Seitenlehnen ihres Korbsessels.

»Erzähl mir alles, Tochter«, sagte sie.

Es sei nicht viel zu berichten. Seit vielen Jahren liebten sie sich, sie Volmar und Volmar sie. Doch nie hätten sie sich berührt, das könne sie schwören vor Gott. Nur verlangende Blicke hätten sie sich zugeworfen. Sie dem Magister Volmar und er ihr. Und voller Sehnsucht hätte sie oft an ihn gedacht. Erst auf dem Weg nach Andernach, als sie gemeinsam Rulindis zu Tenxwindis gebracht hatten, da sei es dann geschehen. Ida senkte den Kopf.

»Was ist geschehen?«

»Wir haben uns geküsst«, gestand Ida. Nicht einmal, sondern ungefähr hundertmal. Der Weg sei ja ziemlich weit. Und sie hätten ihn absichtlich ausgedehnt. Einen Umweg durch den Wald hätten sie genommen, wo niemand sie sehen konnte.

»Um uns war alles grün«, sagte Ida. »Die Vögel sangen und eine Wildschweinrotte lief über den Weg. Der Waldboden war gepolstert von Moos und Tannennadeln.«

»Genug«, stammelte Hildegard und fühlte sich schuldig an allem. Warum hatte sie die beiden auch allein miteinander auf die Reise geschickt?

Mehr wollte sie gar nicht wissen. Keine weiteren Einzelheiten. Es tat zu weh. Am Ende war Ida gar keine Jungfrau mehr. Ihren himmlischen Bräutigam hatte sie betrogen.

»Nein«, sagte Ida, als könnte diesmal sie Gedanken lesen. »Ich bin körperlich unversehrt geblieben. Nur teilweise habe ich das Gelübde gebrochen.«

»Du hast nach dem Willen deines Herzens die Profess abgelegt. Was der Mensch Gott versprochen hat, das muss er auch einlösen.«

Das sei ihr nur zu klar, ebenso wie Volmar. Deshalb hätten sie beide ihrer Liebe entsagt und beschlossen, einander nicht mehr zu sehen, soweit es im Kloster möglich sei.

»Eine Zeitlang ging es gut, aber jetzt, Mater, halte ich es nicht mehr aus. Du musst mich in ein anderes Kloster schicken.« Immer wieder, wenn sie ihm begegne, flamme die Liebe zu Volmar wieder in ihr auf.

»Du bist bald fünfzig Jahre alt«, seufzte Hildegard auf. »Und dazu meine Stellvertreterin. Ich kann dich nicht entbehren. In welches Kloster sollte ich dich denn senden?«

»In eins, das weit entfernt ist«, schlug Ida vor.

Draußen sangen die Vögel, obwohl es erst Februar war. Um das Kloster brandeten die Wasserfluten der Hochwasser führenden Flüsse Nahe und Rhein.

»Sieh hinaus«, sagte Hildegard und Ida folgte ihr an das Fenster. »So wie das Wasser unruhig ist und alles überflutet, so kommt die Leidenschaft über den Menschen und reißt ihn fort.«

»Bestrafe mich, Mater«, bat Ida.

Hildegard nahm ihre Stellvertreterin in die Arme.

»Bleib hier im Kloster bei uns, Ida. Die Leidenschaften sind wie Unwetter, sie gehen vorbei.«

»Wirst du mir und Pater Volmar verzeihen?«

»Gott hat euch schon verziehen. Das Lebendige Licht zeigt es mir gerade«, sagte Hildegard.

»Verziehen?« Ida schien zu zweifeln.

»Die Liebe ist ein Feuer, das nie erlischt. Den Liebenden verzeiht Gott.«

Hildegard sang laut und jubelnd. Vor der Reisegruppe blitzte der Rhein silbern auf. Die Sonne strahlte vom Himmel, und am Rand der alten Heidenstraße grünten und blühten die Hagedornhecken, es war das Jahr 1154. Das Pferd unter ihr schritt kräftig aus. Sein Atem dampfte in der kühlen Morgenluft. Neben ihr ritt Volmar. Es folgte ein Fuhrwerk mit Kleidung und Gerätschaften, auf dem sitzend Sniwindis, Hiltrud und Ida ihre Äbtissin begleiteten. Bewaffnete Reiter hinter ihnen schützten den feierlichen Zug.

»*Viriditas*, wohin ich sehe«, murmelte Hildegard. Ihr war, als lächle das Lebendige Licht ihr zu, das sie wieder einmal völlig umgab. So alt sie jetzt auch war, fühlte sie sich wie ein junges Mädchen. Heute, so kam es ihr vor, mussten eigentlich alle Menschen das Lebendige Licht erkennen und seine klare freundliche Stimme hören.

»Höre, Mensch«, sprach es, »ich mache alles heil, das Kranke ebenso wie das Zerstörte. Ich richte alles auf. Ich bin die Gesundheit und die Grünkraft. Ich bin der Trost und die Freude, die Freundschaft und das Vertrauen. Hab keine Angst vor mir, Mensch. Ich mache dich stark und verleihe dir Ausdauer.«

Du hast mir auf das Pferd geholfen, antwortete Hildegard. Gestern mussten die Nonnen mich beim Gehen stützen und ich habe den Stock umklammert.

»Du leitest Kraft und Zuversicht von mir ab, weil ich sie dir gebe.«

Danken möchte ich dir, erwiderte Hildegard. Auch zu erkennen vermag ich dich. Ich werfe einen Schatten, verursacht durch dein göttliches Licht.

»Hüte dich vor ungerechtfertigtem Stolz«, mahnte die Stimme, »leicht überkommt er den Menschen, der auf einem Pferd reitet, erhoben über die Armen, deren Füße durch den Staub schleifen.«

»Du hast Cherubim und Serafim erschaffen, verschiedene Stände in deinen himmlischen Heerscharen. Wie im Himmel, so auf Erden. Deine Bräute reiten auf edlen Pferden dem Herrscher entgegen.«

Das göttliche Licht äußerte sich hierzu nicht mehr. Wahrscheinlich, überlegte Hildegard, musste es sich anderen Aufgaben zuwenden. Vielleicht bemühte es sich gerade um den allzu stolzen Herrscher in der Pfalz, dessen Herz verhärtet war. Sie blickte hin zu Volmar, dem die Anstrengung des Ritts anzusehen war. Schweiß lief über seine Stirn, in letzter Zeit war er sichtlich gealtert. Seltsam, dass sie keine Müdigkeit spürte, sondern äußerste Wachheit.

»Der König spricht kein Latein, sodass du in der Volkssprache mit ihm reden solltest«, erklärte Volmar ihr. »Auch kann er selbst nicht lesen. Den Schriftverkehr wickeln die königlichen Schreiber und Notare für ihn ab.«

»Reiter kommen uns entgegen!«, rief Ida.

Es könne nur der Mainzer Erzbischof Arnold mit seiner Begleitung sein, meinte Volmar. Er wolle sie zum König führen, habe er angekündigt. Hildegard runzelte die Stirn. Ein unangenehmer Mann, der seinen Vorgänger, den edelmütigen, sanften Heinrich, auf die grausamste Art vertrieben hatte. Unterstützt hatte ihn der König bei diesem Werk.

Der junge Mann mit dem purpurfarbenen Mantel über der Schulter, dem gelockten Blondhaar und dem rötlichen Bart, der ihr die Treppe entgegenkam, war König Friedrich. Fast tänzelnd stieg er die Stufen hinab. Hildegards Blick blieb an seinen spitzen Schnabelschuhen hängen. Ein schöner Mann. Hildegard erkannte ihn sofort. Genau so war er ihr in ihrer Schau erschienen. Prächtig war auch die Empfangshalle, unglaublich viele kostbar gekleidete Menschen liefen umher. Diener des Königs, Türsteher, Mundschenke, Reitknechte, außerdem Vornehme, die ihn berieten und beschützten, und Geistliche in goldbestickten Gewändern. Sie stützte sich auf ihren Stock und überlegte, wie sie mit ihren schweren Füßen die Treppe bewältigen sollte. Von der Seite näherte sich in seinem golddurchwirkten Bischofsgewand Arnold. Ihm folgten Kleriker und Capellani. Tief verbeugten sie sich vor dem schönen und stolzen König.

Eine große Ehre sei es ihm, sie, die Geliebte ihres himmlischen Bräutigams, in der Pfalz empfangen zu dürfen, begann der König ohne

Umschweife das Gespräch, nahm Hildegards Arm und geleitete sie zum Tisch in einem Nebenraum der Empfangshalle. Hildegard war erleichtert, dass ihr die Treppe erspart blieb.

Ob nach dem Mahl ein Gespräch unter vier Augen möglich sei, fragte der König.

Volmar werde sie begleiten, gab Hildegard zur Antwort. Er sei ihr Beichtvater und Sekretär. Als Pater werde er das Beichtgeheimnis auch über das Gespräch wahren.

Im Gesicht des Königs zuckte es unwillig, er war Widerspruch nicht gewohnt.

Der Name des Erzbischofs Heinrich fiel nicht, und es gelang Hildegard, seinem Nachfolger Arnold mit einem huldvollen Lächeln zu begegnen, obwohl sie trübe Gedanken bei seinem Anblick überkamen. Eine Ratte war dieser Mann, der mit falschen Anschuldigungen gegen den papsttreuen Heinrich intrigiert hatte. Sittenlos sei er und hätte Kirchengut verschleudert. Der gute Heinrich, der so viel für sie und ihre Nonnen getan hatte. Doch sie musste klug sein wie eine Schlange, ihren Zorn durfte sie nicht zeigen, Hildegard dachte an ihr Kloster und ihre lieben Töchter. Sie brauchte eine Urkunde aus der Kanzlei des Königs, die dem Kloster Schutz und für die Zukunft Unabhängigkeit von Kloster Disibodenberg garantierte. Das Recht auf freie Äbtissinnenwahl und das Recht, sich den Propst und Beichtvater selbst auszusuchen.

Mit ihr allein wolle er sprechen, beharrte der König schließlich. Er war nicht demütig, er war nicht bescheiden. Er war anmaßend und stolz. Ein eigenartiges Lächeln lag auf seinem Gesicht wie eine Maske. Er verspottete alle, war Hildegard sich gewiss. Er hielt sich für den Wichtigsten und Klügsten. Nicht hoher Mut, Hochmut erfüllte ihn.

Dann saßen sie sich gegenüber auf zwei gleichermaßen königlichen Sesseln. Seine Augen waren von dem gleichen leuchtenden Blau wie die von Richardis, und für ein paar Momente überwältigte sie der Schmerz um ihre Lieblingsnonne. Sie wäre an ihrer Seite gewesen, hätte sie noch gelebt. Sie, Hildegard, wäre zwischen Richardis und Volmar durch das

Tor der Pfalz geritten. Ein vollkommenes irdisches Glück wäre es gewesen. Eitler, nichtiger Gedanke, korrigierte sie sich sofort.

Er habe den Erzbischof aus seinem Amt entfernen müssen, begann der König.

Nicht vor ihr müsse er sich rechtfertigen, erwiderte Hildegard, sondern vor Gott. Da er dies sicher könne und gute Gründe gehabt habe, solle er ohne Furcht sein. Das Gleiche gelte für Erzbischof Arnold. Kurz schloss Hildegard die Augen. Schwarze Flügel flatterten vor ihr auf. Dahinter erkannte sie das Lebendige Licht. »Den Hochmut werfe ich in den Staub. Die Lüge zerschlage ich in Scherben. Wehe den Verleumdern.« Sie senkte den Kopf. »Du und ich, König«, sagte sie, »wir sind nichts als Schweinekacke.« Und auch der stolze Arnold, ergänzte sie für sich. Friedrichs Gesicht verfinsterte sich nur kurz, dann gewann er sein Lächeln zurück. Stark seien sie durch Gott und nicht durch sich selbst, fuhr Hildegard fort. Ihre Amtsgewalt in Kloster Rupertsberg und seine größere Macht auf Erden seien nur geliehen. »Ein göttliches Lehen ist es«, sagte sie. Gewissenhaft, mit Aufrichtigkeit und guten Absichten, müssten sie es verwalten und es dereinst an Gott zurückgeben.

Nach Rom werde er ziehen, sagte der König. Ob sie ihn begleiten wolle? Mit ihr an der Seite werde er stärker sein.

»Nein«, erwiderte Hildegard. Sie gehöre zu ihrer Herde auf den Rupertsberg.

Das bedaure er. Alles sei für den Romzug vorbereitet. Auch plane er, eine neue Ehe einzugehen. Wichtiger als das aber sei ihm, dass der Papst ihn zum Kaiser krönen werde.

»Papst Anastasius wird dich nicht zum Kaiser krönen«, sagte Hildegard leise. Stille breitete sich aus. Die Hände des Königs zitterten.

»Doch du wirst Kaiser sein, sei unbesorgt.« Der Nächste auf dem Stuhl des Petrus werde ihn krönen, ein anderer Mann, der ihn um Hilfe bitten werde. Dann schwieg Hildegard.

Es werde also nicht leicht werden, konstatierte Friedrich und kratzte sich an seinem roten Bart.

Schwere Zeiten stünden ihm bevor. Er müsse sich in Demut vor dem Stellvertreter Christi auf Erden beugen. Nur so werde ihm Gutes gelingen.

Er habe das Heer bei sich, seine Berater, die Herzöge und Grafen, erwiderte der König. Und sein Angebot an sie, ihn zu begleiten, stehe ihr weiterhin offen.

Hildegard durchschoss der Gedanke, dass sie ihn gerne begleiten würde. Sie wäre in der Lage, ihn vom Bösen abzuhalten. Welch eitler Gedanke, tadelte sie sich sofort. Eine Vielzahl von Geistlichen würde ihn ohnehin begleiten. Und sie war Gott für ihre Töchter auf dem Rupertsberg verantwortlich.

Gott sei stark, nicht der Mensch, entgegnete sie unbeirrt. Nur an der Seite Gottes und im Einverständnis mit dem Papst könne Friedrich siegen.

Ein spöttisches Lächeln erschien auf dem Gesicht des Königs, nur kurz, dann senkte er den Kopf.

»Eines Tages wirst du *Imperator Romanorum semper Augustus* sein«, schloss Hildegard.

Friedrich kniete vor ihr nieder und küsste ihre Hände.

DER SCHOLAR

Dank der Zuwendungen und Schenkungen zahlreicher Gönner und dankbarer Besucher war in nur wenigen Jahren ein ansehnliches Kloster auf dem Rupertsberg entstanden. Fünfzig Plätze für Nonnen bot es inzwischen im Wohngebäude und sieben für arme Witwen. Dazu kamen Wohnungen für zwei Priester im Propsthaus. Zwischen den Stundengebeten betätigten sich Hildegards Töchter in den Klosterwerkstätten: Sie webten und nähten, sie bestickten Altartücher und Gewänder. Im Skriptorium entstanden Abschriften von Büchern und

Hildegard im Alter von 82 Jahren
(Stich von W. Marshall)

von Hildegards Schriften. Clementia und Odilia, Hildegards leibliche Schwestern, beaufsichtigten die Arbeiten an den Webstühlen. Hiltrud und Volmar kümmerten sich um die Schreibarbeiten, und im Infirmarium war immer noch die alte Sniwindis bei der Pflege der Kranken tätig, unterstützt von Gerlindis und Margarethe.

Im Gästehaus bei der Pforte wurden täglich Arme, Pilger und Reisende verköstigt. War sie bei guter Gesundheit, ging Hildegard selbst in die Gaststube, um die Gäste willkommen zu heißen. Gebaut wurde immer noch, vor allem an der Umfassungsmauer des Klosters und der Kirche, deren Glockentürme erst halb fertig waren.

Aus dem fernen Schwabenland war ein übergewichtiger Mann mit Geschwüren am ganzen Körper auf den Rupertsberg gepilgert. Die Magistra nahm ihn auf und kümmerte sich um seine Krankheit. Er betete in der Kirche, und schon nach wenigen Tagen war sein Leiden verschwunden.

Sniwindis wollte ihm Kräuter mitgeben, doch er lehnte ab.

»Es war ein Wunder. Die Magistra hat mir die Hand aufgelegt und für mich gebetet.« Seine Augen glänzten. Allen Menschen, denen er begegne, werde er erzählen, welche Wunder Hildegard im Auftrag ihres himmlischen Bräutigams bewirke.

Epileptiker wurden von ihren Familien zu Hildegard geführt und, nachdem sie sie gesegnet hatte, lebten sie frei von Anfällen. Immer mehr Kranke drängten sich auf dem Vorplatz zwischen Kloster und Klausurgebäude und warteten geduldig auf die Magistra. Manchen genügte es, Gegenstände zu berühren, die sie benutzt hatte. Ein Haarzopf Hildegards half Frauen in den Wehen, wenn man ihn über ihren Bauch legte. Nachdem die Frau des Schulzen von Bingen bei einer schweren Entbindung dank des Zopfes mit ihrem Kind gerettet worden war, musste er an weitere Gebärende ausgeliehen werden.

Eine Gruppe Scholaren hatte sich im Gästehaus niedergelassen, um die Nacht dort zu verbringen, bevor sie nach Köln weiterziehen wollten. Hildegards Blick streifte die Gruppe, die dem Mahl unter Gelächter und Scherzen eifrig zusprach. Unbemerkt von den Gästen war die Magistra eingetreten und lehnte an der Wand.

»Trautwald!«, rief sie einem der jungen Burschen zu, die in ihren Scholarenkitteln mit den Kapuzen kaum voneinander zu unterscheiden waren. Alle waren sie dunkelhaarig und hatten den gleichen Haarschnitt. Der Junge fuhr hoch und sah die Magistra mit bebender Unterlippe an.

»Aber du heißt doch gar nicht Trautwald«, lachten seine Kumpane.

Hildegard kam langsam näher und strich über das struppige Haar des Scholaren.

»Verwandle dich in einen besseren Zustand«, sagte sie. »Du hast dein Haar schwarz gefärbt und kurz geschnitten, Mädchen. Warum hast du das getan?«

»So konnte ich als Mann studieren«, sagte sie leise, während ihre Gefährten in Gelächter ausbrachen. »Ich wollte doch Latein schreiben und lesen lernen.«

»Und das ist dir gelungen?«

»Ja. Keiner hat erkannt, dass ich eine Frau bin. Bis du heute gekommen bist.«

»Du hast dich hässlich gemacht, damit du unbehelligt Schriften lesen konntest.«

»Ja, Mutter.« Jetzt lächelte Trautwald.

»Ach mein armes Kind«, sagte Hildegard. »Ich hätte dich niemals fortschicken dürfen.«

»Ich bin ja wiedergekommen«, sagte Trautwald. »Nimmst du mich jetzt bei dir auf, auch wenn ich hochmütig und stolz war?«

»Werde wieder die Trautwald, die du warst, und verwandele dich zum Besseren.«

Hildegard umklammerte ihren Stock. Trautwald nahm ihren Arm und führte die Magistra hinüber zu ihrem Amtszimmer. Ida erledigte die Aufnahmeformalitäten.

EPILOG

Es war das Jahr 1179. Hildegard hatte ihren Nonnen angekündigt, sie werde bald sterben und freue sich sehr auf den Tag ihres Heimgangs. In der Morgenröte eines Septembertages werde er stattfinden. Mit solcher Zuversicht und Hoffnung hatte sie davon gesprochen, dass ihre Nonnen, so bestürzt und verängstigt sie auch zuerst waren, nicht für länger in Betrübnis fielen.

Auch Hedwig hatte die Nachricht vernommen, machte sich aber einstweilen keine Sorgen. Im Chor der Kirche sang die Magistra mit klarer Stimme das Lied für die Jungfrau Maria. Gut, dass der Mainzer Erzbischof Christian endlich den Kirchenbann aufgehoben hatte und wieder laut gesungen werden durfte. Hedwig, die den Staub von den Schnitzereien des Chorgestühls wischte, hielt einen Moment inne. Am liebsten hätte sie mitgesungen, doch das wagte sie nicht.

Was für eine Frau! Klein von Gestalt und mager, wie sie war, erschien der jungen Hedwig die Klosterleiterin doch ungeheuer stark und gesund. Und das mit so vielen Krankheiten, überlegte sie. Mit dem Alter sei sie zunehmend kräftiger und gesünder geworden, hatte die Nonne Hiltrud ihr erzählt.

WIE JEDER MENSCH EINEN SCHATTEN HAT, SO IST AUCH DER MENSCH DER SCHATTEN GOTTES

Auch ihre Gehfähigkeit habe sich gesteigert, nachdem sie vor Jahren oft wochenlang im Bett habe liegen müssen. Hedwig seufzte zufrieden. Wunderbar und beglückend war es, Nonne zu sein unter dieser Magistra. Auch die geweihten Nonnen mussten nicht ihr Haar abschneiden und durften bei Festen und Kommunionsonntagen eine seidene Tunika tragen mit einer Krone aus Golddraht, um am Tugendspiel teilzunehmen. Darauf freute sie sich. *Discretio*, das rechte Maß, wurde hier angewendet. Wollte eine Nonne sich übertrieben geißeln und tagelang fasten, verhinderte es Hildegard. Der Teufel greife immer nach denen, die die reinsten Engel sein wollten. Extremes Fasten und übertriebene Nachtwachen schwächten Körper und Geist. Gerade die, die sich in der Askese verausgabt hätten, würden Satan zum Opfer fallen. Nicht alle Reden ihrer Meisterin verstand Hedwig. Auch das Lebendige Licht und sein Schatten, von denen Hildegard so oft sprach, war ihr bis jetzt noch nicht erschienen. Insgeheim aber hoffte sie sehr, dass auch ihr einmal eine großartige Schau zuteilwürde und Gott ein oder zwei Sätze mit ihr spreche. Nahe war er ja offensichtlich, da er sich ständig mit der Magistra unterredete. Ein Schauer überlief sie bei dieser Überlegung. Wenn Gott das Wort immer wieder an die Meisterin richtete, dann bedeutete dies doch, dass er auch mit anderen Menschen sprechen konnte.

Das Licht der Mittagssonne brach durch das Kirchenfenster herein und mit ihm die Grünkraft. Diesmal spürte auch Hedwig sie am ganzen Körper bis in die Fingerspitzen. »*Viriditas*«, murmelte sie beglückt. So also fühlte sie sich an. Kein Zweifel bestand für sie daran, die Magistra hatte oft genug davon zu ihren Töchtern gesprochen. Die Grünkraft war Gott und sie war überall gegenwärtig, wenn auch die meisten Menschen sie nur in seltenen Augenblicken erfassten, so wie jetzt sie. Für dieses eine Mal war sie auch ihr erschienen. Seltsam, die Dinge, die der Meisterin geschehen waren, waren immer großartig und unerhört gewesen, weshalb sie auch in Büchern auf Pergament niedergeschrieben waren und der Papst sie gelesen hatte. Hedwigs Herz klopfte heftig vor Freude über die Grünkraft. Sie war nur eine Konversschwester, das Kind armer Eltern, und doch war ihr das zuteilgeworden. Jede der adligen Nonnen würde nur lächeln, sofern sie versuchte, davon zu erzählen. Hedwig beschloss, ihr Erlebnis für sich zu behalten. Gott sprach die Menschen an, wenn sie lange genug darum beteten. Und man musste nicht von Adel sein oder hochgelehrt, damit er das tat.

Das Mädchen nahm die Arbeit mit dem Wischlappen wieder auf und nickte dabei der Meisterin zu, die ihr den Rücken zugewandt hielt. Eine Prophetin, eine Sybille, ein lebendiger Tempel Gottes auf Erden, das war sie zweifellos. Kranke hatte sie geheilt, Arme und Reiche, Schwache und Mächtige beraten. Bücher hatte sie geschrieben, Lieder gedichtet und in Musik gesetzt und ein Spiel geschrieben, das an Festtagen in der Kirche von den Nonnen aufgeführt wurde, begleitet von Musik und Gesang. Welch ein Glück, im Schatten dieser Frau leben zu dürfen und mit ihr im Schatten des Lebendigen Lichts. Hedwig schickte ein kurzes Gebet zum Himmel, Gott möchte die Meisterin noch recht lange für ihre Klostertöchter erhalten.

»Gott gibt jedem alles, aber die meisten Menschen wissen das nicht«, flüsterte sie.

ANHANG

—

GRUNDLAGEN DER ROMANBIOGRAFIE

Beim Schreiben der Romanbiografie habe ich mir nur wenige narrative Freiheiten erlaubt: etwa die Wendung, dass Hildegard und Volmar sich schon als Kinder kannten, und die Einfügung eines elften Kindes der Bermersheimer, Adela. Ansonsten sind fast alle vorkommenden Personen und ihre Schicksale den Quellen entnommen. Die Episode mit dem jungen Edelmann aus Bingen und seinem Gefährten, die *»zu dessen Lebzeiten, da sie zusammen dieselben Verfehlungen begangen hatten, auch zusammen, am gleichen Ort, zur selben Stunde und von demselben Priester vom Bann gelöst«* (Briefe 24, S.65) wurden, lässt an eine homosexuelle Beziehung der beiden Männer, des jungen Edelmannes und des Soldaten, denken. Es ist eigenartig, dass die »Verfehlungen« der beiden in mehreren Schreiben Hildegards und des Erzbischofs Christian nicht näher spezifiziert werden.

Über Hildegard von Bingen liegt uns erstaunlich viel Quellenmaterial vor: Ihr Leben, Werk und Wirken sind für eine Frau des Mittelalters bestens dokumentiert. Ihre hohe Produktivität können wir nur bestaunen: Drei umfangreiche Bücher verfasste sie selbst im Laufe ihres langen Lebens, hinzu kommen 390 erhaltene Briefe mit den

Antwortschreiben, ihre Musikkompositionen, Lebensbeschreibungen der Heiligen Disibod und Rupert, Gedichte und religiöse Dramen, schließlich die Biografien über Hildegard und die Magistra Jutta (*Vita Domnae Juttae*), Urkunden zu ihren Klöstern und Besitzungen sowie mancherlei Berichte über sie von Zeitgenossen und Verehrern, unter denen der Abt Trithemius, ein Zeitgenosse Luthers, eine Sonderstellung einnimmt. Manche Einzelheit aus Hildegards Leben und über die Nonnen, mit denen sie zusammenlebte, enthält die Kanonisationsakte mit den Berichten über Wunderheilungen und Voraussagen Hildegards. Wichtig sind auch das archäologische Material aus Grabungen auf dem Disibodenberg und die Überreste des Klosters Rupertsberg. Hinzu kommen alte Abbildungen sowohl von Rupertsberg als auch des Disibodenbergs. Den interessantesten Einblick in Hildegards frühere Zeit an der Seite ihrer älteren Freundin Jutta von Sponheim, der späteren Magistra in der Klause auf dem Disibodenberg, aber gibt uns die erst 1992 bekannt gewordene Lebensbeschreibung Juttas. Kombiniert mit der Vita Hildegards ergibt sich so für die ersten 38 Lebensjahre Hildegards ein deutlicheres Bild, als wir es zuvor hatten.

Erhalten geblieben sind in der Pfarrkirche von Eibingen, der ursprünglichen Kirche des von Hildegard gegründeten Klosters Eibingen, die körperlichen Überreste Hildegards. Aus ihnen lässt sich das Aussehen unserer Heldin rekonstruieren: sie hatte lockiges braunes Haar, war von zierlicher Gestalt mit einer niedrigen Stirn. Etliche zeitgenössische Abbildungen und Illustrationen zeigen uns Hildegard, in einem Fall zwischen dem Mönch Volmar und einer Nonne (wohl Richardis). Die Nonnentracht lässt jedoch nicht viel von ihr erkennen, der Kunst ihrer Zeit kam es nicht auf Porträtähnlichkeit an.

Die Fülle der Schriften Hildegards verrät ebenfalls das ein oder andere Persönliche. Ihr Charakter zeigt sich in ihren liebevollen, besorgten, zuweilen auch ärgerlichen Briefen an Freunde und Zeitgenossen. Immer wieder rät sie zum Durchhalten, wenn amtsmüde Kolleginnen und Kollegen sich an sie wenden. Die oft wenig konkreten, allgemein gehaltenen Ratschläge der Äbtissin vom Rupertsberg erinnern an die Weisheit moderner Kummerkastentanten. Hildegards Ratschläge zu maßvoller Behandlung der Klostergefährten, zur Besinnung auf die Benediktregel konnten kaum falsch sein. Die Missstände, über die Äbte und Äbtissinnen klagten, waren offenbar weit verbreitet: Probleme mit der Disziplin und eigene Unvollkommenheit der Klosterleitung. Erstaunlich oft will man die Amtsbürde niederlegen, wovon Hildegard in jedem Fall abrät. Sie mahnt zum Durchhalten auch in schwierigen Zeiten. Plumpen Fragen zum persönlichen Schicksal oder historischen Entwicklungen weicht sie aus. Darum gehe es gar nicht. Immer wieder warnt Hildegard vor zu strenger Askese im Kloster, so etwa in einem Schreiben an eine Nonne im Kloster Wechterswinkel: Diese Haltung führe zu Hochmut und Stolz und zerrütte längerfristig Körper und Geist. Dies klingt schon fast wie Luthers Theorie von der sinnlosen Werkgerechtigkeit. Beide hatten lange Klostererfahrung gesammelt und sahen Problematik und Gefahren des religiösen Übereifers. Die Großen der Kirche und der Welt wandten sich an die Autorität Hildegards. Hildegard erteilte unerschrocken auch unbequeme Ermahnungen, selbst dem Herrscher Friedrich Barbarossa. Es ging um die großen Fragen der Zeit: den Kreuzzugsgedanken, die Katharer, das Verhältnis von Juden und Christen und die politische Rolle des Papstes.

Die Ruinen des einstigen Klosters auf dem Disibodenberg lohnen einen Besuch. Im Gegensatz zu ihrer Nutzungszeit im Mittelalter sind sie heute von hohen Bäumen und Gebüsch überwuchert und durchwachsen. Die Stelle, an der sich die ursprüngliche »Klause« Juttas und ihrer beiden Genossinnen befand, war wohl der mittelalterliche Wohnturm zwischen Klosterpforte und Hospizkapelle. Ob darin tatsächlich auch die später elf Nonnen bis zu Juttas Tod wohnten, ist unklar. Vermutlich bestand die Zahl wie im Fall der Schar der Apostel aus zwölf Frauen: das christliche Mittelalter schuf sich gerne solche Analogien. Gelegentlich verstarb eine Bewohnerin der Klausur oder schied aus anderen Gründen aus. Hildegard spricht davon, sie habe gerade unter den strengsten Asketinnen solche gesehen, die »*tief gefallen«* seien. Gewiss war nicht jede Nonne auf Dauer der strengen Benediktregel gewachsen.

Unter Hildegards Leitung ab dem Jahr 1136 wuchs die Schar auf zwanzig Frauen an. Die Nonnenklausur musste an ein Kirchengebäude angeschlossen sein, damit die Frauen wenigstens hörend dem Gottesdienst folgen und die Kommunion erhalten konnten, was eine Verbindung in Form eines Gangs, eines Fensters o. Ä. voraussetzt. Gabriele Mergenthalers Deutung des Wohnturms an der Pforte passt insofern (Daim, Kluge). Der Turm hat auf späteren Abbildungen zwei oder drei Geschosse über dem Erdgeschoss. Doch die Wohnsituation muss sich angesichts des Zuwachses an Bewohnerinnen im Laufe der Jahrzehnte angepasst und verändert haben. Für zwanzig Bewohnerinnen scheint der Turm zu klein. Dennoch haben wir das Zeugnis, Jutta habe vom Tag ihrer Einschließung die Klause nicht mehr verlassen. Zugleich ist unvorstellbar, dass die Nonnen nicht wenigstens an Festtagen am Gottesdienst in der neu erbauten Kirche teilnahmen. Zumal die Vita überliefert, der Abt habe für hohe Festtage angeordnet, dass Jutta die Eisenkette vom Körper entfernte. Vermutlich ging es dabei um die Teilnahme am Gottesdienst. Im Romanteil habe ich deshalb einen überdeckten Gang konstruiert, durch den die Nonnen von der Klause zur großen Kirche des Geländes gingen.

Dagegen sind heute nur geringe Überreste von Kloster Rupertsberg vorhanden – ein Gewölbekeller und einige Mauerbögen. Der Felsen, auf dem der Chor von Hildegards Kirchenbau stand, wurde im Jahr 1857 für den Bau der Nahetalbahn gesprengt. Von der romanischen Kirche blieben lediglich fünf Mauerbögen des Mittelschiffs erhalten. Glücklicherweise existieren zahlreiche Abbildungen des Klosterbergs aus früheren Jahrhunderten mit Kirche, Wohn- und Wirtschaftsgebäuden, die der zeitgenössischen Beschreibung des Mönchs Wibert entsprechen. Am schönsten ist sicherlich die Gesamtansicht im Marienbild des Isenheimer Altars des Malers Mathias Grünewald.

Trotz der überwältigenden Quellenlage zu ihrer Persönlichkeit, ihren theologischen Werken und Wirkungen wird diese bedeutendste Theologin und Intellektuelle des Mittelalters heute in erster Linie als Kräuterheilerin und Diätratgeberin verstanden. Ihre Heilkunde – Dinkelkost, Kirschkernkissen, Edelsteintherapie, »Fasten nach Hildegard«, um nur einige zu nennen –, hat die Vordenkerin, die Mahnerin und tapfere Kämpferin, die öffentlich Predigende in der Wahrnehmung weitgehend begraben. Hildegard war aber beides: Theologin und Naturwissenschaftlerin, voll Neugier auf die Welt, Gottes Schöpfung, bereit, ihr umfassendes Wissen helfend anzuwenden. So bemühte sie sich um die Kranken, die in Scharen zum Kloster kamen, und heilte kranke Kinder, Epileptiker, leidende Frauen und vertrieb Dämonen aus »Besessenen«. Im kranken Menschen sahen die Gläubigen christlicher Grundauffassung entsprechend Christus selbst, es gehörte mithin zu den wichtigsten Aufgaben der Klöster, sich um die Kranken zu bemühen. Außer Gebeten setzte Hildegard selbst entwickelte Medikamente aus Kräutern, Edelsteinen und Heilgetränken ein, darunter die von ihr erdachten *Tortelli*, (gebackene Plätzchen) aus mit Gewürzen und Kräutern angereichertem Teig. Nicht nur kostspielige Mixturen der damaligen Klostermedizin verwendete sie, sondern auch die einfachen Mittel der Volksmedizin. Sie beschrieb Pflanzen, Kräuter und Tiere in ihren naturkundlichen Werken, außerdem Edelsteine, Metalle und Heilanwendungen.

Schon zu Lebzeiten Hildegards setzten Wunderheilungen ein, die sich nach ihrem Tod fortsetzten. Ein abgeschnittener Haarzopf Hildegards erleichterte in einigen Fällen dramatische Geburtsvorgänge. Gegen eine verzweifelte Teenagerverliebtheit half ein Brot, das Hildegard der Mutter des Mädchens übergab. Mit Rheinwasser heilte Hildegard angeblich ein blindes Kind, das fortan wieder sehen konnte.

Der Heiligsprechungsprozess, von ihrem Konvent initiiert, blieb trotz mehrerer Anläufe zunächst ergebnislos, während beispielsweise ihr Zeitgenosse Bischof Otto von Bamberg das Verfahren recht schnell durchlief und zum anerkannten Heiligen wurde. Im Jahr 1228 wurde der erste Antrag zu Hildegards Kanonisation (Heiligsprechung) gestellt und das Verfahren von Papst Gregor IX. eingeleitet. Weitere vergebliche Anläufe folgten. Doch ab dem Jahr 1584 taucht Hildegard im Heiligenverzeichnis der römisch-katholischen Kirche auf.

Der 17. September, ihr Todestag, ist ihr Gedenktag. Erst unter Papst Benedikt XVI. wurde am 7. Oktober 2012 Hildegard zur nun auch offiziellen »Kirchenlehrerin« erhoben, ihre Verehrung auf die Weltkirche ausgedehnt und ihre Heiligsprechung abgeschlossen.

HERKUNFT UND KRANKHEIT

Als jüngstes von zehn Kindern der Edelfreien Mechthild und Hildebert kam Hildegard im Jahr 1098 zur Welt. Nach Angabe ihrer Lebensbeschreibung war die Familie sehr begütert und angesehen. Es waren unruhige Zeiten. König Heinrich IV. war von Papst Gregor VII. zum zweiten Mal gebannt worden und hatte als Reaktion den späteren Clemens III. als Gegenpapst eingesetzt, der ihn 1084 in Rom zum Kaiser weihte. Dieser Papst Gregor hatte im Jahr 1074 eine große Kirchenreform veranlasst. Das Verbot des Ämterkaufs (Simonie), der Laieninvestitur und der Priesterehe waren die Punkte, die er auch in den deutschen Landen durchsetzen wollte. Laieninvestitur und Ämterkauf wollten und konnten die deutschen Könige und Bischöfe nicht aufgeben. In den nun folgenden Jahren jagten fromme Mönche verheiratete Priester, griffen auf Synoden die reformwilligen Bischöfe an. Die Kirche befand sich in einem großen Umbruchsprozess: Man wollte zurück zu den Anfängen des Christentums, über die man in Wirklichkeit wenig wusste. Zurück zur Armut und Gemeinschaftlichkeit der Apostel war die Forderung. In Hildegards Geburtsjahr war Urban II. Papst in Rom. Er hatte gerade zum 1. Kreuzzug aufgerufen und starb im Jahr 1099, zwei Wochen nach der Einnahme Jerusalems durch die Kreuzfahrer. Das Blutbad an den Juden der Stadt Mainz im Jahr 1096 war ebenfalls eine Folge des Aufrufs zum Kampf gegen die Heiden.

Hildegards Geburtsort bleibt umstritten: Bermersheim, Niederhosenbach oder Burg Böckelheim wären möglich. Als zehntes Kind wurde sie von Geburt an zum Klosterleben bestimmt. Das Kind kränkelte und erzählte seltsame Geschichten, früh schon sah sie Menschen und Vorgänge, die außer ihr niemand sah. Ihre Amme und die Mutter wussten davon, waren aber irritiert durch die Erzählungen der Kleinen. Als die vierjährige Hildegard ihrer Amme das Aussehen des ungeborenen Kalbs einer trächtigen Kuh beschrieb, ließ die Mutter dies nicht auf sich beruhen. Sie erkundete später, wie das geborene Kalb aussah. Ein Versuch, das Verhalten des Töchterchens einzuordnen. Doch es blieb nicht bei dem Einzelfall. Das Mädchen machte weitere Prognosen, die sich später bewahrheiteten. Oft wurde sie wegen ihrer Erzählungen ausgeschimpft, sie blieb verunsichert und weinte viel. Nicht anders fühlte sich vermutlich ihre Mutter Mechthild. Bei solchen Außenseiterbegabungen bestand immer die Furcht, sie könnten das »Werk dürrer Luftgeister« sein. Dieser Vorwurf wurde gegenüber Hildegards Schauungen auch später wiederholt vorgebracht, sogar nach der Anerkennung ihrer Visionen durch höchste kirchliche Autoritäten. Die Familie Hildegards war sehr fromm, aber offenbar besaß nur Hildegard seherische Fähigkeiten. Das Mädchen begriff bald seine Außenseiterrolle. Sie zog sich zurück und verschwieg ihre inneren Erlebnisse. Niemals habe sie ich sicher gefühlt, schreibt sie an Bernhard von Clairvaux.

Bingen und der Naheraum treten Ende des Jahres 1105 ins Licht der Geschichte. Für Weihnachten 1105 hatte Heinrich V. einen Reichstag nach Mainz einberufen. Der aufständische junge Kaiser überlistete seinen Vater Heinrich IV., nahm ihn am 24. Dezember in Bingen gefangen und inhaftierte ihn auf Burg Böckelheim, wo dieser die Festtage in Gewahrsam des Speyrer Bischofs verbrachte und schließlich zum Thronverzicht genötigt wurde. Auf Burg Böckelheim soll den verbitterten alten Kaiser die kleine Hildegard getröstet haben, so erzählt der spätere Sponheimer Abt und Chronist Trithemius.

Im Jahr 1158 urkunden sechs von Hildegards ursprünglich neun

Geschwistern zugunsten von Hildegards Klostergründung Rupertsberg. Der gesamte Familienbesitz soll dem Kloster hinfort gehören. Es sind der älteste Bruder Drutwin, Hugo und Rorich sowie die Schwestern Irmgard, Jutta und Odilia. Von einer weiteren Schwester namens Clementia wissen wir, dass sie in Hildegards Kloster eingetreten war. Von den (mindestens) zehn Kindern des Paares Hildebert und Mechthild von Bermersheim erreichten somit neun das höhere Erwachsenenalter. Schließlich hatte Hildegard zwei nachgewiesene Neffen, die Brüder Wezelin und Arnold von Valcourt, erst Propst von St. Andreas in Köln, später Erzbischof von Trier, die sich beide in kirchlichen Ämtern befanden und Kontakte zu ihrer Tante pflegten.

Die Krankheit Hildegards wird in den Biografien und Spezialarbeiten meist nur kurz erwähnt. Die in den Lebensbeschreibungen genannten Symptome aber ergeben bei aufmerksamer Betrachtung ein geschlossenes Krankheitsbild.

Christian Feldmann hält in seiner Hildegard-Biografie ein hysterisches Krankheitsbild für denkbar. Die Äbtissin sei immer dann erkrankt, wenn sich ihr Widerstände in den Weg stellten. »Selbstproduzierte Krankheitssymptome mit theatralischer Selbstbestrafung in Form von Lähmungen und Krämpfen als Ersatz für die Befriedigung verdrängter Wünsche«, doch dem stünden Tatkraft und der Löwenmut Hildegards entgegen.

Zusätzlich scheint Hildegard allergische Symptome gehabt zu haben: Erdbeeren, Gerstenbrot, rohes Obst, gekochte Eier hält sie für gesundheitsschädlich, auch warnt sie kränkliche Menschen vor dem Verzehr von Forellen. Höchstwahrscheinlich litt Hildegard an einer schweren Form der MS, die sich schon im Kindesalter bei ihr manifestierte. Typisch hierfür sind die Krankheitsschübe mit Sehverlust (entzündeter Sehnerv) und der Unfähigkeit zu laufen und sich zu bewegen, weshalb schon das Kind lange Phasen der Bettlägerigkeit durchmachte, die jedoch dann wieder von Zeiten unterbrochen waren, in denen Hildegard sich nachweislich bewegte, ja sogar zu Pferd unterwegs war. Dies ist typisch für die MS im frühen Kindesalter.

Lähmungen und Ausfallerscheinungen bilden sich bei jungen Patienten noch fast vollständig zurück.

Ein schubartiges Krankheitsbild findet sich auch bei der erwachsenen Hildegard. Sie erleidet unter der psychischen Belastung im Zusammenleben mit den Mönchen von Kloster Disiboden offenbar einen schweren Schub, der völlige Bewegungslosigkeit und Sprachstörungen bei ihr auslöst. Erst als es zur Bewilligung ihres Auszugswunsches kommt, regeneriert sie sich. Hildegard selbst sah in ihren Krankheitsattacken Willensäußerungen Gottes. Die Heimsuchungen hielten jeweils an, solange sie sich seinem Wunsch verweigerte, die Visionen und Offenbarungen mitzuteilen. Wann immer sie aufbrach, um den Willen Gottes zu erfüllen, zunächst getragen und gestützt durch ihre Mitschwestern, besserte sich die Krankheit. Für den Weg nach Kloster Disiboden mussten die Nonnen sie zunächst auf ein Pferd legen und festhalten, doch nach einer Weile konnte Hildegard sich selbst gehend weiterbewegen und dem Abt entgegentreten, so die Quellen.

LEBEN AUF BURG SPONHEIM UND AUF DEM DISIBODENBERG

Der stärkste Einfluss auf Hildegard dürfte Jutta von Sponheim gewesen sein, positiv wie negativ. Jutta, um 1092 geboren, war die Tochter Stephans II. von Sponheim und seiner Gemahlin Sophia von Formbach. Letztere war mit einiger Wahrscheinlichkeit in erster Ehe mit Hermann von Salm verbunden, dem glücklosen Gegenkönig Heinrichs IV., der im Jahr 1088 auf Burg Cochem umkam. Mindestens drei Kinder sind aus der zweiten Ehe Sophias nachweisbar: Hugo, Meinhard und Jutta. Nach dem frühen Tod ihres zweiten Ehemannes im Jahr 1095 widmete Sophia sich der Erziehung ihres jüngsten Kindes, der Tochter Jutta, die sie religiös unterrichtete, vor allem in der Heiligen Schrift.

Wahrscheinlich waren auf Burg Sponheim Bücher, eine Burgkapelle und ein Geistlicher. Die zwölfjährige Jutta gelobte während einer schweren Krankheit, für den Fall des Überlebens Nonne zu werden. Damit stieß sie auf den Widerstand der gesamten Familie. Sie schlug die Heiratsanträge mehrerer Bewerber ab. Heimlich riss sie nach Mainz aus und ließ sich von Erzbischof Ruthard den »Jungfrauenschleier« verleihen.

Hildegards Familie war mit der Sponheimer Grafenfamilie eng verbunden, möglicherweise versippt. Fest steht, dass die achtjährige Hildegard in die Betreuung der älteren Jutta gegeben wurde. Zugleich unterrichtete, wohl gemeinsam mit Sophia von Formbach, die »fromme Witwe« Uda von Göllheim die Mädchen. Diese Lebensphase der beiden Heranwachsenden fand wohl auf Burg Sponheim statt. Denn die Vita Juttas berichtet, dass zu Lebzeiten der Mutter Jutta ständig davor bewahrt werden musste, auszureißen: Sie beabsichtigte, »auf Pilgerfahrt nach Jerusalem« zu gehen. Bei ihren Ausbruchsversuchen habe Jutta sich sogar mehrfach in Lebensgefahr begeben, berichtet ihr Biograf, ohne auf Einzelheiten einzugehen. Was mag es gewesen sein? Seilte sie sich aus einem Turmfenster ab? Kletterte sie über eine Burgmauer? Es muss dramatisch gewesen sein. Denn Hildegard verfiel nach Juttas Tod im Jahr 1136 in große Sorge um Juttas Seelenheil wegen gewisser *»jugendlicher Verfehlungen«* und bat Gott um eine Vision, wie Jutta in den Himmel aufgenommen wurde (oder auch nicht), die ihr dann gewährt wurde.

Schaut man näher hin, so finden wir in den Klöstern auch zu den christlichsten Zeiten ständige Klagen und Probleme. Eine Klosterreform löste die andere ab. Doppelklöster, in denen Mönche und Nonnen in getrennten Bereichen an einem Ort beieinander lebten und wirtschafteten, gab es zeitweise, doch bald schon wurden die Frauenabteilungen in eigene Klöster abgetrennt, wenn sie auch unter der Oberaufsicht eines Mannes, des Abtes, blieben.

Im Jahr 1098 fasste der Mainzer Erzbischof Ruthard den Plan, das heruntergekommene Augustinerkloster auf dem Disibodenberg in ein

Benediktinerkloster umzuwandeln. Zu diesem Zweck entsendete er aus Mainz nach dem Jahr 1105 Abt Burchard, der zunächst noch beiden Klöstern vorstand, und Mönche aus dem Mainzer Jakobskloster. Bis die Stätte wirklich bezugsfertig war, verging jedoch einige Zeit. Das ursprüngliche Augustinerchorherrenstift war auch baulich heruntergekommen. Die Grundsteinlegung der neuen großen Kirche erfolgte am 30. Juni 1108. Vor diesem Datum dürfte das Wohnen einer Klostergemeinschaft auf der Höhe kaum möglich gewesen sein. Die Bauarbeiten zogen sich hin, endgültig geweiht wurde die Abteikirche durch den Mainzer Erzbischof Heinrich am 29. September 1143.

Am Allerheiligentag, dem 1. November des Jahres 1112, trafen die vierzehnjährige Hildegard, die zwanzigjährige Jutta von Sponheim und das Mädchen Jutta auf der Baustelle des Klosters Disibodenberg ein. Dort herrschte höchste Aktivität. Innerhalb weniger Jahre wurde ein kompletter Klosterneubau mitsamt einer eindrucksvollen romanischen Kirche errichtet. Die *Vita Juttae domnae*, kurz nach Juttas Tod im Jahr 1136 entstanden, berichtet, dass die drei Jugendlichen, Jutta von Sponheim, Hildegard und eine weitere »Jutta«, an diesem Tag zunächst im Hospiz warteten. Abt Burchard nahm sie als Inklusen auf, und Jutta legte vor ihm das klösterliche Gelübde ab.

Überzeugend ist die neuere Ortung der Frauenklause anhand des Baubefunds durch die Archäologin Gabriele Mergenthaler. Für mindestens die erste Zeit lebten die Drei wohl in dem Wohnturm mit einer Fensteröffnung zur Pfortenkapelle im Bereich zwischen Hospiz und Pforte. Zunächst gab es angeblich nur ein Fenster nach außen, durch das Nahrung durchgereicht wurde und Pilger Rat suchten. Zusätzlich gab es eine Öffnung, möglicherweise auch einen Durchgang zur daneben befindlichen Kapelle. Auch hatte der Abt ein Zutrittsrecht zur Klause, was eine Tür voraussetzt, zu der nur der Abt und vermutlich auch die Magistra Jutta Schlüssel besaßen. Die Quellen berichten, dass gelegentlich der Abt in der Klause nach dem Rechten sah, so, als er die kranke Hildegard persönlich vom Bett hochzuheben versuchte. Auch ist nach Juttas Tod die Rede davon, dass die Mönche in die Klause einzogen, um die Totenlitanei vor Juttas Bahre zu singen. Zu diesem Zweck wurden Bettdecken im Raum aufgehängt, um Blickkontakt zwischen Nonnen und Mönchen zu verhindern.

Der Wohnturm muss über eine Art der Wasserversorgung verfügt haben, sei es durch eine Wasserleitung ins Innere oder durch eine Zisterne im Dachbereich. Es muss ferner einen Abwasserablauf gegeben haben, und, wahrscheinlich im terrassenartig offenen Dachbereich, die Möglichkeit, Wäsche zu trocknen. Auf längere Dauer muss die ursprüngliche Wohnung erheblich erweitert worden sein, der anwachsenden Bewohnerinnenzahl entsprechend. Die ältesten Abbildungen mit dem erhaltenen Wohnturm zeigen zwei bis drei Stockwerke über dem Erdgeschoss. Bei einer Grundfläche von etwa 15 Quadratmetern ergäben sich etwa 60 Quadratmeter insgesamt, wobei der Turm ursprünglich noch höher gewesen sein könnte. Beengt waren die Wohnverhältnisse der in der Klausur Lebenden auf jeden Fall, und unerträglich müssen sie in den letzten Jahren vor Hildegards Auszug zum Rupertsberg gewesen sein.

Einzelheiten über die Klausenzeit erfahren wir aus den Lebensbeschreibungen Juttas und Hildegards kaum. Insofern sind die Details interessant, die der Abt Trithemius über das benachbarte Kloster Sponheim berichtet. 1124 wurde es geweiht, und auch hier existierte neben der Mönchsgemeinschaft mit ihrem Abt abgesondert am Berghang eine Frauenklause, die der erste Abt Bernhelm seiner Schwester Mechthild zuliebe erbaut hatte. Mechthild wohnte hier zusammen mit einer befreundeten Nonne. Zur Zeit ihres Todes trat eine weitere Nonne namens Udegeba ein. Als später ihr Bruder Abt von Kloster Sponheim wurde, überzeugte sie ihn, die enge Klause, die nur fünf bis sechs Zellen enthielt, für insgesamt zwölf Jungfrauen zu erweitern. Die Stellen wurden auch besetzt. Bei einzelnen Nonnen traten ekstatische Zustände auf. So etwa gab die Nonne Lucardis von Sobernheim an, von Engeln besucht zu werden. Der Gesundheitszustand der fastenden und betenden Klausnerinnen war kläglich. Im Jahr 1197 starben sechs der zwölf Bewohnerinnen. In den nächsten Jahren folgten ihnen die übrigen sechs oder sieben. Die Wohnsituation in der Klause von Disibodenberg scheint komfortabler gewesen zu sein, denn von außergewöhnlichen Todesfällen erfahren wir nichts. Eine Sterbeserie unter den Bewohnerinnen hätte gewiss in den Lebensbeschreibungen Juttas und Hildegards Erwähnung gefunden.

Nachdem Hildegard im Jahr 1147 die päpstliche Genehmigung ihrer Visionsschriften erreicht hatte, wurde sie zur Berühmtheit. Ihre Nonnenschar wuchs weiter an. Dass die inzwischen erweiterte Klause ungenügend war, war auch Abt Kuno und den Mönchen klar. Man plante eine Verlegung oder Vergrößerung der Frauenabteilung. Zugleich aber gab es unter den Mönchen Opposition gegen Hildegard, Feinde und Verleumder. Hildegard wiederum war entschlossen, den Disibodenberg mit ihren »Töchtern« zu verlassen. In einer Vision hatte sie ein Bild des Rupertsbergs gesehen. Ihre einflussreichen Verwandten und die Markgräfin Rikkar (Richardis die Ältere) unterstützten sie bei diesem Vorhaben. Für Hildegard entwickelte sich der Trennungsplan zum Kampf auf Leben und Tod. Abt Kuno und sein Konvent waren strikt dagegen. Es müssen schwerwiegende Probleme zwischen Nonnenklause und dem Mönchskloster auf dem Disibodenberg vorgelegen haben – die Quellen schweigen darüber. Denn infolge des Widerstands von Abt Kuno gegen ihren Auszugsplan wurde Hildegard von einem schweren Krankheitsschub überwältigt, auch ihre Visionen setzten völlig aus. Wäre sie zum Bleiben gezwungen worden, schreibt Hildegard später, wäre sie gestorben. Ihre Verzweiflung war nicht gespielt. Als Abt Kuno und sein Konvent sie und ihre Nonnen schließlich ziehen ließ, besserte sich Hildegards Zustand.

Wer sich in Hildegards nachgelassene Schriften vertieft, kommt aus dem Staunen nicht heraus. Die nahezu ausschließlich im Kloster und in Klosternähe erzogene Frau verfügt über das enzyklopädische Wissen ihrer Zeit. Sie kennt die Tiere und die Pflanzen, Heilmittel und Heilmethoden, Nahrungsmittel, Konservierungs- und Zubereitungsmethoden. Sie hat Zugang zu den naturwissenschaftlichen Schriften ihrer Zeit ebenso wie zu den exotischen Pflanzen und Gewürzen aus dem Nahen Osten und Vorderasien, die auf den Märkten von Bingen und Mainz gehandelt wurden (Riethe, Hildegard). Diese Luxuspflanzen der damaligen Zeit wurden in Hildegards Kloster verzehrt und für medizinische Anwendungen genutzt. Ausführlich kommt sie immer wieder auf Sexualität zu sprechen. Hier hat sie das Wissen einer Gynäkologin, die Tag für Tag Sorgen und Nöte zeitgenössischer Frauen anhörte. Mit großer Offenheit erörtert sie Fragen zur Verletzung der Frauen in der Hochzeitsnacht, zu Menstruation, Geburt, Samenergüssen und dem sexuellen Verlangen der Frauen. Über die Jungfräulichkeit als lebenslänglichen Zustand reflektiert sie ebenso wie über die Frage, ob während der Schwangerschaft sexueller Verkehr stattfinden soll. Offen erwähnt sie, dass die menschliche Natur dazu führe, dass auch die jungfräuliche Nonne sexuelle Erregung erlebt. Auch beschreibt sie den weiblichen und männlichen Orgasmus und die menschlichen Geschlechtsorgane, auch die des Mannes. Man zuckt zusammen: Woher kannte Hildegard das Aussehen der männlichen Geschlechtsorgane? Hatte womöglich Volmar bei diesen Passagen mitgeschrieben? All diese Schriften entstanden im Austausch mit einem Mann, Hildegards langjährigem Beichtvater und späteren Sekretär Volmar, der ihr Diktat ins Lateinische übertrug.

Das, was das Lebendige Licht durch Hildegard verkündet, ist weniger revolutionär, als man sich wünschen möchte; es sind die religiösen Doktrinen ihrer Zeit: Homosexualität bei Männern oder Frauen ist Hildegard bekannt, doch Gott habe sie verdammt, ebenso wie

Geburtenkontrolle und außereheliche Beziehungen. Während der Schwangerschaft dürfe keinerlei Sexualität ausgeübt werden.

Das Kloster war ein Ort der Begegnung mit der Welt. Hierhin zog es die Kranken und Verzweifelten, hierhin wendete man sich in vermeintlich auswegslosen Fällen und hier erhielt man durch die Äbtissin und ihre Konventsfrauen oft ungewöhnliche Hilfe. So im Fall der psychotischen Segiswiza. Der Abt von Kloster Brauweiler wendete sich Rat suchend an Hildegard, und sie gab ihm brieflich genaue Anweisungen, wie die vermuteten Dämonen aus der Kranken ausgetrieben werden sollten. Als alles nichts half, nahmen die Rupertsberger Nonnen die Kranke in ihrer Mitte auf und betreuten sie. Mit freundlichem Zuspruch wurde sie tatsächlich geheilt.

Doch es kamen auch höchste geistliche und weltliche Würdenträger, die das Gespräch und den Austausch mit der Seherin und »teutonischen Prophetin« suchten. Die überlieferten Briefe belegen, wer alles kam oder kommen wollte. Hildegard war zum Vorzimmer Gottes geworden. Man vertraute ihr offenherzig schwere Sorgen an und bat sie um Vermittlung bei Gott, um Auskünfte und Handlungsanweisungen. Hildegards Antwortschreiben zeigen ihr Taktgefühl und ihre geistige Größe. Kleinlichen Auskunftsersuchen über Tagespolitik und die persönliche Zukunft kam sie nicht nach.

Im Gegensatz zu unserer Zeit lebte das Mittelalter in Bildern. Verstehen entstand durch Schauen. Die meisten Menschen, selbst Kaiser Barbarossa, konnten nicht lesen und schreiben, umso eifriger schauten sie um sich und erfreuten sich an dem, was sie sahen. Schon als Kind hatte Hildegard Visionen. Sie sah und hörte zum einen telepathisch Dinge und Vorgänge in der Ferne, spürte, was Menschen dachten, und hatte außerdem Visionen von Farbe und Licht, bei denen sie zugleich Musik und eine göttliche Stimme hörte. Als Kind ging sie davon aus, die anderen Menschen besäßen diese Fähigkeiten ebenfalls, musste aber durch die irritierten Reaktionen ihrer Amme und weiteren Umgebung feststellen, dass sie eine Außenseiterin war. Manches an ihren inneren Wahrnehmungen lässt an eine stark ausgeprägte Synästhesie denken.

Diese Schauungen setzten sich ihr ganzes Leben lang fort. Hildegard war eine genaue Beobachterin auch ihrer selbst. Höchst pragmatisch war sie bei der Leitung ihrer Klostertätigkeit: Sie übernahm das Amt der Magistra von ihrer Vorgängerin Jutta, gründete, ermuntert durch eine Vision der Örtlichkeit des Rupertsbergs, ein gänzlich neues Kloster gegen den Widerstand des Abts von Disibodenberg und in hohem Alter ein weiteres in Eibingen. Hierfür waren harte Verhandlungen nötig, denen sie nicht auswich. Sie selbst, so beschreibt es ihre Vita, litt unter dem Gegensatz zwischen »*vita contemplativa*« und »*vita activa*«. In ihrem Leben gab es nicht die Möglichkeit, sich für das eine oder das andere zu entscheiden. Sie war gezwungen, Kontemplation und Managementtätigkeit darin zu vereinen.

Im Gegensatz zu anderen Mystikerinnen des Mittelalters erlebte sie ihre Visionen im Wachzustand und ohne eigenen Erregungszustand. Sie schaute und hörte gleichsam wie ein Sprachrohr der göttlichen Mitteilungen. Derlei Visionen einer Einzelperson, noch dazu einer Frau, waren von den Geistlichen nicht gern gesehen, stellte es doch ihr priesterliches Monopol infrage, wenn Nicht-Priester direkte Anweisungen und Belehrungen von Gott erhielten. Schon ihrer Lehrmeisterin und Freundin Jutta von Sponheim vertraute Hildegard sich an, und Mönche von Disibodenberg wurden zu Rate gezogen. Volmar, Hildegards Lehrer von Jugend an, ihr Beichtvater, später ihr Sekretär, scheint von Anfang an Hildegard ermutigt und gefördert zu haben. Dabei fügte er nichts Eigenes hinzu, wie Hildegard versichert. Anna Silvas hält ihn auch für den Verfasser der *Vita Domnae Juttae*, in der Hildegards sehr persönliche Vision von Juttas Seelenwanderung geschildert wird. Ebenso hatte er wohl auch die Chronik des Klosters Disibodenberg geschrieben, die etwa 1147 (Gründung von Kloster Rupertsberg) abbricht. Vermutlich hat Volmar Hildegard auch auf die Gefahren hingewiesen, die im durch Paulus begründeten Lehrverbot für Frauen bestanden. Jede ihrer Visionen und Auslegungen von Bibelstellen leitet Hildegard insofern mit Unterwürfigkeitsformeln ein: »*ich arme, unwissende erbärmliche Frau*« u.a.

Erst recht spät, nach Juttas Tod, als deren Nachfolgerin erhielt Hildegard die Aufforderung, ihre Visionen niederzuschreiben und sie öffentlich zu verkünden. Hildegard besaß eine große eidetische Begabung, die Fähigkeit, in Bildern zu sehen und zu denken, außerdem ein hervorragendes Gedächtnis und einen überragenden Intellekt. In ihre Beschreibung des Gesehenen und Gehörten (Auditionen) mischen sich eigene Reflexionen und Stellungnahmen zu den theologischen Fragen ihrer Zeit.

Peter Dinzelbacher vertritt die Auffassung, die Illustrationen im Wiesbadener Riesenkodex seien von Hildegard selbst konzipiert und die Ausführung von ihr überwacht worden. Er schlägt die Möglichkeit vor, dass »Religiose eines anderen Klosters mit Erfahrung in der Buchmalerei zu diesem Zweck an Hildegards Konvent ausgeliehen wurden« während der Jahre 1165 bis 1179. Die kirchlichen Lehrverbote für Frauen, die sich auf das *Neue Testament* und Apostel Paulus beriefen, ließen einer Frau wie Hildegard keine Wahl. Nur als durch göttlichen Auftrag legitimierte Prophetin konnte sie überhaupt zu Wort kommen.

Hildegard durchlitt im Kloster Disibodenberg eine kritische und für sie gefährliche Zeit – die Mönche waren sich uneins, was von ihrer Prophetin zu halten war. Es gab Neider und Verleumder. Trügerische Luftgeister gäben ihr die Visionen ein, der Teufel stecke dahinter. Doch Hildegard hatte auch Förderer, Abt Kuno und ihren Beichtvater Volmar, schließlich die Markgräfin Richardis von Stade (Rikkar) und deren Tochter Richardis, die bei Hildegard im Kloster Nonne war. Nicht zu vergessen sind auch ihre Brüder Hugo und Rorich und wahrscheinlich ihre weitere Familie. Auch der Mainzer Erzbischof Heinrich war beeindruckt von Hildegards Visionsniederschriften. So war ein günstiges Klima geschaffen, als bei der Synode in Trier im Jahr 1147 der Fall Papst Eugen III. vorgelegt wurde. Nach eingehender Prüfung hieß er die Visionen gut und gab Hildegards weiterer Visionstätigkeit damit den kirchlichen Segen. Eine päpstlich bestätigte Prophetin in den eigenen Reihen zu haben, bedeutete zusätzlichen Ruhm und Einfluss für Kloster Disibodenberg. Pilger aus ganz Deutschland strömten herbei, außerdem drängten junge adlige Mädchen um Aufnahme in Hildegards Nonnenschar. Von dem, was ihre Familien dem Kloster an Gütern als Mitgift schenkten, sollte das Kloster noch Jahrzehnte später profitieren, als Hildegard mit ihren Nonnen längst fortgezogen war.

Die Niederschrift ihres ersten Visionswerkes *Scivias* (*Wisse die Wege*) entstand während eines Jahrzehnts intensiver Arbeit und Bearbeitung, unterstützt von der jüngeren Richardis und Volmar, der Hildegards Latein korrigierte und wie ein heutiger Lektor mit ihr am Text arbeitete.

Die Werke Hildegards wurden im 13. Jahrhundert nur selten abgeschrieben und dementsprechend wenig gelesen. Theologen und Philosophen an den damaligen Universitäten befassten sich kaum mit ihr. Weder Albertus Magnus noch Thomas von Aquin, noch Johannes Duns Scotus, Roger Bacon oder Wilhelm von Ockham nahmen sie zur Kenntnis. Dagegen interessierte man sich für ihre Prophetien. Immerhin waren ihre Schriften von keiner kirchlichen Autorität verworfen worden, vielmehr waren sie von Papst Eugen III. und dem Zisterzienserabt Bernhard von Clairvaux sozusagen akkreditiert worden. Bald nach ihrem Tod stellte Gebeno, der Prior von Kloster Eberbach, etwa im Jahr 1220 eine Textauswahl aus ihren Werken zusammen. Das sogenannte *Pentachronon* oder *Speculum futurorum temporum* (*Spiegel zukünftiger Zeiten*) verbreitete sich bald in über hundert Handschriften.

DAS KLOSTER AUF DEM RUPERTSBERG BEI BINGEN

Die Klostergründung auf dem Rupertsberg, die Hildegard gegen den heftigen Widerstand des Abtes und der Disibodenberger Mönche schließlich durchsetzte, fand unter ungünstigen Voraussetzungen statt. Trotz der Förderung durch Verwandte und Freunde hatte das Kloster zu kämpfen. 1151, das Jahr nach dem Bezug der Stätte, die wir uns als eine Baustelle vorstellen müssen, war ein bitteres Hungerjahr, in dem viele Menschen vor Hunger starben. Der Mangel muss auch die Rupertsberger Nonnen betroffen haben, denn es kam zu Aufbegehren gegen Hildegard. Sie erwähnt, dass sie vor Kummer viel geweint habe.

Einer der wichtigsten Förderer von Hildegards Neubauten war Pfalzgraf Hermann von Stahleck, charakterlich problematisch und ein Onkel Kaiser Barbarossas. Hildegard bezeichnet ihn als »Philosophen«, ein Ausdruck, den sie auch sonst für Gelehrte verwendet. Nachdem er sie anfangs geschmäht habe, habe er sie besucht und sei durch das Studium ihrer Schriften bekehrt worden: »*Und schmückte unsere Stätte reichlich mit Gebäuden, Ländereien und anderem Lebensnotwendigen. Davon wurde meine Seele aufgeheitert, weil Gott uns nicht ins Vergessen geführt hatte.*« (Vita SH, S. 45). Am 20. September 1156 verstarb Hermann von Stahleck, Hildegard blieb mit seiner Ehefrau Gertrud in Verbindung. Die großen Zuwendungen erfolgten in der Anfangsphase des Klosters. Es waren Gehöfte und Weinberge innerhalb und außerhalb der Mauern von Bingen. Die Urkunde, in der Erzbischof Arnold die Güter des Klosters bestätigt, nennt den Pfalzgraf an der Spitze der Schenkenden, noch vor den Brüdern Hildegards.

Anders als der abgelegene Disibodenberg befand sich das neu gegründete Kloster Hildegards auf dem Rupertsberg in einer zentralen Lage inmitten von Straßen und wichtigen Wasserwegen. Diese Lage am Kreuzungspunkt wichtiger Handelswege bot Vorteile für ein Kloster, das zugleich auch ein Wirtschaftsbetrieb war, in dem wichtige Güter hergestellt wurden. In Frauenklöstern wurden Bücher und hochwertige Textilien gefertigt.

Vor allem aber besuchten fortan viele Boten und Prominente im Vorbeireisen die deutsche Prophetin. Sie brachten Information und Botschaften und trugen sie weiter. Viele dieser Reisenden kehrten im Kloster selbst ein und führten Gespräche mit Hildegard. So gewann Hildegard auf dem Rupertsberg ganz neue Erfahrungen. Ihr lebenslanges Lernen, so formuliert es Alfred Haverkamp, wurde wesentlich durch die zahlreichen Gespräche gefördert, die sie auf dem Rupertsberg auch mit vielen gelehrten Partnern führen konnte. Auch viele Juden seien zu ihr gekommen und hätten mit ihr diskutiert, berichtet die Lebensbeschreibung.

Etwa als Sechzigjährige, seit 1158, begann Hildegard mit ihren Predigtreisen. Es waren nur wenige hundert Schritte bis zum Rhein und zu den am Kloster vorbeiführenden Fernstraßen nach Köln, Mainz, Trier und Metz. Der Ruhm Hildegards führte zu zahlreichen Schenkungen von Land und Gütern an das Kloster, außerdem drängten sich adlige Frauen und Mädchen, als Nonnen auf dem Rupertsberg zu leben. Nichtadeligen allerdings wurde die Aufnahme verweigert, was zu Kritik führte. Nur wenn Gleiche miteinander lebten, sei ein friedliches Miteinander gewährleistet, argumentierte Hildegard. Ihre Vorgängerin Jutta hatte keine Rangunterschiede gelten lassen und Mädchen wohl unabhängig von deren sozialer Stellung aufgenommen. Offenbar war es zu Konflikten gekommen, aus denen Hildegard ihre Konsequenzen ableitete. Ohnehin bewunderte sie die Mächtigen ihrer Zeit, wie sie schuldbewusst in den Briefen an ihre Lieblingsnonne Richardis nach deren Weggang bekennt. Gott habe sie jedes Mal für derartige Überschätzungen einzelner Menschen mit Krankheit gestraft.

Im Jahr 1178 geriet das Kloster in seine größte Krise unter Hildegard. Die Mainzer bischöfliche Behörde verhängte das Interdikt über das Kloster: das Verbot von Gottesdienst, Kommunion und Psalmengesang. Die Äbtissin hatte einen jungen Adligen beerdigen lassen, der aufgrund eines Verbrechens im Kirchenbann gestanden hatte, jedoch vor seinem Tod in der Beichte bereut und um das Begräbnis auf dem Rupertsberg gebeten hatte. Was genau die »Todsünde« des jungen Mannes gewesen war, verraten die Quellen eigenartigerweise nicht. Hildegard jedenfalls machte die geforderte Exhumierung des Toten unmöglich und musste sich mit Monaten ohne Gesang, Gottesdienst und Kommunion abfinden. Persönlich suchte Hildegard das Domkapitel in Mainz auf und flehte unter Tränen um Aufhebung der

Kirchenstrafe. Vergeblich. Erst der in Rom befindliche Erzbischof Christian, an den sie verzweifelt appellierte, hob den Bann wieder auf. Die achtzigjährige Hildegard hatte ihr Gewissen über die juristische Entscheidung der Mainzer Prälaten gestellt. Eine hoch riskante und zugleich mutige Tat der alten Prophetin.

RICHARDIS

Etwa zehn Jahre lang war die jüngste Tochter der Markgräfin Richardis von Stade (Rikkar), die junge Richardis, engste Vertraute, Freundin und Sekretärin Hildegards. Die Mutter, die einflussreiche Markgräfin, seit dem Tod ihres Mannes Rudolf von Stade im Jahr 1124 verwitwet, unterstützte Hildegards Umsiedlungsplan auf den Rupertsberg materiell und ideell. Diese Richardis von Lavant Sponheim (in den Quellen auch »Reggar«/»Rikkar« genannt) entstammte einer anderen Linie des Sponheimer Geschlechts und war eine Cousine Juttas von Sponheim. Sie nahm regen Anteil an den Geschehnissen um Juttas und Meinhardts Familienzweig und beteiligte sich auch mit Schenkungen bei der Errichtung des Klosters Sponheim.

Richardis, Rikkars jüngstes Kind, möglicherweise kurz nach dem Tod des Vaters geboren, kam als junges Mädchen, vielleicht schon als Kind, zu Hildegard und wurde etwa seit dem Jahr 1141 in die Arbeit am *Scivias*-Band einbezogen. Zwischen ihr und Hildegard entwickelte sich eine tiefe Freundschaft, von Hildegard als »vollkommene Liebe« bezeichnet. Das Drama um die junge Nonne Richardis war nicht nur das der ihrer »Tochter« beraubten Äbtissin Hildegard. Im Jahr 1151 erwählte der Konvent von Kloster Bassum die auf dem Rupertsberg lebende Schwester des Bremer Erzbischofs Hartwig zu seiner neuen Äbtissin und bat Hildegard um »Freigabe« ihrer Sekretärin.

Zum Hintergrund der Geschichte gehört die Krankheit der Markgräfin Richardis (Rikkar), Hildegards treuer Freundin seit Jugendjahren, die zu diesem Zeitpunkt wohl schon erkennbar schwer krank war. Die Familiengeschichte der Markgrafen von Stade hätte blutrünstiger nicht sein können. Der älteste Sohn Udo, seit 1128 Markgraf der Nordmark, wurde im Jahr 1130 erschlagen. Rudolf II., Rikkars nächster Sohn, wurde zusammen mit seiner Gemahlin von aufständischen Dithmarscher Bauern erschlagen. Die Serie tragischer Tode war damit nicht beendet.

Ende des Jahres 1151 ließ sich die neu gewählte Äbtissin des Klosters Bassum nicht mehr aufhalten. Die Abreise der jüngeren Richardis nach Bassum geschah wohl heimlich und unter Mitwirkung ihres Schwagers Hermann, den Hildegard zornerfüllt in ihren Briefen erwähnt. Am 29. Januar 1152 wurde dieser mit seiner schwangeren Frau Liutgard von Stade auf der Winzenburg von einem Vasallen erschlagen. Dahinter standen machtpolitische Interessen Bischof Bernhards von Hildesheim, dem mehrere Lehen des Stader Grafen endgültig zufielen, sobald dieser ohne männlichen Erben starb.

Die Tochter Liutgards aus ihrer zweiten Ehe, Adelheid von Sommerschenburg, später Äbtissin von Gandersheim, wurde eine Zeit lang bei Hildegard auf dem Rupertsberg erzogen. Hildegard setzte Himmel und Hölle in Bewegung, um die Abreise ihrer »Vorzugstochter« in den Norden zu verhindern. Nachdem der Mainzer Erzbischof die Abreise befohlen hatte, schrieb Hildegard an den Papst persönlich. Ihre Mitschwestern auf dem Rupertsberg schüttelten die Köpfe, und Papst Eugen lehnte das Ansinnen der Prophetin elegant ab. In Briefen an die jüngere und die ältere Richardis sowie an Erzbischof Hartwig flehte und drohte Hildegard.

Zunächst möchte man den Kopf schütteln über die starrsinnige Liebe der 53-Jährigen, die ohne die geringste Einsicht in die Seelenlage der jungen Nonne ihr Eigeninteresse verfolgte und Richardis Ehrsucht und niedrige Motive unterstellte. Bei näherer Betrachtung aber erweisen sich Hildegards Befürchtungen um die körperliche und seelische Gesundheit ihrer jungen Gefährtin als geradezu hellseherisch.

Richardis' ältere Geschwister ebenso wie die Markgräfin selbst waren machtbewusste Persönlichkeiten, in erbitterte Fehden um ihre gesellschaftlichen Positionen verwickelt. Auch der Geistliche unter ihnen, Hartwig, kämpfte selbstbewusst um sein Erbe. Dreimal war Liutgard, Richardis' ältere Schwester, mit einflussreichen Männern verheiratet. 1148 ging sie die Ehe mit Hermann II. von Winzenburg ein. Ihr ältester Bruder Udo war mit einer Schwester dieses Mannes verheiratet. Hermann II. von Winzenburg war in eine Auseinandersetzung mit dem Hildesheimer Bischof Bernhard verwickelt. Dieser ließ ihn nachts am 29. Januar 1152 mitsamt seiner schwangeren Frau Liutgard erschlagen. Die stolze Markgräfin Rikkar hatte an diesem Tag das dritte Kind bei einem Mordanschlag verloren. Wie bei den Söhnen Udo und Rudolf II. galt der Anschlag der ganzen Familie und ihrem Herrschaftsanspruch. Damit fiel die Winzenburg ebenso wie weiterer Besitz wieder an Bernhard zurück, da Hermann von Winzenburg ohne männlichen Erben verstorben war.

Hildegard waren diese Konflikte bestens bekannt. Ihr Vorwurf, die junge Nonne Richardis werde von ihren Verwandten benutzt, um Machtpositionen zu erhalten und zu festigen, war nur zu begründet. Sorgloser und sicherer hätte sie wohl eher unter Hildegards Obhut auf dem Rupertsberg leben können. Ein Kloster war immer noch der sicherste Aufenthaltsort inmitten von Kaisern und Gegenkaisern, Päpsten und Gegenpäpsten. Aus dem Schreiben ihres Bruders Hartwig an Hildegard nach dem frühen Tod der jungen Äbtissin geht hervor, dass Richardis sich in Bassum unbehaglich fühlte. Sie hatte alles vorbereitet, um zurück zu Hildegard zu reisen.

HILDEGARDS THEOLOGIE UND IHR WELTBILD

Die Forschung hat sich bemüht, Hildegard in die theologischen Strömungen ihrer Zeit einzuordnen und Abhängigkeiten und Bezüge zu anderen Theologen zu finden. Erstaunlicherweise sind direkte Abhängigkeiten von Vorgängern oder Zeitgenossen nicht festzustellen. Ihre Vita betont, Hildegard habe lediglich den Psalter gekannt. Hinzuzufügen ist, dass sie natürlich auch das Evangelium und die Bibeltexte bestens kannte, sozusagen in der Welt dieser Texte lebte. Im Gottesdienst erlebte sie die Liturgie des Kirchenjahres. Auch die Kirchenväter dürften zum Repertoire ihres Wissens gehört haben. Darüber hinaus war sie während ihrer Klausen- und Klosterzeit im ständigen Gespräch mit verschiedenen Beichtvätern. Mit ihnen hat sie auch theologische Fragen erörtert. Die Patres aber waren angeschlossen an die theologische Wissenschaft ihrer Zeit, und somit war es, indirekt, auch Hildegard. Spätestens als Nachfolgerin Juttas vergrößerte sich Hildegards Bewegungsfreiheit. Als Klosterleiterin wäre es ihr erlaubt gewesen, die Klausur bei Bedarf zu verlassen. Gespräche mit dem Abt und weiteren Mönchen, mit Volmar ohnehin, gehörten zu ihrer Tätigkeit. Je bekannter Hildegard wurde – und spätestens nach der Bestätigung ihrer *Scivias*-Schriften durch Papst Eugen III. war sie zur Berühmtheit geworden – pilgerten Ströme von Menschen zu ihr, um sich bei ihr Rat, Trost und Auskunft zu holen. Darunter waren auch die führenden Köpfe ihrer Zeit. Wir hören, dass auch Juden zu ihr kamen und mit ihr über die Bibel diskutierten. Schon Jutta, die angeblich ihre Klause vom Tag der Einschließung bis zu ihrem Tod nicht verließ, beriet Menschen, die an das Klausenfenster kamen. Dieser Austausch war natürlich ein gegenseitiger. Die Menschen, die zum Sprechfenster kamen, brachten Nachrichten und Neuigkeiten, brachten sozusagen die Welt hinauf zur Klause. Hildegard muss dies verstärkt fortgesetzt haben.

In der Neugründung auf dem Rupertsberg fand offensichtlich ein normales benediktinisches Klosterleben statt. In der Anfangssituation, als die Gebäude erst errichtet wurden, war die Klausur für sämtliche Nonnen eher relativ. Zweifellos hatten sie, nun unter sich, mehr Bewegungsfreiheit als auf dem Disibodenberg. Vor dem Kontakt mit den Mönchen mussten sie hier nicht mehr bewahrt werden. Hildegard als Äbtissin war spätestens nach der Loslösung von Kloster Disibodenberg, unter der Schutzherrschaft des Mainzer Erzbischofs, völlig befreit von Weisungen. Sie unternahm Reisen in die nähere Umgebung und an damals weit entfernte Orte. Ebenso wissen wir, dass zahlreiche Gäste auf dem Rupertsberg eintrafen und Gespräche mit Hildegard führten. Es gab hier eine Bibliothek und ein Skriptorium. Der Rupertsberg war zum kulturellen Zentrum geworden.

Aufschlussreich für Hildegards Denken und Handeln ist auch ihr Kommentar zur Benediktregel. Die Mönche eines Klosters in Hunna hatten sie um die Auslegung der Regel gebeten, und Hildegard schrieb einen Brief dazu. Hildegard legt die Regel des Gründungsvaters großzügig aus. Was er nicht ausdrücklich festgelegt habe, sei in die Verantwortung der jeweiligen Klostervorsteher gelegt, erklärt sie und spricht sich für eine dritte Mahlzeit zu den zwei gekochten Gerichten aus: entweder könnten Obst und Eier, Fisch oder frisches Gemüse gereicht werden, da Benedikt diese nicht verboten habe: *Er hat sie aber damit, dass er sie nicht nannte, auch nicht untersagt.* Auch die Unterbrechungen des Schweigegebots könne der Abt nach Belieben bestimmen: *Weil es unmenschlich ist, wenn der Mensch immer schweigt und niemals redet, hat auch dieses unser Vater der Verantwortung und Diskretion des Abtes überlassen.*

DIE BOTSCHAFT ÜBER DIE JAHRHUNDERTE HINWEG

Die zierliche Person mit der schweren Krankheit, der eine ihren geistigen Gaben entsprechende Ausbildung in Grammatik und Theologie versagt blieb, wurde zur Posaune Gottes. Klar und laut ließ Gott höchstpersönlich seine Botschaft an die Welt verkünden: Ja, sie soll in der Kirche sprechen. Ja, sie soll der Welt meine Botschaft verkünden. Ja, sie kann die Bibel auslegen, Kranke heilen und seelsorgerisch tätig werden.

Tut sie es nicht, wird sie durch Krankheit bestraft. Deutlicher konnte Gott sich wohl nicht gegen seinen Apostel Paulus »Die Frau halte den Mund in der Kirche« ausdrücken. Und am erstaunlichsten: Die Amtskirche akzeptierte Hildegard als das Sprachrohr Gottes.

Hildegard ist mehr als die Nonne, die es mit den Kräutern und den Edelsteinen hatte, der Dinkeldiät und den Kirschkernkissen. Sie ist die bedeutendste Intellektuelle, die das europäische Mittelalter hervorgebracht hat. Ihre Auslegungen von Bibelstellen, ihre Ausführungen zu theologischen Fragen sind auch für heutige Leser faszinierend. Hildegard ragt aus der theologischen Literatur ihrer Zeit eigenartig isoliert hervor: Ihre Wertschätzung der Frau innerhalb von Kirche und Heilsgeschichte hat wenig zeitgenössische Parallelen. Sie glaubt an die überwältigende Liebe des Schöpfers zu seinen Geschöpfen, an einen grundsätzlich barmherzigen Gott. Auch das ist ungewöhnlich in der von Höllenqualen und Höllenängsten charakterisierten Theologie ihrer Zeit.

Körperlich beeinträchtigt und kaum wegefähig ritt sie, inzwischen über sechzigjährig, dennoch in die Ingelheimer Pfalz, reiste nach Metz und Kloster Hirsau. Was Gott zu sagen hatte, teilte er ihr, *»der schwachen, erbärmlichen Frau«*, mit und beauftragte sie, es der Welt zu verkünden. Hildegard wurde zur deutschen Prophetin, die mit den Päpsten und dem Kaiser korrespondierte und mit den höchsten Würdenträgern persönlich sprach. Sie beriet gleichermaßen Politiker wie Geistliche, legte die Schriften aus und verfasste mehrere Bücher. Über die Jahrhunderte hinweg erhalten hat sich ein Teil der Gesammelten Werke Hildegards, von ihren Sekretären Volmar und Wibert herausgegeben. Noch Goethe hatte das Original eingesehen, den *Rupertsberger Kodex*. 1945 ging er in Dresden verloren. Doch existieren schwarzweiße

Fotos und eine 1927/33 ausgeführte originalgetreue Farbkopie. Dieser 15 Kilogramm schwere, in Leder gebundene *Riesenkodex* befindet sich nach mancherlei Irrfahrten heute in der Landesbibliothek Wiesbaden. Enthalten sind in ihm wesentliche Teile des Briefwechsels, aber auch Bibelauslegungen, *Scivias* und weitere Schriften der deutschen Prophetin. Die eigenwilligen Miniaturen entstanden höchstwahrscheinlich in den Jahren 1165 bis 1179 nach ihren Anweisungen. Die naturwissenschaftlichen Schriften allerdings fehlen darin. Im *Riesenkodex*, der über einen längeren Zeitraum hinweg noch zu Hildegards Lebzeiten unter Mitwirkung Volmars im Rupertsberger Skriptorium zusammengestellt, redigiert und dann nach ihrem Tod ergänzt wurde, sieht die Forschung eine Art Werkausgabe der Hildegardschriften noch zu ihren Lebzeiten. Höchstwahrscheinlich war es Hildegard selbst, die ihre eigenen Briefe redaktionell bearbeitete. (Zatonyi, S. 48 ff.)

Hildegard predigte gegen die Missstände der Kirche öffentlich auf Marktplätzen der damaligen Großstädte, in Köln und in Speyer. Die Geistlichkeit hörte ihr beeindruckt zu und bat sie anschließend, ihre Predigten nochmals schriftlich zu formulieren. Ihre Worte und Schriften galten den Zuhörern und Lesern als göttliche Worte, wie Magister Wilhelm von Auxerre nach der Prüfung von Hildegards Visionsschriften erklärte. In einigen Zisterzienserklöstern gehörten Hildegards Schriften zur Lektüre, die im Speisesaal vorgelesen wurde.

Der Kirchenhistoriker Friedhelm Jürgensmeier formulierte es treffend: »Ihre Sprache ist eigenartig, sie ist tief, faszinierend, gelegentlich genial. Es bringt Gewinn, auch 800 Jahre nach dem Tode der Hildegard von Bingen ihre Werke noch zu lesen«.

ZEITTAFEL

1092: Jutta von Sponheim, Hildegards Verwandte, kommt auf Burg Sponheim zur Welt.
1098: Hildegard wird in Bermersheim (als Geburtsort in Frage kämen auch Niederhosenbach oder Burg Böckelheim) bei Alzey in einer Adelsfamilie als zehntes Kind geboren. Ihre Eltern sind Hildebert und Mechthild von Bermersheim.
1105: Jutta von Sponheim lässt sich gegen den Willen ihrer Familie vom Mainzer Erzbischof Ruthard die Jungfrauenweihe erteilen
1106: Hildegard beginnt ein religiöses Leben, betreut von Jutta von Sponheim, vielleicht unter der Obhut der Witwe Uda von Göllheim, vermutlich auf Burg Sponheim.
1. November 1112: Kloster Disiboden errichtet eine »Frauenklause«, in die die 20-jährige Jutta von Sponheim einzieht, die Schwester Graf Meinhards von Sponheim, mit ihr zwei Mädchen, Hildegard von Bermersheim und eine weitere Verwandte namens Jutta. Jutta v. S. legt ihre Profess vor Abt Burchard ab.
1114 oder **1115**: Hildegard und die andere Jutta legen ihre Profess einige Zeit nach dem Bezug der Klause vor Bischof Otto von Bamberg ab, der zu diesem Zweck nach Disibodenberg kommt.
1127: Drutwin und Hildegards Vater auf einer Urkunde genannt
22. Dezember 1136: Tod der Jutta von Sponheim. Hildegard wird Äbtissin der Nonnengruppe auf Kloster Disiboden.
Ab etwa 1140: Die Übersetzergemeinschaft von Toledo vermittelt dem Abendland die Enzyklopädie des arabischen Philosophen und Mediziners Avicenna und die logischen Hauptschriften des Aristoteles.
1141: Hildegard erhält den göttlichen Auftrag, ihre Visionen niederzuschreiben.
1141–1151: Arbeit an *Scivias*, außerdem an Liedkompositionen und dem Mysterienspiel *Ordo virtutum*
1145–1147: Mangeljahre, Hungersnöte.
1147: Zweiter Kreuzzug
1147/48: Trierer Synode mit Papst Eugen III.: Hildegards *Scivias* erfährt kirchliche Anerkennung. Hildegard wird zur abendländischen Berühmtheit.
1150: Hildegard bezieht mit 20 Nonnen das von ihr gegründete Kloster Rupertsberg.
1151: weitflächige Hungersnot (Gembloux, Cambrai, Disibodenberg, Erfurt u.a.)
4. März 1152: Friedrich Barbarossa wird in Frankfurt a.M. zum König gewählt und vier Tage später in Aachen gekrönt.
1. Mai 1152: Erzbischof Heinrich von Mainz weiht die Rupertsberger Klosterkirche ein.
29. Oktober 1152: Äbtissin Richardis, Hildegards einstige Sekretärin, verstirbt in Kloster Bassum.
Vor Oktober 1154: Begegnung und Gespräch Hildegards mit Kaiser Barbarossa in der Pfalz Ingelheim
18. Juni 1155: Kaiserkrönung Barbarossas in Rom durch Papst Hadrian IV.
1158: Zwei Urkunden des Mainzer Erzbischofs Arnold gestehen Kloster Rupertsberg die Unabhängigkeit von Kloster Disiboden zu. Hildegards Bruder Hugo wird als Kantor an der Mainzer Kathedrale erwähnt.
Ab 1158: Hildegard arbeitet am Buch *Liber vitae meritorum* (*Das Buch der Lebensverdienste*).

1159: Ausbruch des Schismas
24. Juni 1160: Erzbischof Arnold wird in Mainz im Jakobskloster erschlagen. Zur Strafe lässt Kaiser Barbarossa die Mauern der Stadt zerstören.
1160: Hildegard besucht Trier.
Ende 1162 / Anfang 1163: Aufenthalt Hildegards in Köln (Dritte Predigtreise)
16. 4. 1163: Schutzbrief Kaiser Barbarossas für Kloster Rupertsberg
Ab 1163: Das *Liber divinorum operum (Das Buch vom Wirken Gottes)* entsteht über mindestens sieben Jahre hinweg.
1165: Hildegard gründet ein zweites Kloster auf der anderen Rheinseite in Eibingen.
1169: Heilung der psychisch kranken adligen Sigewiza durch Hildegard und ihre Aufnahme auf den Rupertsberg
Um 1170: Hildegard verfasst Lebensbeschreibung des heiligen Disibod.
1173: Tod Volmars. Danach helfen ihr ihr Neffe Wezelin und Bischof Ludwig von Trier bei der Niederschrift ihrer Werke.
1174 / 75: Der Mönch Gottfried beginnt die Hildegard-Vita
1177: Wibert von Gembloux wird Hildegards Sekretär
1178: Beerdigung des adligen Ritters auf dem Klosterfriedhof von Rupertsberg, die zum Konflikt mit den Mainzer Prälaten führt wegen der vermeintlichen Exkommunikation des Verstorbenen. Hildegard weigert sich, ihn zu exhumieren. Es folgt das Interdikt, Hildegard reist nach Mainz. Doch erst im Frühjahr 1179 wird es durch den in Rom weilenden Erzbischof Christian aufgehoben.
17. September 1179: Tod Hildegards in Kloster Rupertsberg
1228: Heiligsprechungsprozess wird von Kloster Rupertsberg eingeleitet, verzögert sich jedoch
1230: Unter Magistra Elysa entsteht auf dem Rupertsberg das *Antependium* aus byzantinischer Purpurseide, wo Hildegard erstmals mit Heiligenschein inmitten der Heiligen Petrus, Johannes, Martin und Rupert dargestellt wird.
1929: Der Frankfurter Maler Hanny Franke entdeckt bei der Analyse seiner Sammlung von Abbildungen des Rupertsbergs die älteste Darstellung des Rupertsbergs in der Klosteransicht auf dem Isenheimer Altar des Matthias Grünewald.
10. Mai 2012:Vollzug der Kanonisation Hildegards unter Papst Benedikt XVI.
7. Oktober 2012: Erhebung der heiligen Hildegard zur Kirchenlehrerin durch Papst Benedikt XVI.

Hinweisen möchte ich auf die Tatsache, dass auch das Mittelalter seine Modenamen hatte: Otto, Hugo, Arnold, Hildegard, Mechthild, Jutta, Guda und viele andere.

Adalbert I., Bischof von Mainz (1075–Juni 1137): von 1110–1137 war er, von Heinrich V. bestimmt, Erzbischof von Mainz. Vorher war er Leiter der Kanzlei des Königs.

Adelheid von Sommerschenburg: Enkelin der Markgräfin Richardis, im Kloster Hildegards erzogen, später Äbtissin in Gandersheim. Hildegard und sie wechselten töchterlich mütterliche Briefe. S. **Luitgard von Stade**

Adalhun, Abt von Disibodenberg (1113–17. Juni 1128): sorgte sich um die Gesundheit Juttas

Arnold von Valcourt: Neffe Hildegards, später Erzbischof von Trier

Arnold von Selenhofen: Erzbischof von Mainz

Augustinus (354–430): Kirchenvater, Bischof von Hippo Regius, Verfasser der *Confessiones* und der *Civitas Dei*

Benedikt von Nursia (um 480–547): Heiliger, Gründer des Benediktinerordens, gründete um 529 die Abtei Montecassino bei Neapel

Benigna von Daun: Mutter Richards und der Tenxwindis, gründet um 1100 Kloster Springiersbach an der Mosel, eine Tagesreise entfernt von Disibodenberg.

Bernhard von Clairvaux (um 1090–1153): Zisterzienserabt, Kirchenlehrer, Theologe. Hildegard schrieb einen Brief an ihn und bat ihn, sich zu *Scivias* zu äußern.

Bertha, Heilige: Mutter des heiligen Rupert. Ihre Reliquien wurden auf dem Rupertsberg bewahrt und verehrt

Burchard, Abt von Disibodenberg: nahm Jutta von Sponheim, Hildegard und die jüngere Jutta in der Klause des Disibodenbergs auf. Jutta v. S. legte vor ihm die Profess ab.

Christian von Buch: Mainzer Erzbischof

Clementia: ältere Schwester Hildegards, ebenfalls Nonne auf dem Rupertsberg

Disibod, Heiliger (619–700): irischer Wandermönch, der auf dem Disibodenberg ein Kloster gründete

Drutwin: ältester Bruder Hildegards

Elisabeth von Schönau (1129–18. Juni 1164): Briefpartnerin Hildegards, Benediktinerin im Kloster Schönau, die von ihrem Bruder ermuntert wurde, ihre Visionen niederzuschreiben

Eugen III.: Papst (1145–1153): bei Pisa geboren, Schüler des Bernhard von Clairvaux, setzte sich für die Reform der Kirche ein, kam nach Trier, wo er sich mit den Schriften Hildegards auseinandersetzte und sie offiziell guthieß.

Gebeno, Prior von Kloster Eberbach: stellte im Jahr 1220 Hildegards prophetische Visionen in einem Sammelwerk *Pentachronon* (*Fünfzeit*) zusammen, eine beliebte Lektüre des Mittelalters, die immer wieder neu kopiert und abgeschrieben wurde.

Gertrud von Stahleck: Briefpartnerin Hildegards

Gottfried: Mönch von Disibodenberg, Nachfolger Volmars auf dem Rupertsberg

Gregor VII.: Papst, der die große Kirchenreform anstieß

Hartwig von Bremen: Sohn der **Markgräfin Richardis von Stade**, Bruder der jüngeren **Richardis**

Heinrich, Bischof von Mainz: förderte Hildegard, nachdem er die erste Fassung ihres *Scivias* gelesen hatte, unterstützte später ihren Auszug auf den Rupertsberg. Ein sanfter Intellektueller, der aufgrund seiner fehlenden Durchsetzungskraft vom Papst mit Unterstützung Friedrich Barbarossas seines Amtes entsetzt wurde, wogegen Hildegard vergeblich protestierte.

Helenger, Abt von Disiboden (1155–1179): freundschaftlich mit Hildegard verbunden

Hermann von Stahleck, Pfalzgraf von Rhein: Vom zunächst spöttischen Beobachter verwandelte sich der einflussreiche Pfalzgraf zum herausragenden Förderer Hildegards und ihres Klosters. Die Nonnen nannten ihn »Vater«, nach seinem Tod blieb Hildegard mit seiner Witwe **Gertrud** eng verbunden.

Hiltrud (gest. 1177): Tochter von **Meinhard** von Sponheim, Nonne auf dem Rupertsberg, Sekretärin Hildegards nach der Abreise der Richardis

Hugo: Bruder Hildegards, dem geistlichen Stand angehörig, 1158 in zwei Urkunden von Hildegards Kloster Rupertsberg als Kantor an der Mainzer Kathedrale genannt

Hugo von St. Victor, Paris (gest. 1141): Theologe und Philosoph in Paris, erklärte die Welt als Zeichensystem, das auf die jenseitige Welt verweise und entziffert werden könne.

Hildebert von Bermersheim: Vater Hildegards, Edelfreier, verheiratet mit **Mechthild**. Von den zehn Kindern des Paars ist Hildegard das jüngste. Namentlich bekannt sind der älteste Sohn Drutwin sowie Rorich und Hugo, Irmgard, Odilia, Jutta und Clementia.

Jutta von Sponheim (1092–22. Dezember 1136): Magistra in Kloster Disiboden, von extremer asketischer Frömmigkeit, verwandt mit Hildegard (Cousine). Zog die in das Kloster Disibodenberg verbrachte Hildegard zusammen mit einer weiteren jungen Verwandten in einem separaten, abgetrennten Gebäude auf. Es war wohl zunächst eine Situation von »eingemauert« als Reklusen, die sich mit dem Zugang immer weiterer junger Mädchen zur üblichen benediktinischen Klausur lockerte. Die jungen Mädchen waren nicht am Unterricht der männlichen Klosterschüler beteiligt, sondern bezogen Unterrichtung und Ausbildung durch ihre Magistra Jutta. Im Laufe der Zeit gesellten sich weitere adelige Mädchen hinzu, sodass ein Frauenkloster neben dem der Männer auf dem Disibodenberg entstand.

Kaiser Friedrich I. (Barbarossa) (1152–10. Juni 1190): ließ sich von Hildegard beraten und traf sie persönlich in der Pfalz Ingelheim.

Kaiser Heinrich IV. (1056–1105): vor seiner Abdankung kurzzeitig inhaftiert auf Burg Böckelheim, deren Burgherr damals Hildegards Vater **Hildebrecht** war

Kaiser Konrad III. (1138–1159): brach nach einer Predigt Bernhards von Clairvaux am 27. Dezember 1146 zum Zweiten Kreuzzug auf.

Kuno, Abt von Disibodenberg (1136–1155): wehrte sich zunächst gegen den Auszug Hildegards und ihrer Nonnen auf den Rupertsberg

Luitgard von Stade: Richardis' »weltliche« Schwester, wurde am 29. Januar 1152 gemeinsam mit ihrem Ehemann Hermann auf der Winzenburg umgebracht. Ihre Tochter **Adelheid**, später Äbtissin in Gandersheim, verbrachte eine Zeit in Hildegards Kloster.

Meginhardt (Meinhard), Graf von Sponheim (um 1085 geb.): Juttas Bruder, seit 1110 verheiratet mit Mechthild von Moersberg. Seine Kinder waren der spätere Graf Gottfried von S., Kraffto (zweiter Abt von Kloster Sponheim), Hiltrud (Nonne bei Hildegard).

Otto von Bamberg (1062/63–30. Juni 1139): in seiner Jugend in Polen erzogen, von König Heinrich IV. nach Ungarn geschickt, Kaplan von dessen Schwester Judith, der er nach Gnesen folgte, als sie Herzog Wladislaw heiratete. Blieb stets papsttreu. Vermittelte im Investiturstreit, galt als friedliebend und ausgleichend. Als Bischof von Bamberg gründete er zahlreiche Klöster, förderte die Hirsauer Reform. Von Meinhard von Sponheim im Konflikt mit Jutta zu Hilfe gerufen, riet er Jutta zum Klausenleben auf dem Disibodenberg. Er nahm später (zwischen November 1112 und Herbst 1115) die Profess Hildegards und der jüngeren Jutta ab.

Otto von Freising: Onkel Friedrich Barbarossas, Verfasser einer Chronik

Oswald, Heiliger (604–642): König von Northumbrien und Heiliger, machte sich verdient um die Christianisierung Northumbriens

Richardis (Rikkar) von Stade, Markgräfin: verheiratet mit Rudolf von Stade, dem Markgraf der Nordmark (gest. 1124), Mutter von **Hartwig**, dem späteren Erzbischof von Bremen, und Hildegards Sekretärin **Richardis**. Sie war nahe verwandt mit **Jutta von Sponheim**, vermutlich eine Cousine Juttas. Die Markgräfin setzte sich diplomatisch für Hildegards Anliegen ein, als es um die Umsiedlung auf den Rupertsberg ging. Als ihre Tochter Richardis vom Rupertsberg nach Bassum als Äbtissin wechselte, war sie schwer krank. Ihre Enkelin **Adelheid** wurde eine Zeitlang bei Hildegard im Kloster erzogen.

Richardis (1125–1152): junge Nonne, bei Hildegard ausgebildet, die sie in den Schwierigkeiten der Verlagerung des Klosters von Disiboden auf den Rupertsberg unterstützte und zu einer Art Sekretärin bei der Arbeit an *Scivias* wurde. Später Äbtissin von Kloster Bassum, in dem sie am 29. Oktober 1152 nach kurzer Krankheit verstarb.

Rorico: Bruder Hildegards

Rupert, Heiliger: Der junge fränkische Adlige, früh Halbwaise geworden, von seiner Mutter Bertha erzogen, wurde nach seinem frühen Tod auf dem Rupertsberg beigesetzt. Hildegard spendete ein Bein des Heiligen an Kloster Sponheim.

Ruthard: Mainzer Erzbischof von 1089–1109. Er berief 1108 Benediktinermönche aus dem Mainzer St. Jakobskloster auf den Disibodenberg. **Jutta von Sponheim** erhielt von ihm den Jungfrauenschleier.

Segewisa: psychisch erkrankte Frau, die nach erfolglosen Exorzismusbemühungen des Klosters Brauweiler von Hildegard auf dem Rupertsberg im Jahr 1169 aufgenommen und geheilt wurde

Tenxwindis von Andernach: s. **Andernach**, Schwester Richards von Springiersbach, Äbtissin, die Hildegard einen vorwurfsvollen Brief schrieb

Trithemius, Johannes (1462–1517), Abt von Sponheim, später in Würzburg: Der gelehrte Hildegard-Verehrer erforschte das Leben Hildegards, setzte sich für ihre Verehrung ein und verfasste eine lateinische Hildegard-Sequenz (Gedicht) für den Gebrauch im Gottesdienst. In seiner Zeit in Sponheim (1483–1506) ließ er die Werke Hildegards abschreiben. Seine *Chronik von Sponheim* enthält biografisches Material zu Jutta und Hildegard.

Uda von Göllheim: fromme Witwe, die Hildegard und Jutta von Sponheim betreute und religiös erzog

Volmar (gest. 1173): Magister, ehemaliger Lehrer Hildegards, Mönch vom Disibodenberg und Propst des Rupertsberger Klosters, stand Hildegard als getreuer Sekretär von 1141 bis zu seinem Tod im Jahre 1173 zur Seite

Wezelin, Propst von St. Andreas in Köln: Neffe Hildegards, Bruder Arnolds von Valcourt. Beide wohl Söhne des Wirich von Valcourt und seiner Frau Bertha

Wibert von Gembloux: Hildegards letzter Sekretär. Nach erstem brieflichem Kontakt mit Hildegard (1175) hielt er sich längere Zeit auf dem Rupertsberg auf, noch ein Jahr nach Hildegards Tod (1177–1180).

Wilhelm von Auxerre, Magister: leitete die theologische Kommission an der Universität Paris, die vor dem Jahr 1231 Hildegards Schriften einer Prüfung unterzog und sie für theologisch korrekt erklärte

---

Fiktive Gestalten sind Sniwindis, Gerlindis, Rulindis, Gothwalda und Vera.

Andernach: Im Augustinerkloster lebte seit 1126/27 die Äbtissin Tenxwind mit fast hundert Klosterfrauen aus verschiedenen sozialen Schichten. Zuvor hatten sie die Klostergemeinschaft von Springiersbach verlassen, wo die Mönche mit den Nonnen ein gemeinsames Kloster bewohnt hatten. In Tenxwinds Kloster in Andernach lebten die Nonnen nach asketischen Normen, die weit über die Benediktregel hinausgingen. Somit stellte es sozusagen das Kontrastprogramm zu Hildegards Kloster auf dem Rupertsberg dar.

Bamberg: Station von Hildegards Reisen

Bassum: Hier im Stift wurde Hildegards Sekretärin zur Äbtissin gewählt und verstarb wenig später.

Bermersheim: Siedlung bei Alzey, im Besitz der Familie Hildegards

Bingen: Die Bevölkerung von Bingen war hoch erfreut über den Zuzug Hildegards und ihrer Nonnen auf den Rupertsberg. Zahlreiche Menschen kamen und ließen sich von ihr in seelischen Nöten und Krankheiten beraten.

Burg Böckelheim: Auch hier ist der Vater Hildegards nachweisbar.

Burg Sponheim: Auf der Stammburg ihrer Verwandten verbrachte Hildegard wohl ab dem 8. Lebensjahr sechs Jahre unter der Obhut der Witwe Uda von Göllheim, Juttas von Sponheim und deren Mutter Sophia.

Kloster Sponheim: durch Meinhard von Sponheim gegründet. Hildegard schenkte dem zweiten Abt des Klosters, Kraffto, einem Sohn Meinhards von Sponheim, ein Bein des heiligen Rupert für die Klosterkirche.

Disiboden: Das Kloster Disibodenberg war ein Mainzer Eigenkloster, das dem Mainzer Erzbischof unterstand. Im Jahr 1098 ließ Erzbischof Ruthard Benediktinermönche aus dem Mainzer St. Jakobskloster kommen, was wohl erst 1107 geschah. Unter Abt Burchard (1108–1113) wurde die große Pfeilerbasilika St. Nikolaus begonnen. Ab 1108 ließ die Grafenfamilie von Sponheim eine Frauenklause errichten, die im Jahr 1112 Jutta von Sponheim mit Hildegard und einem weiteren Mädchen bezog. Wo genau diese sich befand, ist unklar. Gabriele Mergenthaler vermutet sie an der Pforte im Wohnturm neben dem Hospiz.

Eibingen: Hier gründete Hildegard 1165 ein weiteres Nonnenkloster im Ortskern, das sie trotz ihres fortgeschrittenen Alters und trotz der dafür erforderlichen Rheinüberfahrt zweimal wöchentlich besuchte. Das heutige Benediktinerinnenkloster liegt an anderer Stelle oberhalb des Ortes.

Ingelheim: Hier befand sich die Kaiserpfalz, in der sich Hildegard zum Gespräch mit Kaiser Barbarossa traf.
Kirchheim: das heutige Kirchheim unter Teck, am Fuß der Schwäbischen Alb gelegen
Mainz: Sitz des Erzbischofs, der für Hildegards Klöster zuständig war
Rupertsberg: Nach dem Umzug vom Disibodenberg benutzten die Nonnen die notdürftig hergerichtete Kapelle des heiligen Rupert zum Gottesdienst und zu ihren Gebetszeiten. Die durch Hildegard später erbaute neue Klosterkirche über dem Grab des Heiligen war eine dreischiffige, flachgedeckte Pfeilerbasilika mit halbrunder Apsis und rechteckigem, von quadratischen Türmen flankierten Ostchor. 1632 wurde das Kloster niedergebrannt. Die letzten Reste fielen 1857 dem Bahnlinienbau zum Opfer. Heute existieren noch romanische Bögen im »Würthschen Haus« und ein Stück des Gewölbekellers des einstigen Klosters, das »Rupertsberger Gewölbe«. Einige frühe Kupferstiche und die Abbildung auf dem Isenheimer Altar des Malers Mathias Grünewald geben uns ein Bild der frühen Klosteranlage. Auch Wibert von Gembloux beschreibt sie detailliert. Eine Vorstellung von der Wirkung der Gesamtanlage vermittelt auch die bestens erhaltene, auf einem Felsen über der Lahn erbaute romanische Lubentius-Basilika in Limburg Dietkirchen. Etwa zeitgleich erbaut mit der Kirche Rupertsberg ist auch die (größere und hervorragend erhaltene) spätromanische Basilika von Tum in Zentralpolen.
Tholey: Hier lebte Hildegards Bruder Rorich.
Trier: Hier fand im Jahr 1147 die offizielle Anerkennung von Hildegards Visionen und der *Scivias*-Niederschrift durch Papst Eugen III. statt.

GLOSSAR

Apokalypse: Offenbarung des Johannes, berichtet vom künftigen Weltuntergang
Antependium: Altartuch
Armarius: Klosterbibliothekar
Benediktregel (**Regula Benedicti**)**:** die Verhaltensregeln, die Benedikt von Nursia (um 480–um 560) dem um 529 gegründeten Kloster auf dem Monte Cassino erteilte.
Chorgebet: besteht aus den **Vigilien** und sieben über den Tag verteilten **Horen: Laudes, Prim, Terz, Sext, Non, Vesper** und **Komplet.**
Cluny, Cluniazenser: Das im Jahr 910 gegründete Kloster in Burgund wurde zum Zentrum der klösterlichen Reformbewegung. Die cluniazensische Lebensform verbreitete sich im 12. Jh. auch in deutschen Klöstern (Siegburg, St. Blasien, Hirsau) und in ganz Europa.
Destitutio: Ausdruck für die durch den Sündenfall veränderte Situation des Menschen, gekennzeichnet durch Leiden, Mühsal, Krankheit und Tod
Deus faber: eine im Mittelalter beliebte Bezeichnung für Gott als Künstler und Handwerker, die auch in Hildegards Schriften oft auftaucht

Discretio: »Unterscheidung«, weise Maßhaltung, Feingefühl
Domkapitel: Es bestand aus den Domherren (Kapitulare), die den Bischof bei der Verwaltung des Bistums unterstützten. Die Domherren hatten Residenzpflicht und leisteten Chordienst beim Gottesdienst, wohnten jedoch in eigenen Wohnungen und verfügten über Eigentum. Besonders wichtig waren sie als Stellvertretung des Bischofs bei dessen Abwesenheit.
Effe: Ulme
Eigenkirche, Eigenkloster: Wenn örtliche Adlige auf eigenem Boden Kirchen oder Klöster bauten, hatten sie das Recht der Investitur, der Einsetzung von Pfarrer oder Abt ohne Einwilligung des Bischofs.
Exkommunikation (Anathema): eine kirchenrechtlich verhängte Strafe, die aber bei bestimmten Vergehen auch auf Laien verhängt wurde. Die große Exkommunikation war verbunden mit einer Ausstoßungsformel aus der christlichen Gemeinschaft.
Hemina: römische Maßeinheit, etwa ein Viertelliter
Homiliar: Predigtsammlung
Horen: s. **Stundengebet**
Hundetragen: mittelalterliche Strafe für wegen Landfriedensbruch verurteilte Adlige (Hermann von Stahleck und Erzbischof Arnold wurden wegen eines Streits zu dieser Strafe durch Friedrich Barbarossa verurteilt)
Infirmarium: Krankenstube des Klosters, Abteilung für die Kranken
Inkarnation: Menschwerdung des Gottessohnes
Inkluse: »Eingeschlossene/r«
Interdikt: Kirchenstrafe, die Personen oder Gruppen das Recht auf gottesdienstliche Handlungen entzieht: Gottesdienst, Sakramentspendungen, Verweigerung kirchlicher Begräbnisse
Investiturstreit: Streit zwischen Papst und König um die Einsetzung von Bischöfen und Reichsäbten, bei dem es um die Befugnisse von Reich und Kirche ging. Um 1120 wurde der Konflikt beendet und die traditionelle Einheit von Reich und Kirche abgelöst durch eine Gewaltenteilung (Wormser Konkordat).
Kanoniker: auch Domherren, Mitglieder des Domkapitels
Kanonisation: Ab dem Jahr 993 wurde die Heiligsprechung durch den Papst vorgenommen, zuvor hatte man Heilige mit bischöflicher Erlaubnis verehrt.
Katharer: vom griech. *katharos* = »rein«, häretische Sekte, die sich europaweit verbreitete. Scharfsinnig erklärte Hildegard die theologischen Schwachstellen der Katharer: Sie wollten reiner als die anderen sein. Die Bewegung der Katharer lehnte alles mit der Materie zusammenhängende ab: Fleischgenuss, Ehe, Privateigentum. Sie verstanden sich als eine Kirche der Reinen und Heiligen. Sie leugneten die Auferstehung Jesu und deren Bedeutung für die Erlösung der Menschen. Christus habe nur einen Scheinleib gehabt. Sie lehnten die Sakramente ab, stattdessen war ihr Gnadenmittel das Consolamentum, die Handauflegung durch ein ranghohes Mitglied. Die Bewegung hatte ihren Höhepunkt um 1150 in Südfrankreich. Ihre Anziehungskraft ergab sich als Folge des heruntergekommenen Lebens der katholischen Geistlichen und Mönche.
Kemenate: durch ein Kaminfeuer beheizter Raum, Schlafzimmer

Klausur: von lat. *claustrum* (das Eingeschlossene), davon »Kloster« abgeleitet: der für die Öffentlichkeit abgeschlossene Teil des Klosters. Die geweihten Mönche und Nonnen durften in bestimmten Orden wie dem der Benediktiner die Klausur nur in Ausnahmefällen und mit Sondererlaubnis des Abtes/der Äbtissin verlassen. Andere wie die Franziskaner, die »in der Welt« wirkten, durften es.
Kirchenväter: Die Lektüre der Kirchenväter (darunter Augustinus, Ambrosius und Hieronymus) gehörte zu den Bildungsinhalten Hildegards auf dem Disibodenberg
Komplet: vom lat. *completorium* (Abschluss), die letzte Hore des Stundengebets
Konvent: Gesamtheit der Mönchs-/Nonnengemeinschaft eines Klosters
Konverse: Laienschwestern, Laienbrüder. Sie legten kleinere Gelübde ab als die regulären Ordensleute und arbeiteten vor allem außerhalb der Klausur. Sie kamen als Erwachsene ins Kloster, »selbst bekehrt« (*conversi*) im Gegensatz zu den oft schon als Kindern ins Kloster gegebenen Nonnen und Mönchen.
Kukulle: ursprünglich ärmelloser Radmantel mit Kapuze
Laudes: von lat. *laus* (Lob), als Morgenlob wird mit den L. das Tagewerk begonnen
Lunellum: Schabemesser zum Glätten des Pergaments
Magister, Magistra: Lehrer, Lehrerin
Matutin: Das Nachtgebet im Stundengebet der Liturgie
Ministeriale: Dienstmannen eines Königs, die vom 11. Jh. an zu einem eigenen Stand wurden
Neumen: Notenhilfszeichen, seit dem 9. Jh. in Gebrauch
Non: lat. *nonus* (neun), Nachmittagshore im Stundengebet, die neunte Stunde (etwa 15 Uhr nachmittags) galt als die Todesstunde Jesu
Novize: Neuankömmling im Kloster, der ein Jahr Vorbereitungszeit vor der Profess durchlief, das Noviziat, meist unter Leitung eines Novizenmeisters
Outremer: altfranz. *outre mer*, *oltre mer* (jenseits des Meeres, Übersee) ist eine in der Literatur über die Kreuzzüge gängige Bezeichnung für die Gesamtheit der vier sogenannten Kreuzfahrerstaaten, die nach dem ersten Kreuzzug an der Levante gegründet wurden.
Palas: herrschaftliches Wohngebäude im Zentrum einer Burg. Mit offenen Kaminen ausgestattet enthielt es einen Festsaal, Wohn- und Schlafräume, Kapelle, Rüstkammer und Vorratsräume.
Prim: lat. *hora prima* (erstes Stundengebet), ursprünglich die Morgenhore vor Arbeitsbeginn, wurde später meist mit den Laudes verknüpft
Profess: Ablegung der Mönchs-/Nonnengelübde vor Abt und Bischof
Refektorium: Speisesaal im Kloster
Responsorium, Responsorien: kirchlicher Wechselgesang
Restitutio: »Wiederherstellung«, Schlüsselbegriff Hildegards: die am Ende der Heilsgeschichte wiederhergestellte ursprüngliche Verfassung der menschlichen Existenz an Leib wie Seele
Scholastik: Sammelbegriff für die Theologie und Philosophie des Mittelalters. Grundlage der »scholastischen Methode« wurde die Wissenschaftslehre des seit dem 12. Jh. aus dem Arabischen übersetzten griechischen Philosophen Aristoteles. Ihren Ursprung

hatte sie nicht in den Klöstern, sondern in den Domschulen Frankreichs und Italiens. Die zahlreichen Studenten an diesen Schulen hofften auf bessere Berufschancen und sozialen Aufstieg durch die Ausbildung dort.

Schwertleite: ursprüngliche Form der Ritterpromotion, später Ritterschlag genannt.

Scriptorium: Schreibstube im Kloster. Wibert berichtet, dass die Nonnen auf dem Rupertsberg auch mit der Feder arbeiteten.

Seraph, Seraphim: für das Mittelalter der ranghöchste Engelschor bestehend aus menschengestaltigen, sechsflügligen Wesen, die in der Vision des Propheten Jesaia Jahwe umschweben

Silentium: Schweigen zur Nachtzeit, zur Mittagszeit, bei den Mahlzeiten

Simonie: Kauf geistlicher Ämter

Stabilitas: »Beständigkeit«, die Bereitschaft, an einem Ort zu verbleiben, gehörte zum Mönchs-/Nonnengelöbnis bei der Profess.

Stundengebet: das in mehrere Abschnitte unterteilte tägliche Gebet im Kloster. Aus ihm entwickelte sich das »verkürzte« Brevier der Geistlichen.

Superbia: (lat) Hochmut, Überheblichkeit, erste Todsünde

Terz: von lat. *tertia hora* (dritte Stunde), zur dritten Stunde des Tages (etwa gegen 9 Uhr morgens) gehaltene Hore des Stundengebets

Trinität: Einheit Gottes, der sich in drei Personen offenbart. Die Lehre vom Dreieinigen Gott wurde 381 n. Chr. im 1. Konzil von Konstantinopel festgeschrieben. Die Trinitätslehren der Kirchenväter diskutiert auch Hildegard in ihren Briefen an Odo von Paris und Bischof Eberhard von Bamberg.

Vesper: von lat. *vesperae* (Abendzeit), der Abendgottesdienst

Viriditas: von lat. *viridis* (grün) Grünheit, Grünkraft, Lebenskraft, ein Schlüsselbegriff in Hildegards Werk

Vision: Anschauung (Gottes), Schauung

Vita: Lebensbeschreibung, besonders von Heiligen

Wormser Konkordat: s. **Investiturstreit**

Zisterzienser: Robert von Molesme gründete im Jahr 1098 den Orden in Citeaux (Burgund) als »Neues Kloster« mit der Absicht, die Benediktregel zu erneuern. Den entscheidenden Impuls gab jedoch der Eintritt Bernhards von Clairvaux (1090–1153) gemeinsam mit 30 Verwandten. Bei seinem Tod im Jahr 1153 gab es 344 Klöster der Z.

LITERATUR

Hildegard von Bingen: Im Feuer der Taube. Die Briefe. Übers. und hrsg. von Walburga Storch OSB, Augsburg 1997

Dies.: Scivias – wisse die Wege, übers. und hrsg. von Walburga Storch OSB, Freiburg 1992

Dies.: Liber vitae meritorum. Der Mensch in der Verantwortung. Das Buch der Lebensverdienste, übers. und erläutert von Heinrich Schipperges, Salzburg 1972

Dies.: Liber divinorum operum – Das Buch vom Wirken Gottes, übers. und hrsg. von M. Heieck, Augsburg 1998
Dies.: Symphonia. Gedichte und Gesänge. Lateinisch und Deutsch, übers. und hrsg. von W. Berschin, H. Schipperges, Gerlingen 1995
Dies.: Ursprung und Behandlung der Krankheiten – Causae et Curae, übers. und eingel. von Ortrun Riha, hrsg. Abtei St. Hildegard, Rüdesheim 2011/Eibingen
Dies.: Reigen der Tugenden. Ordo virtutum. Ein Singspiel. Hrsg. u. übers. von Abtei Sankt Hildegard. Geleitwort Ildefons Herwegen, Berlin 1927
Dies.: Das Leben der heiligen Hildegard von Bingen, übers. von Monika Klaes-Hachmöller, hrsg. Abtei St. Hildegard, Rüdesheim/Eibingen 2013 (hierin enthalten die Kanonisationsakte von und die *acta inquisitionis* vom 16. Dezember 1233, außerdem die Dekrete Papst Benedikts XVI. vom 10. Mai 2012) (Vita SH)

ZUM WEITERLESEN

Manfred Akermann: Die Staufer. Ein europäisches Herrschergeschlecht, Darmstadt 2003
Anne Bäumer – Schleinkofer (Hrsg.): Hildegard von Bingen in ihrem Umfeld – Mystik und Visionsformen in: Mittelalter und früher Neuzeit, Würzburg 2001
Lionel Baumgärtner: Hermann von Stahleck, Pfalzgraf von Rhein (1142 – 1156), 1877 (Nachdruck)
Rainer Berndt (Hrsg.): Unversehrt und unverletzt. Hildegards von Bingen Menschenbild und Kirchenverständnis, Münster 2015
Ders.: Hildegard von Bingen: Heilige und Kirchenlehrerin, Bonn 2012
Barbara Beuys: Denn ich bin krank vor Liebe. Das Leben der Hildegard von Bingen, München 2001
Maura Böckeler: Das Große Zeichen (Apok.12,1). Die Frau als Symbol göttlicher Wirklichkeit, Salzburg 1941
Caecilia Bonn: »Du führst den Geist ins Weite«. Grunderfahrungen des geistlichen Weges bei Hildegard, in: Forster, S. 284ff.
Maria Laetitia Brede: Die Klöster der Heiligen Hildegard Rupertsberg und Eibingen, in: Brück, S. 77ff.
Ellen Breindl: Das große Gesundheitsbuch der Hl. Hildegard von Bingen
Dies: Gesund kochen mit der heiligen Hildegard von Bingen, Aschaffenburg 1988
Claudia Brinker – von der Heyde: Die literarische Welt des Mittelalters, Darmstadt 2007
Anton Ph. Brück (Hrsg.): Hildegard von Bingen 1179 – 1979. Festschrift zum 800. Todestag der Heiligen, Mainz 1979 (Brück)
Angela Carlevaris (Hrsg.): Hildegardis Liber Vite Meritorum, Brepols 1995 (Carlevaris, Einleitung)

Falko Daim, Antje Kluge – Pinsker (Hrsg.): Als Hildegard noch nicht in Bingen war: Der Disibodenberg – Archäologie und Geschichte, Mainz, Regensburg 2009 (Daim, Kluge)
Peter Dinzelbacher: Himmel, Hölle, Heilige. Visionen und Kunst im Mittelalter, Darmstadt 2002
Winfried Dotzauer: Geschichte des Nahe-Hunsrück-Raumes von den Anfängen bis zur Französischen Revolution, Stuttgart 2001
Michael Embach: Johannes Trithemius (1462-1516) als Propagator Hildegards von Bingen, in: Haverkamp, S. 561ff.
Ders.: Die Schriften Hildegards von Bingen, Berlin 2003
Ders.: Hildegard von Bingen. Leben, Werk und Wirkung, Trier 2014 (Embach)
Odilo Engels: Die Zeit der Hl. Hildegard, in: Brück, S. 1ff.
Ludwig Falck: Mainz im frühen und hohen Mittelalter, Düsseldorf 1972
P. Ulrich Faust OSB (Hrsg.): Die Benediktsregel, Lateinisch/Deutsch, mit der Übersetzung der Salzburger Äbtekonferenz, Stuttgart 2009
Christian Feldmann: Hildegard von Bingen, Nonne und Genie, Freiburg 2013
Franz J. Felten: Frauenklöster und -stifte im Rheinland im 12. Jahrhundert, in: Stefan Weinfurtner (Hrsg.): Reformidee und Reformpolitik im spätsalisch-frühstaufischen Reich, Mainz 1992
Edeltraud Forster (Hrsg.): Hildegard von Bingen. Prophetin durch die Zeiten, Freiburg, Basel, Wien 1997 (Forster)
Adelgundis Führkötter: Hildegard von Bingen. Leben und Werk, in: Brück, S. 31ff.
Knut Görich: Friedrich Barbarossa. Eine Biographie, München 2011
Elisabeth Gössmann: Spiegel der göttlichen Liebe. Zur Anthropologie und Geschlechtersymbolik bei Hildegard von Bingen, in: Forster, S. 172ff.
Margarete Hattemer: Gesichte und Erkrankung der Hildegard von Bingen. Ein pathographischer Versuch, in: Hippokrates 3 (1930/31), S. 125ff.
Alfred Haverkamp (Hrsg.): Hildegard von Bingen in ihrem historischen Umfeld. Internationaler wissenschaftlicher Kongreß zum 900jährigen Jubiläum, 13. – 9. September 1998, Mainz 2000 (Haverkamp)
Michael Herdick: Arbeiten im Kloster: Zwischen Spiritualität und Ökonomie, in: Daim, Kluge, S. 145ff.
Inge Herter: Der Rupertsberg im Wandel der Jahrhunderte, Bingen 1976
Ildefons Herwegen: Sinn und Geist der Benediktinerregel, Köln 1944
Eberhard Horst: Hildegard von Bingen. Die Biographie, München 2000
Friedhelm Jürgensmeier: St. Hildegard »Prophetissa Teutonica«, in: Brück, S. 273ff.
Hans-Jürgen Kotzur (Hrsg.): Kein Krieg ist heilig. Die Kreuzzüge, Mainz 2004
Barbara Newman: Hildegard von Bingen. Schwester der Weisheit, Freiburg, Basel, Wien 1995
Dies.: God and the Goddesses: Vision, Poetry and Belief in the Middle Ages, 2003
Dies.: Voice of the living light, Berkeley 2008
Johannes May: Die heilige Hildegard von Bingen aus dem Orden des heiligen Benedikt (1098 – 1179). Ein Lebensbild, Kempten u. München 1911. Der 2. Auflage von 1929 fehlen die Belege und der reiche Anhang mit Abbildungen und Textproben.

Gabriele Mergenthaler: Die mittelalterliche Baugeschichte des Benediktiner- und Zisterzienserklosters Disibodenberg, in: Daim, Kluge, S. 80 ff. (Daim, Kluge)
Irmgard Müller: Die pflanzlichen Heilmittel bei Hildegard von Bingen, Salzburg 1982
Ferdinand Opll: Friedrich Barbarossa, Darmstadt 2009
Peter Riethe: Hildegard von Bingen. Eine aufschlussreiche Begegnung mit ihrem naturkundlich – medizinischen Schrifttum, Marburg 2011 (Riethe, Hildegard)
Matthäus Rothenhäusler: Zur Aufnahmeordnung der Regula S. Benedicti, Münster i. Westf. 1912
Anna Silvas: Jutta and Hildegard: The Biographical Sources, Turnhout 1998
Peter Alexander Simmer: Untersuchungen zur Biographie Hildegards von Bingen, Neuwied 1999
Franz Staab: Aus Kindheit und Lehrzeit Hildegards, in: Forster, S. 58 ff.
Günther Stanzl: Die Klosterruine Disibodenberg, Worms 1992
Heinrich Schipperges: Die Welt der Hildegard von Bingen, Freiburg 1997
Margot Schmidt: Hildegard von Bingen als Lehrerin des Glaubens. Speculum als Symbol des Transzendenten, in: Brück, S. 95 ff.
Rosel Termolen: Hildegard von Bingen, Augsburg 1990
John Van Engen: Letters and the Public Persona of Hildegard, in: Haverkamp, S. 375 ff.
Christoph Waldacker: Zwischen Kaiser, Kurie, Klerus und kämpferischen Laien. Die Mainzer Erzbischöfe im Zeitraum 1100 bis 1160, Mainz 2002
Maura Zatonyi: Hildegard von Bingen, Münster 2017

Die umfangreiche Literatur zu Leben, Werk und Wirken Hildegards von Bingen nimmt ständig zu. Auch international wächst das Interesse an Hildegard kontinuierlich. Kongresse zu ihrem Leben und Wirken fanden in den USA und in Asien statt.

Die meisten der unzähligen Bücher zu Hildegard-Medizin und Hildegard-Diät haben wenig Bezug zum Wirken der historischen Hildegard, die vor allem aus ihrem Glauben und ihrer Beziehung zu Gott heraus Ratschläge gab und selbst lebte. Insofern sind hier nur wenige Titel dieser Art aufgeführt.

Wörtliche Zitate aus Originalquellen wie Hildegards Schriften und Chroniken und mittelalterlichen Lebensbeschreibungen sind kursiv gesetzt.

NACHWEISE

BILDER

Auf dem Rupertsberg im Jahre des Herrn 1178: © Quagga Media – Mauritius – akg-images – 4547725
Das Gelübde: © Fototeca Gilardi – akg-images-3.AKG4163609
Der erste Tag der Ewigkeit: ® Fototeca Gilardi – akg-images-3.AKG5011159
Grünkraft: ® Florilegius – akg-images-3.AKG1808113
Ein Garten irdischer Freuden: ® Enno Kleinert – dpa – 22575119
Die Lehrerin: ® akg-images-3.AKG4612704
Stellvertretung oder Übertragung der Verantwortung: ® Erich Lessing – akg-images-3.AKG104147
Nachfolgerin: ® Fototeca Gilardi – akg-images-3.AKG4470776
»Schreib es nieder«: ® AKG – 3.AKG199308-HighRes
Die Besserung: ® Heritage Imag – dpa Picture-Alliance-57639692
Scivias bewegt die Herzen der Zuhörer: ® Erich Lessing-akg-images-3.AKG209184
Der Spiegel und die Geheimnisse der Eucharistie: ® Getty Images – 2.51243563
Verstummt, erstarrt: ® Florilegius – akg-images-3.AKG1809031
Einöde: ® akg-images-3.AKG210238
Der Brunnen: ® dpa – 30392382
Ein lebendiger Tempel Gottes: ® akg-images-3.AKG5166
Ein entsetzlicher Mann: ® Michael Teller – akg-images – 3.AKG213460
Die sieben Laster: ® akg-images-3.AKG5604583
»Das Nächste ist das Fernste«:® Austrian National Library – INTERFOTO History-35284694
Epilog:® Heritage Imag – dpa Picture-Alliance-49891962

ZITATE

Der Medicus oder: Strahlendes Licht: Hildegard von Bingen *Scivias*
Die Augen des Lombarden: Hildegard von Bingen *Liber vitae meritorum*
Richardis, vom Himmel geschickt: Hildegard von Bingen *Epistulae*
Wiedersehen: Hildegard von Bingen *Liber vitae meritorum*
Stellvertretung: Hildegard von Bingen *Epistulae*
»Schreibe es nieder«: Hildegard von Bingen *Liber divinorum operum*
Das Licht und die Literatura: Hildegard von Bingen *Causa et Curae*
Rebellion: Hildegard von Bingen *Liber vitae meritorum*
Dürre Luftgeister: Hildegard von Bingen *Epistulae*
»Das Nächste ist das Fernste«: Hildegard von Bingen *Liber vitae meritorum*
Epilog: Hildegard von Bingen *Causa et Curae*

DANK

Mein Dank gilt den Aufmunterern und Helfern bei der Arbeit an »Hildegard«, allen voran Ariane Hug vom Herder Verlag, Elmar Klupsch und Thomas Gneiting, dann Gabriele Kellner, Universitätsbibliothek Augsburg, Volker Mistereck in Göttingen, Alexandra Escher, Universitätsbibliothek Tübingen und Rainer Salzmann von der Staatsbibliothek Bayern.

DIE AUTORIN

Maria Regina Kaiser lebt als freie Schriftstellerin in Bad Camberg. Ihre historischen Romane haben eine Gesamtauflage von über 400.000 Exemplaren erreicht und wurden in verschiedene Sprachen übersetzt. Zuletzt erschien von ihr die vielbeachtete Romanbiografie *Katharina von Bora und Martin Luther. Vom Mädchen aus dem Kloster zur Frau des Reformators*.

Mit einer Romanbiografie über Hildegard von Bingen hat sich die Autorin einen lang gehegten Traum erfüllt, für den sie intensiv geforscht hat.

DIE KÜNSTLERIN

Catrin Welz-Stein studierte Grafik Design in Darmstadt und arbeitete als Grafikerin im In- und Ausland, bevor sie ihre surrealen Experimente mit Collagen in 2009 begann. Ihre digitalen Collagen sind wie ein Sparziergang durch die Jahrtausende, in dem alte Illustrationen, Fotos und Gemälde in neuer Form verewigt werden. Ein Mikrokosmos aus Kunstwerken, der ein neues Kunstwerk ergibt. Für dieses Buch hat sie das Cover gestaltet.

catrinwelzsteins.blogspot.com